PÉRÉGRINATIONS
EN
ALGÉRIE

1830 A 1842

PAR

LE DOCTEUR BONNAFONT

MÉDECIN PRINCIPAL DES ARMÉES EN RETRAITE, OFFICIER DE LA LÉGION D'HONNEUR,
MEMBRE DE LA SOCIÉTÉ DES GENS DE LETTRES, ETC.

PARIS

CHALLAMEL AÎNÉ, ÉDITEUR
LIBRAIRIE ALGÉRIENNE ET COLONIALE
5, rue Jacob, et rue Furstenberg, 2

1884

Tous droits réservés

PÉRÉGRINATIONS

EN ALGÉRIE

PÉRÉGRINATIONS EN ALGÉRIE

1830 A 1842

PAR

LE DOCTEUR BONNAFONT

MÉDECIN PRINCIPAL DES ARMÉES EN RETRAITE, OFFICIER DE LA LÉGION D'HONNEUR,
MEMBRE DE LA SOCIÉTÉ DES GENS DE LETTRES, ETC.

HISTOIRE, ÉTHOGRAPHIE

ANECDOTES

PARIS

CHALLAMEL AINÉ, ÉDITEUR

LIBRAIRIE ALGÉRIENNE ET COLONIALE

5, rue Jacob et rue Furstenberg, 2

1884

Tous droits réservés.

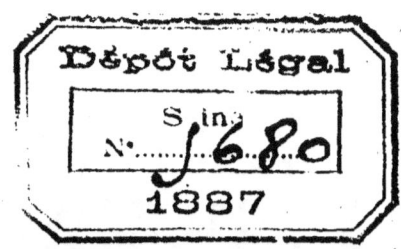

PRÉFACE

L'accueil bienveillant qui a été fait à mon volume : *Douze ans en Algérie*, m'a encouragé à rassembler sur ce pays d'autres souvenirs ayant trait, non plus aux nombreuses expéditions militaires, destinées à assurer notre nouvelle conquête, mais plus spécialement à la description des principaux événements civils survenus en Algérie pendant les douze premières années de notre occupation.

Durant cette période j'ai étudié, autant que les circonstances me l'ont permis, l'*Ethographie* des indigènes de toutes classes.

En prenant ces notes, jour par jour, uniquement pour ma propre instruction, je n'avais certes pas la prétention de les publier plus tard.

Mais depuis que l'Algérie est devenue une province française, ou mieux une nouvelle France, une grave question a surgi ; question sérieus qui a préoccupé, qui préoccupe, et qui préoccupera encore longtemps nos gouvernants.

C'est pour aider, dans la mesure de mes forces, à la solution de cette question, que je me décide à publier ce nouvel ouvrage.

Cette question est celle-ci : Les Arabes doivent-ils et peuvent-ils être assimilés ?

La question est ardue, difficile à résoudre, et selon moi presque insoluble, du moins pendant longtemps encore.

Cependant, depuis quelque temps des éthologistes distingués et haut placés, n'émettent aucun doute sur la possibilité et même sur la facilité de faire adopter aux Arabes nos usages et nos institutions ; en un mot de les assimiler.

Certainement, si ce résultat pouvait être obtenu, ce serait le meilleur moyen d'assurer notre occupation et de faire disparaître les agitations incessantes qui surgissent alternativement dans le pays. Mais c'est là une utopie qui n'est guère professée que par les personnes qui n'ont fait que passer en Algérie et qui n'ont pu voir et étudier les indigènes qu'à *vol d'oiseau*.

L'opinion que j'émets est au contraire en parfait accord avec celle des militaires et des civils qui ont fait un long séjour en Algérie et qui, par leur position, ont été à même d'étudier de près les mœurs et le caractère des Arabes.

Comme son nom l'indique, mon livre se compose d'articles variés, relatant les événements survenus et les observations qu'ils m'ont suggérées, telles que je les ai notées dans les diverses contrées que j'ai habitées, au fur et à mesure des progrès de la conquête. On comprendra que les conditions étaient on ne peut plus favorables pour me livrer aux études que je me proposais de faire sur les mœurs et les habitudes sociales des Arabes.

Le volume commence par mon voyage à la Calle, voyage très pittoresque et même quelque peu dangereux, surtout à cette époque, où les Lions, qui avaient de nombreux repaires dans le pays, faisaient une guerre acharnée aux nombreux troupeaux des indigènes. Ceux-ci, pour s'en garantir, montaient la garde nuit et jour autour de leur gourbis et tiraient de temps en temps des coups de fusil pour effrayer ces fauves. On sait que les Lions de la Calle, dont la race est superbe, étaient autrefois très recherchés pour les ménageries ; seulement, au dire des indigènes, ils étaient très difficiles à prendre. Nous n'avons pu les voir, mais pendant deux étapes de nuit, ils nous ont escortés de leurs féroces et sinistres rugissements.

A ce voyage, succède l'histoire émouvante d'un prisonnier et le récit de ses aventures avec une femme arabe. Le chapitre suivant traite des Arabes ; je lui ai donné une extension en rapport avec son importance. C'est, à ce qu'il me semble, le sujet le plus intéressant de mon livre ; c'est aussi celui qui trouvera probablement le plus de contradicteurs.

Dans l'article que j'ai consacré à la femme arabe, que ma qualité de médecin m'a permis d'étudier au milieu des diverses conditions qu'elle occupe dans ce pays, bien des personnes qui liront les détails dans lesquels j'ai dû entrer, pour dépeindre le rôle que la femme remplit dans la société de l'islam, n'y remarqueront peut-être que le côté plaisant. Mais en réfléchissant, on y trouvera, je l'espère, des enseignements plus sérieux, et on verra que les épisodes que j'ai racontés apprennent, mieux que tout ce qu'on peut dire, à connaître ce peuple, chez lequel l'ignorance et la superstition, sa fille aînée, font élever les fous et les folles à la hauteur des divinités qu'ils adorent.

Vient ensuite une notice historique sur les beys qui ont régné à Constantine depuis l'an de l'hégire 1123 (1710) jusqu'en 1253 (1837).

Je me suis, après cela, appliqué à étudier comment, dans un pays nouvellement conquis, aux mœurs et à la religion si différentes des nôtres, la société civile s'est peu à peu établie; quelle a été la nature et surtout la qualité des premiers émigrants. C'était là un sujet délicat, difficile à aborder. J'ai cherché néanmoins à en donner une idée, tout en dissimulant le nom des personnes dont la position commandait cette réserve.

Bien des personnes trouveront peut-être, en lisant les pages concernant les Arabes, que je suis un peu sévère à leur égard. Telle n'est pas pourtant mon intention ; car, durant tout le temps de mon séjour en Algérie, et dans mes nombreuses relations avec eux, je les ai toujours trouvés aimables, obligeants et heureux de m'être agréables. Il est vrai qu'ils voyaient peut-être en moi, non l'homme politique, mais le médecin ayant leur confiance ou celle de leurs parents et pouvant leur être utile.

Mes appréciations portent sur l'Arabe indépendant, aimant son pays, détestant nos institutions et qui nous jetterait *par-dessus bord,* s'il était le plus fort, comme il l'a fait pour tous les conquérants : Romains, Vandales, etc. C'est à nous à prendre, de longue main, les mesures nécessaires pour prévenir une pareille catastrophe et pour l'épargner à nos descendants.

J'ai consacré un long chapitre à l'acclimatation des Européens en Algérie, si sévèrement attaquée autrefois et même encore aujourd'hui par quelques publicistes qui n'ayant pas vu l'Algérie d'alors, ne peuvent faire, comme moi, *par raison d'âge,* la comparaison de l'Algérie actuelle avec celle de 1830; alors, en effet, le pays était très malsain; tandis que maintenant il est aussi salubre et aussi productif que les plus belles contrées de la France.

Enfin, le livre se termine par la description de l'établissement des Eaux thermales d'Hammam-Meskoutine, une vraie merveille en son genre, dont on ne voit peut-être pas la pareille dans le monde.

PÉRÉGRINATIONS EN ALGÉRIE

CHAPITRE PREMIER

VOYAGE A LA CALLE

Pêche au harpon. — Pêche du corail. — Le corail. — Trombes de mer.

Après l'expédition de Constantine, je revins à Bône, où je ne fus pas immédiatement chargé d'un nouveau service. M. Berlier de Sauvigny, récemment nommé commissaire civil à la Calle, qui connaissait mon goût des voyages, me demanda s'il me serait agréable de l'accompagner à son nouveau poste, où il avait l'intention de se rendre par terre. Quoique la Calle ne soit éloignée de Bône que de 60 kilomètres, le parcours en était alors dangereux, à cause de deux tribus très hostiles qu'il fallait traverser. Depuis la conquête, aucun Européen ne s'y était encore aventuré et deux chasseurs s'étant un peu trop éloignés de Bône y avaient été décapités par la tribu des Merdès. Les lions y avaient en outre de nombreux repaires : mais mon goût de l'inconnu l'emporta. M. Bertier me dit qu'une escorte de quelques spahis devait nous attendre après le passage de la Maffrak et nous protéger durant tout le parcours. J'acceptai donc avec empressement sa proposition, sauf à obtenir l'autorisation du général en chef. Le général Trezel me l'accorda très gracieusement, en me disant de me défier des lions, et surtout de la tribu des Merdès. M. Amanton, inspecteur des eaux et forêts, se joignit à nous, après mûres réflexions.

Le 27 novembre 1837, nous partimes de Bône à midi. Après avoir passé sur un bac la Seybouse, rivière assez forte et navigable à six lieues de hauteur, nous entrâmes dans le pays des Beni-Ourgin, qui s'étend depuis la Seybouse jusqu'à la Maffrak.

Même à la distance d'une lieue de la plage, le sol de cette contrée est composé d'une bonne couche de terre végétale propre à toute espèce de culture, surtout à celle des céréales. Il est d'ailleurs assez bien cultivé aux environs des douërs, et l'étendue que les habitants labourent, prouve sa fertilité et la facilité avec laquelle il fournirait des productions variées entre les mains de bons et intelligents agronomes. A 1 heure et demie, nous abandonnâmes cette nature de sol pour entrer dans un fourré de chênes verts et de lentisques.

Nous étant écartés de la route menant à la Maffrak, nous priâmes un Arabe de nous mettre sur le sentier qui y conduisait. Deux jeunes Arabes s'offrirent pour nous servir de guides, et à 2 heures nous étions sur la rive gauche de cette rivière, qui est considérable et deux fois plus large que la Seybouse ; elle coule du sud-est au nord-ouest, et est formée en partie par les ruisseaux qui viennent des Jebel-Merdès, des Beni-Sahala, des Ouled-Meshrout, des Oulet-El-Behil, des Sebac, etc. A son aspect, je fus un peu effrayé de ne voir pour la traverser qu'un fort mauvais petit canot conduit par deux Arabes. J'eus encore bien plus d'inquiétude pour nos chevaux qui allaient être obligés de passer à la nage. A peine eûmes-nous mis pied à terre que les Arabes ôtèrent les selles et placèrent les harnais sur le canot où de petits canards auraient pu nager. Nous attendions avec impatience et une certaine anxiété le mode de transfèrement de nos chevaux, lorsqu'un Arabe, conduisant chaque cheval sur le bord du fleuve, confia le licol, allongé d'une mauvaise corde, à chacun de nous, en nous recommandant de ne pas le lâcher et de le tenir ferme pendant la traversée. Quatre chevaux furent ainsi lancés à coups de fouet de chaque côté de l'embarcation ; et, après quelques difficultés vaincues pour les mettre à la nage, l'embarcation, vrai char de Neptune où nous étions empilés avec les harnais, s'éloigna de la rive. Intrigués au sujet de la force qui allait nous entraîner, nous fûmes singulièrement surpris en voyant le canotier déposer ses rames, se placer debout à la proue du canot, et, les bras croisés, regarder fièrement la rive opposée. S'il avait eu l'insigne du Dieu des mers, on aurait dit Neptune traîné avec son char par huit brillants coursiers. Je puis dire, à l'honneur de ceux-ci, qu'ils se montrèrent fort beaux pendant cette courte traversée ; et eussent-ils été les conducteurs de la divinité, ils n'auraient pas été animés d'un plus noble élan. Le mien n'avait jamais étalé de plus longues et plus larges oreilles ; et, si le vent eût été favorable, elles auraient pu servir de voiles pour seconder l'élan du noble animal.

En somme, la force motrice qui dirigea et conduisit l'embarcation rendit la traversée de la Maffrak fort originale. C'est le cas de dire qu'on apprend toujours quelque chose en voyageant. A 3 heures, nous mettions, sains et saufs, pied à terre sur la rive opposée, où nous espérions trouver l'escorte des dix spahis qui étaient partis le matin de Bône avec l'ordre de nous attendre. Notre étonnement fut grand en apprenant d'un Arabe, qu'après avoir passé la rivière, ils avaient continué la route le long d'un marais qu'il nous indiqua. M. Bertier présuma alors qu'ils pourraient bien ne s'être arrêtés que dans un douër des Ouled-Décb, dont le premier était à plus de 3 lieues. L'absence d'escorte rendait notre position un peu critique dans un pays naguère et peut-être encore si hostile. Le retour n'étant pas possible, nous décidâmes que, puisque nous étions là et qu'il y avait presque un égal danger, si danger il y avait, à reculer qu'à avancer, il valait mieux continuer notre route. Le premier douër, éloigné de 3 lieues, et le soleil s'approchant de l'horizon, nous doublâmes le pas afin d'y arriver avant la nuit. Le pays, depuis la Maffrak jusqu'au premier douër que nous atteignîmes après le coucher du soleil, était presque inhabité, marécageux dans une petite étendue, sablonneux et partout couvert de bruyères, de chênes verts et de quelques arbousiers.

A la vue de ce douër, nous envoyâmes demander si on avait aperçu l'escorte, depuis combien de temps et de quel côté elle s'était dirigée. L'ordonnance revint bientôt avec un Arabe répondre à toutes ces questions. Les dix spahis étaient bien arrivés; mais ne nous trouvant pas, ils étaient repartis depuis environ trois heures; nous dûmes donc, malgré la nuit, continuer notre route, ignorant complètement le chemin qui conduisait au deuxième douër; nous priâmes un Arabe de nous servir de guide, ce qu'il fit sans aucune hésitation. La nuit étant obscure, le guide nous recommanda de le suivre de près et surtout d'observer le plus grand silence, afin de ne pas réveiller les lions, qu'il nous dit être nombreux et fort redoutables depuis quelque temps dans ce pays. Bientôt en effet nous entendîmes les rugissements de ces fauves, qui nous impressionnèrent et qui émurent surtout nos chevaux. Après une heure de marche, escortés sans cesse par les rugissements, nous aperçûmes une lumière qui scintillait dans le lointain comme une étoile au fond d'un ciel obscur; elle me rappela le conte de *la Belle et la Bête*, à l'endroit où le père, égaré par un temps affreux, au milieu de la forêt, aperçut au loin une lumière qui dissipa un peu ses craintes et vers laquelle il dirigea ses pas; à 8 heures et demie, nous atteignîmes le deuxième douër, situé dans un bas-fond bien boisé, où notre approche fut annoncée par une de ces vigilantes sentinelles qui n'oublient jamais de prévenir leur maître de ce qui se passe autour de leur rustique demeure. L'aboiement des chiens retentissait déjà depuis un instant lorsque nous parûmes au douër; à notre arrivée, chiens, hommes, femmes et enfants étaient debout au milieu de l'aire limitée par les tentes disposées circulairement. Les chiens, avec leur voix aigre et voilée, cherchaient à mordre les jambes de nos chevaux. Les femmes qui criaient, et les hommes nombreux qui chuchotaient nous firent croire que notre arrivée, à cette heure, produisait un effet auquel les habitants étaient peu habitués. Notre surprise ne fut pas moindre et nous éprouvâmes une impression singulière au milieu d'un vacarme semblable.

Les Arabes s'étant mis à la poursuite des chiens pour les éloigner, et les femmes étant rentrées sous les tentes, nous engageâmes des pourparlers avec les chefs, afin d'obtenir une escorte qui nous conduisît au douër prochain. La peur qu'ils ont des lions fit naître quelques difficultés. Personne ne s'offrait pour nous suivre; et, si M. Bertier n'eût fait quelques menaces, nous aurions été obligés de solliciter l'hospitalité jusqu'au lendemain. Mais, soit la crainte que M. Bertier chercha à leur inspirer, soit l'appât de quelques pièces d'argent que nous promîmes à ceux qui viendraient avec nous, deux Arabes à pied et armés vinrent se proposer; nous n'avions pas fait quarante pas que deux autres se joignirent aux premiers, et bientôt tous arrivèrent au galop.

Notre escorte, que nous avions eu quelque difficulté à obtenir, se composait donc de huit hommes bien armés et capables de faire bonne contenance en cas d'événement. Tout à coup, nous entendîmes deux rugissements très aigus et prolongés qui firent hennir nos chevaux et qui nous étaient peu agréables. C'étaient deux lions peu éloignés qui probablement venaient nous souhaiter un bon voyage. Ces huit Arabes, à la merci desquels nous étions complètement, et le rugissement des deux fauves, nous firent éprouver, malgré la confiance que nous cherchions à avoir, un certain malaise.

Il y aurait certes de la pusillanimité à fuir devant un ennemi contre lequel on pourrait se défendre, si faibles que fussent vos moyens ; mais lorsque, en présence d'un danger éventuel et d'indigènes, naguère hostiles, capables de neutraliser complètement la défense, on est condamné à subir passivement l'influence des événements, *quels qu'ils soient*, oh ! alors, l'instinct de sa propre conservation, et l'absence de toutes ressources en cas d'attaque, suggèrent de tristes et pénibles réflexions. Oui, j'ose le dire, pendant que ces huit Numides nous conduisaient par un sentier tortueux, au milieu d'un bois très touffu où les lions auraient été seuls témoins des événements qui pouvaient s'y passer, il était bien difficile de ne pas se livrer à quelques pensées mélancoliques. Mais ces moments, qui nous donnent un peu d'inquiétude, ont bien aussi quelques charmes ; ils disposent l'esprit à la réflexion ; et, afin d'éloigner les idées noires que les circonstances présentes font naître, on évoque les souvenirs du passé. Que de sujets rayés depuis bien longtemps du contrôle de nos pensées doivent à de fâcheuses positions l'honneur d'être replacés dans le cadre de nos souvenirs...! Chacun de nous faisait mentalement ces réflexions, lorsqu'une faible lumière apparut au loin et nous annonça une habitation. Malgré la distance qui nous en séparait, son aspect suffit pour dissiper la crainte du danger que nous supposions courir. Tous ensemble nous criâmes : « Voilà un feu qui nous signale l'approche d'un douër. » Un instant après, les lumières se multiplièrent, et les chiens annoncèrent qu'il se passait quelque chose de nouveau autour de leurs gourbis. Ces précieux animaux, signalant plus souvent l'approche de quelques lions, que l'arrivée, à cette heure, de quatre chrétiens, les Arabes sortirent de leurs tentes avec leurs fusils, afin d'être prêts à tout événement ; mais, rassurés en nous voyant, ils nous firent un accueil que nous n'avions pas trouvé aux douërs précédents ; les habitants, prévenus, s'offrirent de bonne grâce à nous conduire au douër des Oulet-Deeb, où nous présumions que l'escorte s'était arrêtée. Malgré la peur inspirée par le roi des forêts, deux cavaliers bien armés et bien montés nous firent signe de les suivre. L'accueil favorable de cette tribu nous disposa si bien en faveur de nos guides, que, pendant tout le chemin, nous ne fîmes que causer sur l'originalité de notre émouvant voyage nocturne.

Enfin, après une heure de marche, nous arrivâmes au douër des Oulet-Deeb où l'escorte avait borné sa course. A notre approche, les Arabes vinrent au-devant de nous et nous conduisirent à la tente où se trouvaient les spahis. Des tapis furent étalés autour d'un bon feu, et nous nous y installâmes avec d'autant plus de plaisir que la fraîcheur de la nuit nous avait un peu engourdis. A peine étions-nous assis ou couchés, les Arabes vinrent nous offrir le couscoussou traditionnel, du lait et de la viande : mais nos provisions étant encore en assez bon état, nous nous contentâmes de témoigner à nos hôtes toute notre reconnaissance de leur accueil si hospitalier. Pendant mon long séjour en Afrique, j'ai eu assez souvent l'occasion de déguster la cuisine indigène, et je n'ai pu encore l'apprécier à l'exemple de quelques Franco-Arabes.

Après le repas, savouré d'un bon appétit, nous nous délectâmes autour du feu que les Arabes entretenaient avec un soin tout particulier. Le cercle était nombreux ; car plusieurs indigènes étaient venus prendre place au foyer. Habitué aux scènes monotones des Arabes, je ne parlerai de celle-ci que pour signaler quelques réponses aux questions que je leur fis. Je leur demandai s'il y avait beaucoup de malades dans la tribu. « Trois ou quatre », me dirent-ils. Un instant après, deux se présentèrent devant moi ; ils parurent fort contents de ma consultation et me remercièrent en me baisant la main. Je demandai s'il était mort plusieurs personnes dans le courant de l'année ; on me cita une seule vieille femme, depuis longtemps malade, et un tout jeune enfant. Ainsi, sur une population de 350 à 400 âmes dont se composait le douër, il n'y avait eu que deux décès dans un an. C'est bien peu, comparé à la mortalité de Bône. Je demandai où était Achmet-Bey. « Nous n'en savons rien, et nous ne pensons plus à lui. — Connaissez-vous Ab-del-Kader, le bey de la province de Mascara ? » — Tous me dirent qu'ils ne connaissaient point Mascara, et qu'ils n'avaient jamais entendu parler d'Ab-del-Kader. Je répétai deux ou trois fois la question suivie d'une réponse aussi négative. Enfin, sentant le besoin de prendre du repos, nous nous couchâmes autour du feu ; et lorsque le sommeil eut contraint au silence les hommes, les femmes, les enfants et les nombreux animaux qui habitaient la tente sous laquelle nous étions, nous nous endormîmes profondément (1).

28 novembre. — Une averse assez forte arrivée à 5 heures du matin retarda notre départ jusqu'à 7 heures ; les Arabes de la tribu nous accompagnèrent un instant avec des salamalecs longuement répétés et nous souhaitèrent un bon voyage. J'oubliais de dire que les deux cavaliers qui nous avaient accompagnés la veille refusèrent, chose rare partout, même en France et en Italie surtout, l'argent que nous voulions leur donner. Après avoir marché trois heures dans un pays couvert de chênes verts, de bruyères et de buissons très épineux, où nos jambes eurent beaucoup à souffrir, nous commençâmes à apercevoir de superbes forêts de chênes-lièges ; leur aspect et la beauté de leur envergure me firent éprouver une émotion que je n'avais encore ressentie dans aucune des parties de l'Afrique où notre armée avait pénétré depuis 1830. La vue de ces arbres de haute portée, me fit oublier un instant le pays où j'étais descendu en me rappelant les beaux sites de notre France ; dès lors seulement je commençai à croire à l'existence d'une forêt dans nos possessions africaines.

A 10 heures, nous fûmes assaillis par une averse qui dura assez de temps pour imbiber presque complè-

---

1. J'ai toujours cru qu'ils devaient avoir entendu parler de l'Emir et qu'ils n'osaient pas l'avouer, surtout après l'échec de Constantine.

tement nos effets; l'appétit commençant à chatouiller impérieusement nos estomacs, nous dûmes penser à déjeuner et à faire sécher nos habits. Le bois ne manquant pas, nous n'avions que l'embarras du choix pour le local; une bonne pelouse, qui pouvait offrir une excellente pâture à nos chevaux, fut le lieu qui nous parut le plus convenable. Mais à peine étions-nous descendus de cheval que quelques rugissements bien accentués (c'était la période du rut) vinrent impressionner désagréablement nos oreilles. Un des Arabes nous dit que cette pelouse était souvent fréquentée par messieurs les Lions, et qu'ils y passaient pour aller s'abreuver à un petit ruisseau coulant tout près de là. Il ajouta que, pour le moment, il n'y avait rien à craindre. Cependant, tout le monde jugea prudent de laisser la place libre à leurs majestés félines et d'aller chercher une autre salle à manger un peu plus loin. Nous en trouvâmes bientôt une qui ne laissait rien à désirer, pas même un petit cours d'eau, clair comme le cristal, qui coulait au milieu d'une pelouse large et riche aussi en pâturage pour nos chevaux.

Du feu fut bientôt allumé par les Arabes, et trois ou quatre petits arbres secs qu'on mit sur le bûcher nous auraient bien vite séchés ; mais, ô disgrâce ! à peine avions-nous commencé à savourer les bienfaits du feu de notre bivouac si champêtre et à nous extasier sur l'avantage de voyager dans un pays boisé, qu'une averse, plus intraitable que la première, vint détruire notre quiétude et nous rappeler ce vieil axiome qu'il n'y a pas de plaisir sans nuages. Encore, si nous n'avions vu que des nuages, quelque noirs qu'ils eussent été, notre feu n'aurait pas été éteint et notre âme n'en eût certainement pas été trop affectée; mais ce fut bien pis. Enfin, tels que nous étions descendus de cheval, tels nous fûmes obligés d'y remonter, à nos estomacs près, qui étaient bien en état de supporter la diète jusqu'au soir. D'ailleurs, en expérimentés voyageurs, nous n'avions pas oublié, en partant de Bône, cet adage de nos pères :

> Qu'il fasse laid, qu'il fasse beau,
> N'oublie jamais ta cape, ni le gâteau.
> — Ni le tonneau, répond un second.

Après avoir cheminé un quart d'heure dans la forêt, nous trouvâmes un joli ruisseau, l'Oued-el-Tnein, coulant du sud-est au nord-ouest. Nous le suivîmes, pendant une heure et demie dans ce dédale de bois, où, de temps en temps, nous rencontrions des claires-voies circulaires, véritables rendez-vous de chasse, ornées de vieux et imposants chênes-lièges. Nous traversâmes le ruisseau de l'Oued-Bouffel, un peu plus considérable que le précédent, coulant dans la même direction et ombragé par des aunes et quelques saules à feuilles très larges. Trois quarts d'heure après, en cheminant toujours dans la forêt, nous arrivâmes à la tribu de Jaballa, nom du cheik d'une partie des douërs à l'ouest de la Calle. Ce douër, placé sur un plateau d'une demi-lieue de long sur 2 kilomètres de large, bordé dans ses trois quarts au sud par de gros chênes-lièges, et dans son quart au nord par des aunes qui ombragent le ruisseau de l'Oued-el-Lamy, forme un site qui serait envié par bien des Européens. Jaballa y cultive avec succès le maïs et le tabac. Le ruisseau Oued-el-Lamy, qui coule de l'est à l'ouest, limite la forêt de ce côté, tandis que nous avons vu le ruisseau de l'Oued-el-Tnein la limiter du côté ouest; au sud, elle s'enfonce bien avant dans les montagnes. La distance qui les sépare peut être de 2 lieues. A une demi-heure du douër de Jaballa, on monte sur une petite montagne, d'où on aperçoit le lac Goulazargua. Bientôt, on le perd de vue, et après être descendu de cette hauteur, on marche dans le sable, en se rapprochant de la mer. Ce sol, quoique très sablonneux, est couvert de chênes verts et d'une grande quantité d'arbousiers, dont les fleurs et surtout les beaux fruits, forment des groupes sur lesquels l'œil du voyageur se repose agréablement.

A une heure, nous passâmes la rivière de Tnoloy, qui fait communiquer le lac Goulazargua avec la mer. Cette petite rivière, de 15 à 20 mètres de large, et de 2 pieds environ de profondeur, se jette à la mer après un parcours de 2 kilomètres seulement. L'ayant passée, nous suivîmes le bord du lac pendant une demi-heure; puis, appuyant un peu à gauche, nous longeâmes les collines à une demi-lieue de la mer. Du haut de ces collines, on aperçoit l'ancien bastion de France, bâti sur le bord de la mer. A 3 heures et demie, nous passions auprès d'un énorme rocher dont la forme avait quelque ressemblance avec une chaire, moins le prédicateur. C'est de ce point, que, par la belle journée du 4 décembre, nous avons pu voir distinctement l'île de la Galite, située à 25 milles du cap Nègre, et émergeant au-dessus de la mer, sous la forme de deux grandes pyramides, dont la plus haute peut avoir, d'après M. de Tessan, 76 mètres d'élévation et l'autre 177. Cette île, de 3 milles de long, a un aspect triste et désolé ; cependant la couche de terre végétale qui la couvre serait assez productive, sans les ravages continus des lapins et des chèvres qui détruisent toutes les plantes au fur et à mesure qu'elles sortent du sol. Cet îlot a dû être jadis habité, car on y rencontre des débris d'anciennes constructions, des tas de pierres qui forment encore des enceintes. Au sommet du pic, il y a un pan de muraille, probablement le reste d'une tour de garde. Cette île a été souvent le refuge des pirates, des corsaires et des contrebandiers. Pendant la guerre de l'Empire, les croiseurs anglais y avaient des vigies ; aujourd'hui, en 1837, c'est le rendez-vous et le dépôt des contrebandiers italiens, qui y apportent, dit-on, des munitions et des armes aux Arabes.

Depuis ce rocher jusqu'à la Calle, le pays cesse d'être sablonneux ; il est pierreux, miné par les torrents et couvert d'ailleurs des mêmes arbustes. A 4 heures, nous avons aperçu la Calle qui, de cette distance, ne laisse voir que quelques ruines ; et, à 5 heures et demie, nous étions rendus à ce modeste mais intéressant établissement. Ainsi, depuis le ruisseau de l'Oued-el-Lamy jusqu'à la Calle, on ne trouve sur la route que quelques chênes-lièges clairsemés, à l'exception toutefois d'une forêt qui s'étend jusqu'au bord de la mer, dans la tribu de Boulifa, à une lieue de la Calle.

En arrivant, nous sentant un peu fatigués, nous ne songeâmes qu'à bien dîner et à nous coucher ; le temps était d'ailleurs mauvais et nous faisait craindre, à moi surtout qui avais été là en simple touriste, que la pluie m'empêchât de bien observer la Calle et ses environs.

29 novembre. — Le temps est affreux, la mer vient se briser avec une violence épouvantable contre la côte. Les coralleurs, au nombre de vingt, ne pouvant tenir la mer, ont hissé leurs bateaux sur la plage. Pendant cette journée, j'ai profité de l'intervalle des bourrasques pour visiter notre ancien comptoir et ses alentours. Immédiatement après le déjeuner, le temps me paraissant favorable, j'ai été voir une fontaine qu'on venait de découvrir sur la montagne en face et à une demi-lieue de distance. Avant d'y arriver, je suis monté sur un mamelon qui s'élève à pic au fond d'une esplanade qui fait suite à la porte. Ce mamelon est assez rapproché de la Calle pour qu'un coup de fusil porte facilement sur la plage. C'est de ce point que les Arabes ont tiraillé quelque temps sur notre faible garnison, avant l'expédition de Constantine. Sur ce mamelon se remarquent encore les restes d'un ancien fortin, avec deux citernes, que notre compagnie y avait fait construire, à cause de la nécessité où elle s'était probablement trouvée de repousser les agressions de ses voisins. En continuant sur ce plateau et en appuyant un peu à gauche, on trouve, à une faible distance, la fontaine récemment découverte. Cette fontaine, qui a dû être construite par l'ancienne compagnie de la Calle, fournit une eau fort claire et très bonne ; après s'être perdue un instant dans les buissons, elle reparaît au fond d'une gorge, sous la forme d'un petit ruisseau qui longe le mur du jardin de la Calle et pourrait facilement être mis à profit.

A mon retour à la Calle, j'ai visité la plage dite Saint-Martin, située à l'est et séparée de celle des coralleurs par une jetée de sable sur laquelle on a construit une muraille ; la nature du sol qui compose cette jetée fait supposer qu'à une époque plus reculée, le rocher qui a servi de base à cet établissement formait une petite île semblable à celle qui était devant la ville d'Alger, avant que le fameux Barberousse eût fait construire la jetée qui joint le rocher, où est le phare, avec la ville. A la Calle, les courants opposés des vagues ont emmené insensiblement le sable derrière le rocher, et peu à peu il s'est amoncelé en assez grande quantité pour établir une communication facile entre l'île et le continent. Actuellement, les rives de la plage des corailleurs et celle de la rade Saint-Martin sont éloignées de près de 50 mètres. C'est sur cette jetée sablonneuse qu'on a élevé une muraille d'enceinte ; celle-ci va se joindre à angle droit à une autre qui, parallèlement à la Calle, se dirige du côté du fort du Moulin ; à l'aide de ces deux murailles, la Calle, ainsi que la plage des corailleurs, se trouvent tout à fait à l'abri des tentatives d'un ennemi qui n'aurait que des fusils pour moyen d'attaque. La dernière muraille dirigée de l'est à l'ouest se termine à son extrémité ouest au fort du Moulin, ainsi appelé parce qu'au milieu se trouve une tour qui, autrefois, aurait servi de moulin à vent.

Il est même très probable que le fort n'avait été élevé que pour protéger celui-ci contre les Arabes.

Nous verrons bientôt que l'ancienne compagnie établie au vieux bastion n'avait point de fort détaché, mais seulement un moulin à vent sur un petit monticule situé à peu de distance du bastion. La tour et une vieille meule en granit, placée à côté sur le sol, ne peuvent laisser aucun doute à ce sujet.

La nouvelle compagnie ayant toujours ses magasins encombrés, jugea qu'il était prudent de faire moudre le grain, afin de pouvoir suffire à son alimentation, sans être obligée d'attendre l'arrivée chanceuse des bâtiments pour avoir de la farine. C'est ainsi qu'elle jugea à propos de mettre son moulin à l'abri de voisins qui pouvaient devenir trop facilement ses ennemis, comme ils l'avaient été avec l'ancienne compagnie, en l'entourant d'un fort gardé par quelques pièces de canon. L'importance d'un pareil établissement valait bien la peine qu'on prît ces précautions. Le fort, qui est en ruines, est gardé seulement par une petite pièce de canon, et sert de caserne aux quarante-cinq turcos qui forment une partie de la garnison de la Calle. La tour du Moulin a été réparée par le génie militaire et sert à loger un poste de dix hommes du 17e léger ; à l'entrée du fort, on remarque les ruines de trois ou quatre petites citernes. Avant la dernière occupation de la Calle, en 1827, on ne pouvait aller du moulin à la ville qu'en passant en dehors de la muraille. Depuis peu, le génie a fait pratiquer, sur les rochers qui bordent le port, un chemin couvert qui permet de communiquer facilement entre ces deux points, sans être exposé aux coups d'un ennemi trop rapproché.

En entrant à la Calle par la porte Saint-Martin, on arrive de suite sur la plage des coralleurs ; à gauche se trouvent :

1° Une petite maison actuellement habitée par un colon ;

2° Les ruines bien conservées d'un ancien établissement qui porte encore le nom de grand Bazar. C'est probablement là que les Européens étalaient les marchandises qu'ils vendaient aux indigènes.

3° Un puits, dont l'eau est fort bonne, qui approvisionne la Calle.

4° Cinq ou six bassins carrés, en pierre, qui servaient autrefois au lavage des laines que la compagnie achetait aux Arabes.

A droite de la porte, attenant au mur d'enceinte, on a construit un petit fort crénelé pour en défendre l'entrée ; ce petit groupe de bâtiments porte le nom de faubourg Saint-Martin. En continuant, on traverse la plage et on arrive à la porte dite porte de Terre, gardée par un poste de huit hommes. En entrant en ville, on se trouve sur une place assez grande, qu'on nomme place des Corailleurs ; à cette place aboutissent, aux angles ouest, les rues du Gouvernement et de la Vieille-Calle. A l'est, sont des ruines d'anciens magasins et la maison qu'occupe actuellement l'employé aux vivres. Dans la rue du Gouvernement se voit l'ancien palais du gouverneur, dont les ruines attestent l'ancienne importance. C'est là que logent maintenant les commandants de la Calle, de la marine et celui du détachement du 17ᵉ léger. Cette maison, à laquelle on travaille tous les jours, est remarquable par ses belles caves et la solidité de sa construction; en face, sont les ruines de l'ancienne église, qui ne présentent rien de particulier, et un peu plus loin celles d'un grand magasin qui sert de caserne aux troupes de ligne et aux spahis qui sont venus avec nous.

La rue de la Vieille-Calle, parallèle à la précédente, et plus au nord, est moins large et ne présente que les ruines de quelques petits magasins ou de maisons particulières; elle se termine à une autre rue très large, encore bien pavée, ayant la même direction : c'est la rue Royale, tracée sur de grandes dimensions. A droite de cette rue sont les ruines de quelques belles maisons, et celles de l'ancien hôpital de la compagnie, construit sur les rochers battus par la mer; à gauche, les ruines de grands et superbes magasins. Elle se termine par une ruelle qui conduit à une petite chapelle à l'extrémité de l'île. Entre la rue Royale et la rue du Rempart qui longe le port, se trouvent les grands magasins de l'ancienne compagnie. La quantité de blé que pouvait contenir chacun d'eux a été évaluée, par M. R..., qui est resté longtemps garde-magasin à la Calle, à 18.000 charges pesant 100 kilos chacune. Un de ces magasins a été rempli et vidé trois fois pendant l'année, je crois, de 1823. Sur une des portes, j'ai trouvé le millésime de 1670. Les murs de ces magasins sont bien conservés; et, avec quelques réparations, on pourrait facilement les mettre en état de faire un bon service.

Entre ces magasins et le port existe la rue du Rempart, plus basse que la rue Royale de plus de cinq mètres, où aboutissent les portes d'entrée des magasins. Cette rue, séparée du port par un mur épais et crénelé, se continue jusqu'au palais de l'ancien gouverneur et communique ainsi avec la rue du Gouvernement. Il existe encore de petites rues, telles que celles de la Marine, du Phare et la rue Basse, qui servent à établir des relations avec les principales. Entre les rues de la Vieille-Calle et celle du Gouvernement, se trouvent quelques petites maisons occupées par des Maltais, plus l'église et enfin la maison de l'officier de santé, où on a ménagé une chambre pour l'infirmerie, qui peut recevoir dix malades.

Dans la rue du Commerce sont trois ou quatre petites maisons réparées et occupées par des marchands de vin. La Grande-Rue communique à la porte dite de la Marine au moyen d'une rue en pente appelée rue de la Marine. Telles sont les constructions principales dont se compose la Calle. Presque toutes ces ruines pourraient encore, au moyen de quelques réparations, servir à de nouveaux établissements. La petite ville de la Calle a donc deux portes, celle dite de la Marine et la porte de Terre. A gauche, en sortant de celle-ci, on voit la porte Saint-Martin, qui établit une communication avec la baie du même nom.

Le port est petit, peu profond, et ne peut recevoir que de très petits bâtiments. Son entrée présente quelques roches à fleur d'eau qui ne sont pas sans danger. Deux à trois cents bateaux corailleurs trouvent pourtant à s'y placer. Il est vrai de dire que, lorsque la mer est agitée, ces bateaux, pour être plus à l'abri, sont mis à sec sur la plage. Ce port est abrité des vents sud-sud-est et sud-ouest par la terre, des vents d'est par la plage et par le mur d'enceinte qu'on y a élevé ; des vents nord et nord-est par la ville. Les vents ouest et nord-ouest sont donc les seuls qui y entrent en plein, encore sont-ils un peu arrêtés par le cap Boulifa, qui avance dans la mer à une lieue du port. Cependant, lorsque la mer est agitée, n'importe par quel vent, les vagues s'y font assez fortement sentir.

A un quart de mille de la porte du moulin, M. B... a fait établir un petit cimetière bien clos au moyen d'un fossé. Il n'en existe pas encore à Bône, malgré le besoin incessant qu'on en a, ou les inhumations se font en pleine campagne, sans que rien indique la demeure des morts. A côté du cimetière, et en face de la porte du Moulin, MM. A... et B... s'occupent à faire une plantation qui formera, plus tard, une agréable promenade.

30 novembre. — Le mauvais temps s'opposant à toute excursion, je profite des moments qui me permettent de sortir pour me promener sur la plage sablonneuse qui est fort jolie. Je m'amuse à ramasser quelques petits morceaux de corail, roulés, que la mer dépose surtout dans la baie Saint-Martin. Ces petits débris sont, en certains endroits, si nombreux, que la plage en est toute rouge.

1ᵉʳ décembre. — Le temps étant assez beau, nous

montons à cheval à 10 heures, pour aller visiter les tribus des Tunga et des Souhara, situées à l'est de la Calle. Après avoir marché une demi-heure dans un pays couvert de chênes verts et de divers arbustes, nous entrons dans la forêt des chênes-lièges, au milieu de laquelle passe le ruisseau de l'Oued-el-Haouts, ou ruisseau des buissons. Les arbres, quoique beaux, ont le tronc moins gros que ceux de la forêt de l'est ; mais leur portée est peut-être plus belle et plus droite. En sortant de cette forêt, qui se continue à droite sur toute la surface des montagnes que nous pouvions apercevoir, on entre dans un terrain assez bien cultivé par les Arabes.

A 11 heures et demie, nous arrivons à une vallée s'étendant en pente douce jusqu'au grand lac de Haouts. Cette vallée, qui peut avoir 4 milles de long et 1 mille de large, est limitée au sud, à l'est et à l'ouest par la forêt, tandis que du côté nord, elle est dominée par une petite montagne couverte de myrthes, de cytises, de thé Tunga, etc., etc. C'est la vallée de Tunga, dont le douër est placé à côté de la partie qui avoisine le lac. Le terrain, dans la partie supérieure, est très bon pour les céréales et diverses plantations, tandis que la partie plus rapprochée du lac forme d'excellents pâturages, où paissait une quantité prodigieuse de bétail et où, à notre grand étonnement, nous avons aperçu une jolie biche, allant s'y désaltérer. La forêt, entre la vallée et le lac, est formée d'arbres superbes. Après avoir pris un guide pour aller au pays des Douarah, nous traversâmes un marais qui longe le côté nord du lac, dont nous n'étions séparés que par quelques arbres, parmi lesquels des aunes et des saules fort beaux ; le côté nord du marais est aussi limité par une petite forêt qui couvre la surface sud d'une montagne isolée, que les Arabes appellent Jebel-Mouchelop. Après une heure de marche dans le marais, nous atteignîmes aux rives est du lac et à un douër situé sur une plaine fertile, où le maïs forme la principale récolte. C'est à côté de ce douër que nous avons trouvé un grand nombre de madriers de chênes-lièges longs de 3 à 4 mètres, et de 20 à 30 centimètres de diamètre. Un Arabe nous apprit que ce bois avait été coupé par ordre du bey de Tunis, quoique ne lui appartenant pas; et, qu'à l'aide de chameaux, on le portait sur le bord de la mer pour être embarqué.

M. Amanton engagea l'Arabe à nous conduire à l'endroit où s'effectuait l'embarquement. Cinq ou six Arabes montèrent à cheval et offrirent de nous escorter. Le chef, qui était à quelque distance de sa tente voulut aussi nous accompagner; il demanda le harnachement pour pouvoir monter à cheval. Pendant qu'il s'occupait à saisir l'animal, nous vîmes arriver une espèce de fantôme de femme, vieille, décharnée, n'ayant pour tout vêtement qu'un seul haillon qui mettait juste sa pudicité à l'abri d'un œil indiscret. Courbée sous le poids des harnais, elle s'approcha de l'Arabe qui, déjà impatient de son arrivée, lui témoigna son mécontentement de la lenteur de sa marche; pendant que la pauvre vieille posait la selle sur le cheval, le Maure lava ses pieds, chaussa ses bottes rouges et n'oublia pas les longs éperons, insignes toujours réservés pour les grandes occasions. Cette toilette ainsi improvisée ne laissait pas que d'avoir un certain caractère d'originalité et elle fut, pour nous, un témoignage fidèle de la rapidité avec laquelle une tribu peut se mettre sous les armes dans un cas pressant. Nous pûmes voir que, de l'Arabe qui travaille paisiblement au labour et chante une de ses ballades chéries, en conduisant la charrue ou en gardant son troupeau, à l'Arabe fier, équipé, armé et prêt à lancer son élégant coursier sur un ennemi qui le menace, il n'y a que l'intervalle d'un quart d'heure. Une fois à cheval, notre Arabe prit le devant pour nous indiquer la route. Après avoir suivi quelque temps la direction des rives est du lac, et traversé le ruisseau de l'Oued-el-Houch, nous prîmes la gauche, en marchant sur une belle plaine limitée par de superbes forêts. A 1 heure et demie, nous traversons le douër de Benchaona, aussi bien situé que celui de Boulifa ; ce douër se trouve sur un petit plateau entouré d'arbres et borné au nord par le joli Oued-el-Herhk, qu'ombragent des aunes et quelques frênes. Après avoir serpenté dans une forêt presque entièrement composée d'aunes, ce ruisseau va se perdre dans l'Oued-el-Hemp, dont nous parlerons dans un instant. Après ce ruisseau, nous nous dirigeâmes du côté de la mer en traversant un pays sablonneux couvert de bruyères, où de nombreux troupeaux de chèvres, de moutons et de bœufs trouvaient une abondante pâture. A 2 heures et demie, nous étions sur le bord de la mer, entre l'embouchure de la rivière El-Heurp et le cap Roux, distant d'environ 2 lieues à l'est.

Ce cap, ainsi appelé à cause de la teinte que présentent les roches, domine l'eau en formant au-dessous une grande voûte, qui peut abriter des bâtiments marchands d'un tonnage assez important. Aussi, l'ancienne compagnie de la Calle, profitant de cette heureuse disposition, avait fait une percée assez grande à travers le rocher, en lui donnant une pente qui permit au blé, ou à toute autre denrée qu'on lui confiait d'aller tomber directement sur le bâtiment qui était dessous.

Le vieux Bacry, à qui je racontais mon voyage à la Calle et qui était très intéressé à ce commerce, me disait que ce nouveau mode d'embarquement si simple, une fois trouvé, avait produit à la compagnie des bénéfices considérables. On voit aussi, sur un roc fort élevé, les ruines d'un grand magasin qui recevait les approvisionnements.

Près de la rive droite de la rivière et sur la plage, nous avons trouvé un second stock de madriers de même bois que ceux de la tribu de Souara ; le désordre du tas faisait supposer qu'ils y restaient très peu de temps, et qu'on les embarquait pour la Tunisie, au fur et à mesure qu'ils arrivaient, à dos de chameau. Notre intention était de pousser notre promenade un peu plus loin; mais l'heure avancée nous obligea à reprendre la direction de la Calle, distante de 2 lieues et demie. Nos guides voulaient nous faire reprendre le même chemin que nous avions suivi, nous assurant que l'Oued-el-Heurp n'était pas guéable; peu désireux de marcher encore une heure dans le marais, nous voulûmes nous assurer s'il

2

était réellement impossible de traverser la rivière. Un spahis qui s'élança le premier nous prouva bientôt, de la rive opposée, qu'il n'y avait aucun danger à le suivre. L'Arabe, routinier et ignorant, en parut fort étonné : la largeur de cette rivière, dont le fond est sablonneux, peut être de 15 mètres et sa profondeur de 60 centimètres à un mètre. Elle est formée par l'excédent des eaux du lac qui vient se jeter à la mer. La distance de son embouchure au lac est d'environ 5 milles.

Pour bien apercevoir le grand lac El-Haouts, il faut se placer sur le Jebel Mouchelop, au pied duquel coule la rivière El-Heurp. La vue dont on jouit de ce point culminant est telle qu'on se croirait transporté dans une vallée de la Suisse, moins la hauteur des montagnes. On est vraiment saisi par ce magnifique panorama qui embrasse un lac ayant près de 4 lieues de circonférence et autour duquel rayonnent d'abondants pâturages ; des forêts d'une telle étendue, au sud, que l'œil les perd avec les montagnes qui en sont couvertes ; à droite, la vallée de Tunga, dont nous avons parlé ; à gauche, une grande et belle vallée bien boisée, décrivant des ondulations entre les montagnes des Béni-Mazen, qui, se continuant au nord sous le nom de Jebel-Hadeda, se terminent à la mer en formant un cap assez saillant. Ce cap et les montagnes de Hadeda forment, dit-on, les limites de notre province avec celle de Tunis. Les principaux ruisseaux qui se jettent dans ce lac sont, au sud-est : l'Oued-el-Houk, venant des Jebel-Hadeda, pays des Beni-Mazen ; et, à l'est, l'Oued-el-Haouts, venant des Jebel-

Mouchelop. La seule rivière qui en parte pour se jeter à la mer est celle de l'Oued-el-Heurp. En nous retirant, nous suivîmes les dunes qui avoisinent la mer jusqu'à la tribu de Tunga ; et, après avoir admiré de nouveau la jolie vallée où elle est située, nous reprîmes le même chemin qu'en venant. A 6 heures, nous étions rendus à la Calle, un peu fatigués, mais bien satisfaits de notre journée.

2 décembre. — La mer s'étant un peu apaisée, M. A... et moi nous désirâmes aller, par mer, voir le vieux bastion de France. Nous partîmes en canot, avec le quartier-maître du port, à 11 heures et demie ; et, longeant toujours la côte, nous arrivâmes à 2 heures au bastion, distant de la Calle de 3 lieues. La rade est fort jolie, plus grande et plus sûre que celle de la Calle ; quelques dépenses suffiraient pour que les bâtiments marchands pussent y trouver un bon abri. Les ruines qu'on y remarque sont celles du bastion bâti sur un rocher que le brisement des vagues a creusé profondément. Les belles voûtes qui sont encore intactes et les pans de murailles que le temps a épargnés attestent la solidité et la force de ce petit établissement. A droite du bastion, en regardant la terre, on voit les ruines de quelques maisons et celles mieux conservées de l'ancienne église, un peu petite, mais plus jolie que celle de la Calle. A gauche du bastion, sur un petit monticule, est la tour d'un moulin à vent avec la meule à côté. Le ciment qui a servi à ces constructions est aussi dur que celui des ruines romaines. Le Temps, ce grand destructeur qui met à chaque instant l'homme en face de ses efforts et de son impuissance, a détruit presque entièrement les pierres, tandis que le ciment a résisté à sa diluante influence. Après une heure d'exploration, nous reprîmes le chemin de la Calle. En sortant de la petite baie on aperçoit, à la distance de 2 lieues, du côté du cap Rosa, une petite tour bâtie par l'ancienne compagnie sur une roche que bat la mer. En longeant la côte, on rencontre à moitié chemin un groupe de rochers énormes qui se sont éboulés de la montagne, dont les éléments sont, dit-on, très ferrugineux. Tous les rochers détachés sont recouverts d'une couche de ce métal presque pur ayant un pouce d'épaisseur. Puis on passe devant la tribu de Boulifa, placée au milieu d'une forêt où les arbres viennent jusque sur le bord de la mer ; leur essence principale se compose de frênes dans la partie qui avoisine la mer, tandis que la partie supérieure ne contient que des chênes-lièges et quelques ormes. A 5 heures, nous étions de retour.

PÊCHE AU HARPON

3 décembre. — Le temps étant un peu mauvais, nous ne quittâmes pas la Calle. Le soir, la mer étant calme, le quartier-maître nous prévint qu'il allait faire la pêche au harpon. Ne connaissant pas cette pêche, qu'on disait fort intéressante, nous demandâmes à l'accompagner.

Les préparatifs consistent à réunir : 1° du bois résineux sec, qui flambe bien, mis dans un grillage en fil de fer suspendu au bout d'une tige de 2 pieds et demi, placée horizontalement à l'avant du canot et à 2 pieds de la surface de l'eau ; 2° un canotier adroit pour bien diriger l'embarcation ; 3° deux harpons fixés à deux longues hampes et un harponneur bien exercé. En partant à 8 heures et demie du soir, le quartier-maître alluma le feu sur le grillage ; et ainsi éclairés, nous gagnâmes la côte en dehors du port. Il est aussi nécessaire qu'il ne fasse pas clair de lune, car l'emploi du feu devant faire apercevoir le poisson, les effets de la lune détruiraient complètement son action. La nuit la plus obscure et un grand calme de la mer sont donc les conditions les plus favorables à ce genre de pêche. Nous fûmes bientôt étonnés de la profondeur à laquelle ce foyer lumineux permettait de distinguer les objets dans l'eau. Rien de ce qui se passait à la profondeur de plusieurs mètres ne se dérobait à nos regards. Les petits poissons, groupés par myriades, les algues marines flottant sur les rochers sous-marins, ainsi que diverses plantes aquatiques ondulant au gré des vagues inférieures, et jusqu'aux plus petits animaux, tout se dessinait dans l'eau, comme un riche panorama dont l'aspect changeait avec les mouvements variés du canot.

Le harponneur a alors une pose vraiment martiale : il est placé sur le devant de l'embarcation, un pied appuyé sur le bord, le corps penché légèrement sur l'eau ; tandis que ses yeux exercés pénètrent jusqu'au fond et distinguent tout ce qui se passe. De sa main, il tient le harpon, prêt à être lancé sur le premier habitant de l'onde qui viendra se montrer aux yeux du vigilant pêcheur. Son attitude toute guerrière ressemble un peu à celle de saint Georges, au moment où il lance le dard sur le dragon volant.

Nous étions impatients de voir lancer l'instrument; et notre harponneur, jaloux de nous montrer son adresse, l'était encore davantage de rencontrer un poisson qui méritât d'être harponné. Car il y a une grande différence entre cette pêche et la plupart des autres : celles-ci sont soumises aux chances du hasard, tandis que la pêche au harpon permet de choisir sa proie. Certes, Balzac qui a si bien dépeint la pêche à la ligne en disant : « C'est un manche avec une longue corde ayant une bête à chaque bout » aurait eu meilleure opinion de celle-ci, qui serait mieux nommée la chasse au poisson, puisqu'elle est toute d'adresse. Le harponneur apercevant sa victime est libre de la saisir ou de lui faire grâce. Voyant une foule de poissons voltiger dans l'eau, nous demandâmes au harponneur pourquoi il ne lançait pas son instrument; il nous répondit que le harpon ne s'employait pas contre ce qu'il appelait la *racaille*, et qu'il était destiné à prendre un gibier qui valût la peine d'en être atteint. Pauvres petits poissons ! qu'ils étaient heureux de ne pas avoir acquis cette grosseur qui devait leur faire mériter plus tard les honneurs de l'instrument meurtrier !... Le mépris que notre harponneur avait pour ces petites bêtes et l'impatience où il était de voir défiler sous les six dards de son instrument, ce qu'il appelait une bonne pièce, avaient quelque chose de singulier. Si je pouvais traduire en français le monologue qu'il faisait en provençal, avec tous les jurons qui escortent ordinairement cet idiome, à coup sûr, le lecteur s'en amuserait beaucoup. Aussi M. A... et moi, profitâmes-nous de l'occasion, et c'est pendant que nous riions de toutes les imprécations qu'il adressait aux gros habitants de la mer, qu'il lança, pour la première fois le harpon ; d'un air joyeux, il nous montra presque aussitôt un fort bel habitant de l'onde. Alors, laissant de côté sa mauvaise humeur que ce premier succès venait de dissiper, il se mit à nous faire, moitié français et moitié patois, une longue dissertation sur cette pêche, sur la manière de la faire et surtout sur l'adresse et l'agilité dont il faut être doué; il s'étendit longtemps sur la dextérité qui lui faisait rarement manquer ses coups et posa d'abord, d'un air sentencieux, ce principe de Lapalisse « que pour prendre du poisson, il fallait qu'il y eût du poisson, et, qu'avec la meilleure adresse, il était impossible d'en saisir là où il n'y en avait pas ». Il mettait d'autant plus de feu à nous faire comprendre ces grandes vérités, qu'il craignait que nous pussions supposer que son manque de dextérité seul avait été jusqu'alors la cause de notre mauvaise fortune. Les principes qu'il posa, nous semblèrent fort clairs, et, comme lui, nous répétâmes que, pour prendre du poisson, il fallait en trouver ; à moins toutefois, qu'à l'exemple de Schahabaham, à défaut de poisson, on se contentât d'un ours.

L'hilarité que nous procura l'originalité de cette conversation, nous engagea à la faire durer jusqu'à ce qu'un malencontreux poisson vînt défiler devant le canot. J'allais le dénoncer au maître, que déjà il était au bout du harpon. Cet homme était d'une adresse rare ; ses yeux et ses mains exercés laissaient rarement échapper la proie qui passait à portée de son arme. Après avoir pris ainsi sept bonites environ, nous allions regagner la route du port lorsque le harponneur reprit sa martiale position ; et, lançant subitement son instrument, il cria au nautonier de venir à son aide avec le deuxième harpon, l'animal qu'il venait de harponner étant trop grand pour l'amener à bord avec un seul instrument. Ainsi secondé, le poisson put être tiré de l'eau et jeté dans le canot. C'était un immense thon ayant plus d'un mètre de long, et qui avait bien droit à l'honneur de deux harpons, comme le maître le disait joyeusement. Après ce coup d'éclat, le harponneur, rayonnant de joie, posa majestueusement son arme et dirigea le cap sur le port, dont nous étions éloignés de 7 ou 8 kilomètres. 10 heures sonnaient au moment de notre retour. Cette pêche nous a beaucoup intéressés, tant par la manière dont elle se fait que par le spectacle singulier dont on jouit en apercevant, dans la profondeur de l'eau, les évolutions variées de poissons de toute espèce.

Le harpon est un instrument qui ressemble beaucoup au trident de Neptune, il en diffère seulement par ses six dards au lieu de trois. La hampe est mince et longue d'environ trois mètres.

4 décembre. — Nous montons à cheval à 10 heures pour aller visiter, du côté sud, le pays des Élachaouh, où se trouve la tribu D'Ali-le-Brek. Après avoir marché une demi-heure dans l'ouest, nous nous sommes dirigés vers le sud. A 11 heures, nous étions engagés dans un fourré de bruyères, où les jambes de nos chevaux ont subi de rudes épreuves. Bientôt un marais, que notre guide ne sut pas éviter, nous obligea à prendre quelques précautions, pour continuer notre route dans ce sol marécageux, qui pouvait devenir très désagréable aux hommes et aux chevaux. En étant heureusement sortis, nous montâmes sur une petite éminence, d'où nous aperçûmes le lac Dréhan, une étendue immense de forêts et la grande tribu d'Ali-le-Breck, perchée sur un monticule à côté du lac. Dirigeant nos chevaux vers ce point, nous atteignîmes en peu de temps un petit douër situé au milieu des marais. Ce douër, qui élève beaucoup de bétail et où le maïs est cultivé avec succès, est traversé par l'Oued-el-Ehtreham que nous rencontrerons dans un instant. En continuant dans une clairière entourée de chênes-lièges et d'aunes, nous arrivâmes à midi à la tribu d'Ali-le-Breck, dont le chef nous fit un bon accueil. A notre vue, il fit sortir tous les hommes de leurs tentes, afin de nous convaincre de leurs sentiments pacifiques. Tous voulaient absolument nous retenir, en nous engageant à descendre un instant pour prendre du lait et du couscoussou; ce ne fut qu'après leur avoir bien persuadé que nous avions déjeuné avant de partir qu'ils se décidèrent à nous accompagner. Ali-le-Breck monta à cheval avec quelques Arabes; et, après quelques évolutions, désignées maintenant sous le nom de fantasias, pour nous faire honneur, nous nous dirigeâmes vers l'est, en suivant le bord du lac Degra, qui donne naissance à l'Oued-Ehtreham, fort joli cours d'eau bien ombragé par des tamaris et des lauriers roses. On marche un quart d'heure dans la plaine d'Ehtreham ; puis on avance dans la forêt qui borde le lac et s'étend au nord dans le Beled-Boumarchen où coule, du nord au sud, au bas de la montagne du même nom, un joli petit ruisseau qui verse ses eaux, comme le ruisseau précédent, dans le lac Degra.

A 1 heure, nous nous trouvâmes sur une belle plaine qui s'étend assez loin vers le sud et qui limite à l'est le lac. Un Arabe nous ayant assuré que d'une petite montagne, peu élevée, nous pourrions apercevoir en même temps le lac Degra et le lac Haouts que nous avions visité le 1er décembre, nous nous y laissâmes conduire. Après être montés sur deux mamelons où la forêt est plus rare, nous en gravîmes un troisième, d'où nous aperçûmes fort bien les deux lacs.

Ce point de vue est vraiment superbe : il ne manquait, pour compléter le beau tableau que présentaient les deux nappes d'eau se déroulant à nos pieds avec leurs riches forêts et leurs belles vallées, que quelques maisons de campagne que notre imagination se plaisait à élever sur certains points : l'aspect de ces lieux est tel qu'il fait naître de suite l'idée d'un peuple civilisé, instruit et industrieux. Aucun autre lieu de la régence, que j'avais parcouru, n'avait excité en moi de pareilles sensations. De là, nous pûmes calculer que la distance qui sépare les deux lacs peut être 1 mille, et que ce sol s'élève à 15 mètres tout au plus, au-dessus du niveau de la surface des eaux.

Il nous a semblé aussi que les eaux du lac Haoust étaient un peu plus élevées que celles du lac Degra.

Ali-le-Breck nous conduisit ensuite sur le plateau, où l'ancienne compagnie de la Calle venait, avec des chariots, charger le grain que les tribus apportaient à ce rendez-vous convenu ; dès qu'il nous eut indiqué le chemin, marqué encore par les ornières que suivaient ces engins de transport pour se rendre au cap Roux ou à la Calle, nous nous dirigeâmes du côté de la montagne Boumarchen, que nous contournâmes du côté ouest, et nous prîmes la vallée arrosée par le ruisseau du même nom.

Après avoir traversé de belles prairies, nous entrâmes dans une magnifique forêt de chênes-lièges, au milieu de laquelle nous remarquâmes des clairières formant des sites qu'embellissent les nombreux contours de l'Oued-Boumarchen. A 3 heures et demie, nous quittâmes la forêt pour entrer dans le fourré de bruyères et d'autres arbustes qui avoisine la Calle. Dès qu'Ali-le-Breck nous eut indiqué le chemin le plus court pour nous en retourner, il nous fit son salamalec ; en nous séparant, nous le prévînmes que notre intention était de faire, le surlendemain, le tour du lac Dréhan, et que nous désirions qu'il nous accompagnât. Nous le priâmes aussi de faire prévenir la tribu des Ouled-Dalid, afin qu'elle ne fût pas étonnée de notre arrivée ; précaution qu'il était prudent de prendre, avant d'entrer dans un pays nouveau, parce que les Arabes, naturellement méfiants, éprouvent toujours de l'inquiétude, en voyant venir chez eux des étrangers, surtout s'ils sont armés ; prévenus de la veille, ils n'avaient plus lieu au contraire, de manifester aucun étonnement.

10 décembre. — Profitant de la belle journée qui se préparait, nous montâmes à cheval à 7 heures du matin. Nous avions eu soin, l'avant-veille, de prévenir Ali-le-Breck et Ali-Alfredi, les deux chefs de cette contrée, dont l'un a sa tribu, sur la rive nord du lac, l'autre bien au delà de la rive sud, dans une belle plaine dont nous parlerons bientôt. D'après les ordres de M. B..., Ali-le-Breck avait envoyé à la Calle deux Arabes pour nous escorter et ils eurent soin de nous faire éviter les marais qui nous avaient si contrariés dans notre course de la veille. A 9 heures, nous atteignîmes la tribu d'Ali-le-Breck, où ce chef nous attendait avec une douzaine d'Arabes bien montés et bien armés. Nous nous dirigeâmes aussitôt vers l'ouest, en suivant les bords du lac.

A 10 heures, il nous fit gravir une petite montagne, d'où nous apercevions à la fois le lac Goulazargua et le lac Degra, de la même manière que le 4, nous avions pu voir en même temps le premier de ces deux lacs et celui des Haoust. La montagne, de laquelle notre vue se projetait sur les deux lacs au Jébel-Federchin est rocailleuse et entourée de belles forêts. La langue de terre qui sépare ces deux masses d'eau n'a pas plus d'un demi-mille de large, et est peu élevée au-dessus du lac Degra, dont le niveau de l'eau m'a paru dépasser légèrement celui du lac Goulazargua. Il nous a semblé également que le lac Haoust, à l'est, a ses eaux un peu plus hautes que celles du lac Degra. Ces observations ont besoin d'être vérifiées avec d'autant plus de soin, que c'est sur un système de nivellement que doit rouler la facilité des moyens d'exploitation de ces belles forêts.

Nous contournâmes ensuite le lac du côté de l'ouest, en traversant une belle plaine arrosée par l'Oued-Federchin, qui serpente au fond d'une jolie petite vallée verdoyante où de nombreux troupeaux de moutons trouvaient une abondante pâture. Après avoir traversé ce ruisseau, nous nous arrêtâmes sur les bords du lac pour déjeuner. Le site que nous choisîmes, pour notre repas champêtre, aurait été digne d'être chanté par la lyre harmonieuse du poète qui a su, avec tant de talent et de sentiment, faire vibrer dans tous les cœurs les souvenirs touchants et célèbres de l'ancienne Rome, ainsi que les travaux des champs et le bonheur de la vie champêtre. Mais au lieu de fouiller dans le passé les souvenirs de l'ancienne Italie, la poésie doit s'appliquer aujourd'hui à chanter les progrès de notre colonie naissante et les succès que l'avenir va lui assurer. Assis sur des rochers battus par les eaux, nous avions devant nous la nappe limpide du lac où une foule d'oiseaux s'ébattaient en tous sens ; l'eau, claire comme le cristal et calme comme une glace, reflétait les montagnes et répétait à merveille la silhouette dentelée des arbres qui couronnent leur cîme. Derrière nous, on apercevait des forêts de chênes-lièges à perte de vue, et, au-dessus, un ciel d'un azuré qu'on trouve difficilement en Europe au mois de décembre. Cette belle nature nous eût fait oublier l'Afrique et transporter nos souvenirs vers notre belle France, si les Arabes, couverts de haillons, ne nous avaient donné la certitude que nous foulions le sol des anciens Numides.

Nous quittâmes le pays des Beled-Chehamam, que la beauté de ses sites a profondément gravé dans mon souvenir, et nous continuâmes à cheminer sur les bords sud du lac; à midi et demi, nous étions sur la montagne Jebel-Roussira qui, dominant les trois lacs et la plaine Mamagine, qu'arrose l'Oued-Chicha, offre un point de vue saisissant. Au nord, se déroulent les trois lacs avec les montagnes et les forêts qui les entourent; dans le lointain, la mer avec son horizon bleuâtre; au sud, la plaine marécageuse de Mamagine; dans le fond, le pays des Aïn-Lesel avec ses frênes gigantesques; à l'ouest, les forêts des Federchin; et à l'est le pays des Ouled-Dalid et ses hautes montagnes. Toute cette contrée est couverte de chênes-liège dont la beauté et la venue sont remarquables. De la montagne Roussira à la plaine Mamagine, aucune broussaille n'existe entre les arbres. En traversant la plaine des Mamagine, nous nous sommes trouvés en face de la tribu des Ouled-Dalid, que les Français n'avaient pas encore visitée; une légère inimitié existant entre cette tribu et celle d'Ali-le-Breck, les Arabes qui nous escortaient, voulurent profiter de cette occasion pour aller enlever le bétail qui paissait autour de la tribu. Mais M. B*** s'y opposa formellement, et fut seul au milieu des Ouled-Dalid; il les rassura et dissipa l'inquiétude que leur avait inspirée la vue de leurs voisins de l'autre rive. Après avoir passé à côté de cette tribu, nous nous trouvâmes sur la rive est, séparée de la rive ouest du lac Haousts, de deux milles environ.

J'oubliais de dire que, pendant que nous nous extasions sur la beauté des arbres et la solitude qui régnait dans la forêt, nous vîmes sortir, tout à coup, d'un fourré qui semblait impénétrable à l'homme, et où un fauve seul devait pouvoir passer, un être humain qui apparut comme un vrai fantôme, vêtu en Arabe, pas trop déguenillé, avec une barbe blanche abondante ondulant jusqu'à la poitrine. Arrivé à une faible distance, il se mit à crier : *Bos-Bewe-un-cop.* Personne, pas même les deux Arabes qui nous accompagnaient, ne comprirent ce langage. Seul, l'ayant fait répéter, je compris qu'il nous demandait dans le patois gascon, de mon pays, si nous voulions boire un coup. Je m'empressai de transmettre cette généreuse invitation à mes compagnons qui, vu la chaleur qu'il faisait, acceptèrent avec empressement. Ce brave compatriote disparut un instant, et revint bientôt avec une outre remplie d'eau bien fraîche que nous savourâmes avec grand plaisir. Tous nous voulions reconnaître cet acte généreux de politesse ; mais il ne voulut accepter que nos remerciments, trop heureux, me dit-il, d'avoir pu être agréable à des Français qu'il voyait pour la première fois, depuis 1827, époque où l'établissement de la Calle avait été brûlé et les hommes de la compagnie tués ou faits prisonniers. Quant à lui, il était parvenu à s'échapper, et vivait, en vrai ermite, dans cette forêt où il était respecté des Arabes qui le prenaient pour un derviche.

A 3 heures, nous étions sur les rives de l'Oued Boumarchen et nous revînmes à la Calle par le même chemin que nous avions suivi l'avant-veille.

A peine rendus, un maître corailleur, à qui j'avais témoigné le désir de voir la pêche du corail, vint me demander si je voulais y aller la nuit suivante; ne devant pas monter à cheval le lendemain, j'acceptai volontiers cette originale et intéressante partie de plaisir que mes compagnons ne voulurent pas partager.

Il était minuit lorsque le maître corailleur vint m'annoncer le moment du départ. Le temps, quoique un peu menaçant, permettait d'apercevoir quelques étoiles à travers les déchirures des sombres nuages qui planaient sur l'horizon. La mer était agitée et les balancements qu'elle imprimait au bâtiment rendit l'embarquement laborieux. Enfin, l'équipage, composé de dix hommes, une fois à bord, nous gagnâmes le large, en nous dirigeant au nord. Après plusieurs bordées, nous atteignîmes, vers 5 heures du matin, le lieu où, ce jour-là, le corail devait être pêché. Avant de parler de la pêche, disons un mot du corailleur et de la manière dont il s'oriente en pleine mer, sans boussole, pour rencontrer juste le point où il veut jeter ses nombreux filets.

PÊCHE DU CORAIL

Les bateaux corailleurs sont petits; ils ont pour équipage dix hommes, simples corailleurs, plus le patron qui les commande, qui a toute la confiance de l'armateur, et toute la responsabilité de la pêche. Pour être accepté comme patron, il faut avoir quelques connaissances de la navigation et avoir donné, pendant longtemps, des preuves d'une grande probité. C'est, en effet le patron qui conserve les produits de la pêche et les rapporte à son armateur ; l'on conçoit, dès lors, l'importance de ses fonctions.

Les hommes que l'on appelle simples corailleurs sortent ordinairement des dernières classes de la société et travaillent comme de vrais forçats ; il faut comme ils me le disaient, être sorti des galères, pour supporter une pareille position. On m'a assuré que, plusieurs d'entre eux avaient été en effet dans ces lieux de punition et que, ne sachant où se réfugier dans le monde, ils se faisaient corailleurs ; ces hommes témoignent la plus grande obéissance au patron, qui les fait mouvoir sur son petit bateau aussi despotiquement qu'un capitaine de vaisseau vis-à-vis de son équipage. C'est parmi ces dix hommes que le patron choisit celui qui a le mieux mérité sa confiance pour en faire son second. Celui-ci ne travaille ni plus ni moins que les autres. Mais lorsqu'il a exercé longtemps, et sans aucun reproche, l'emploi de second du bord, il peut espérer devenir premier patron ou commandant en chef d'un bateau, rôle fort important dans la république des corailleurs.

Telle était la composition de l'équipage avec lequel j'allais passer vingt-quatre heures. A peine le jour commençait à poindre, le patron me dit qu'ils allaient jeter les filets, mais sans espoir de prendre beaucoup de corail, quoiqu'il y en eût considérablement dans cet endroit. Après lui avoir demandé une explication sur ce qu'il venait de me dire et sur les moyens qu'il employait pour s'orienter, il me répondit :

« Le fond de la mer est hérissé de rochers de toute grandeur ; et c'est, sur la surface sud, qui regarde la terre, que le corail vient de préférence. On en prend bien aussi sur le sommet et sur la surface nord ; mais la pêche de ce côté, outre qu'elle est moins abondante, fournit un corail moins beau. — Comment pouvez-vous avoir des notions si exactes sur des choses que vous ne voyez-pas, lui dis-je ? — Cela vient, me répondit-il, de l'expérience que j'ai acquise de cette pêche, en la pratiquant, depuis trente ans, dans ces parages. Chacun son métier ; le mien consiste à étudier le fond de cette partie de la mer, afin de mieux satisfaire les armateurs qui me confient leurs bateaux et leurs intérêts. Je crois être arrivé à ce degré de perfection, que, connaissant les divers courants qui sillonnent la mer, la disposition du corail sur les rochers, et la direction principale de ceux-ci par rapport à la côte, rarement je me trompe sur le pronostic de la pêche, faite sous l'influence de tel ou tel courant. Je vous ai dit, par exemple, que les rochers sous-marins affectaient une direction générale de l'est à l'ouest et parallèle à la côte ; que le corail croissait en plus grande quantité, et était de meilleure qualité sur la surface sud qui regarde la terre que du côté nord tourné vers la pleine mer, et que des courants battent ces rochers dans tous les sens ; mais, comme sur toutes les mers, il y a des saisons qui impriment une impulsion plus spéciale à tels ou tels courants qui se trouvent aussi sous l'influence des vents. Maintenant, ajouta-t-il, que vous connaissez bien ces particularités, il vous sera facile de comprendre pourquoi la pêche n'est pas abondante dans tous les temps, et pourquoi tous les courants ne lui sont pas également favorables.

« Voici comment nous pouvons nous orienter dans la petite étendue de mer que nous parcourons. La pêche se fait entre le cap avoisinant Bizerte qui avance, comme vous voyez, bien avant dans la mer, et le cap près le fort Génois, ou cap de garde, qui forme une saillie prononcée dans l'eau. C'est dans la grande anse qui se trouve entre les deux caps, dont l'étendue est de 25 lieues environ, que nous exploitons le corail. C'est aussi dans cette anse que se trouve la rade de Bône, le petit fort de l'ancien bastion, celui de la Calle, et, enfin, celui de Tabarca. Les bateaux corailleurs ne s'éloignent jamais à plus de 6 à 8 lieues de la côte, où une longue expérience a appris à connaître les lieux qui offrent le plus de chances pour une pêche fructueuse. Une fois découverts, il a fallu trouver un moyen qui permît de les retrouver. Voici comment nous procédons : regardez bien toutes les ondulations de cette montagne du côté de l'est, avec les éminences et les saillies qu'elle forme jusqu'au cap de Bizerte. Examinez en même temps cette autre montagne plus rapprochée et un peu moins haute ; voyez les rapports qui existent entre ces deux points culminants et ces coupures avec les mêmes lignes que la première. Voilà nos jalons de ce côté.

« Mais ces rapports nous induiraient en erreur, si

nous ne joignions le point fourni par la côte est, avec un autre point pris sur la côte sud; ainsi, lorsqu'en partant, nous voulons conduire notre bateau à tel ou tel endroit, nous ne disons pas, comme la marine savante: il faut naviguer par tel degré de longitude et tel degré de latitude sud ou nord; nous disons simplement de mettre la barre sur telle partie de la montagne des Soubarra ou des Beni-Mazen, par exemple, qui correspond à telle éminence ou telle saillie de la montagne de Tabarca, de la Calle, du bastion ou d'autres pays intermédiaires. Une fois ce point atteint, le bateau se trouve juste à la réunion, à angle-droit, de deux lignes prises, l'une à l'est et l'autre au sud. »

Après ces explications, qui me parurent fort sensées et très pratiques, je me fis montrer le filet ou mieux les filets : ils sont composés de chanvre à mailles très larges dont les fils égalent une petite plume à écrire. Chaque filet forme un faisceau très épais et très large, si on l'étale. Il y en a ordinairement sept fixés à un appareil, appelé drague, qui est formé de deux pièces de bois carrées ayant 4 pouces d'épaisseur et 4 pieds de long. Celles-ci sont disposées en croix et bien enchassées l'une dans l'autre à leur réunion. A ce point central, est fixé un câble très long et très fort; du côté opposé, une grosse pierre ou un lingot de plomb est aussi attaché à l'appareil. Les filets sont fixés : un, à la partie centrale sous la pierre, un à chacun des quatre bouts et deux sur la longueur des pièces. Avant d'être jeté, l'appareil est renversé sur le bateau, et tous les filets pliés les uns sur les autres.

Cela fait, on le lance dans l'eau, en le retournant, et on lâche le câble. Ici commence ce qu'ils appellent la manœuvre ; lorsque le filet est lancé, toutes les voiles, à l'exception du petit foc, sont pliées ; à défaut de vent, on emploie la rame ; lorsque le filet rencontre le rocher, le choc qui se communique, au moyen du câble, jusqu'au bateau, est tel qu'on dirait réellement que le bateau lui-même a heurté. Quand le patron a acquis ainsi la certitude que le filet touche le fond, il fait toujours, et quelle que soit la direction des courants et des vents, marcher le bateau du sud au nord. Il y a de rares exceptions à cette loi générale de la pêche du corail. Lorsque les mailles du filet s'engagent assez pour faire éprouver de la résistance, tous les corailleurs tirent le cable et hissent avec force, jusqu'à ce que l'appareil soit décroché.

Aussitôt qu'il devient libre, ce que sent fort bien le second du patron qui dirige cette pénible manœuvre, il commande de lâcher tout à coup ; le filet, ainsi dégagé et lâché, est traîné sur un autre point du rocher, jusqu'à ce qu'il s'engage de nouveau. Cette manœuvre est répétée sans interruption pendant une heure et demie au moins, et deux heures au plus, temps pendant lequel le filet a pu s'engager une vingtaine de fois.

Si celui-ci se trouve pris assez fortement sur les rochers pour que le bras des hommes ne suffise pas à le dégager, on a recours au cabestan ; en retirant le filet, on plie le peu de voiles qu'on avait conservées, et bientôt l'appareil se présente à la surface de l'eau. On saisit alors les faisceaux les uns après les autres

3.

et on replace tout l'appareil sur le bateau ; les produits de la pêche se voient au milieu des mailles. Au premier coup de filet, nous prîmes une livre à peu près de corail, tandis que les cinq ou six autres ne ramenèrent que des zoophytes de différentes formes des morceaux de madrépores, des algues, et des débris de rochers qui avaient été arrachés.

Il arriva un moment où cette pêche présenta un spectacle bien original ; ce fut lorsque tous les bateaux corailleurs, réunis en ligne sur un seul point, lancèrent leurs filets. Les embarcations se heurtaient les unes contre les autres, les cabestans pressés par les nombreuses circonvolutions des câbles, faisaient entendre des cris plaintifs. Les hommes des équipages redoublant d'activité pour décrocher et relancer les filets prouvaient, par cette manœuvre énergique, la rivalité qui existe entre les bateaux pêcheurs. La plupart des filets ayant été hissés à bord, des cris d'allégresse partirent des embarcations qui étaient satisfaites de leur capture, tandis que les moins heureuses, se contentaient de détacher en silence, au milieu des mailles, les produits sous-marins qui ne sont d'aucune valeur et qui ne servent, dans un moment critique, qu'à exaspérer les corailleurs contre leur mauvaise fortune, à cause de la peine inutile qu'ils se donnent en les enlevant.

La nuit approchant, tous les corailleurs dirigèrent leur cap vers la Calle. Lorsque le vent est léger, le retour est, pour l'équipage, un moment de repos pendant lequel les hommes se permettent quelques distractions. La brise et le timonnier font seuls les frais de la conduite du bateau, tandis que le reste de l'équipage cherche à se délasser un peu des fatigues de la journée. Les cartes sont le moyen qu'ils emploient ordinairement pour égayer leur loisir ; et, parmi la variété de ces jeux, la quadrette italienne a presque toujours la préférence ; on joue quelques verres d'anisette de Bordeaux ou de la liqueur qui est à meilleur marché. Le maître, qui, pendant tout le temps de la pêche, se tient à l'écart comme un pacha, ne dédaigne pas, dans ces moments de récréation, de se confondre avec son équipage, et de courir les chances de la partie avec eux. C'est lui qui vend l'anisette ; or, comme les corailleurs ne sont payés que tous les ans, il donne à chacun d'eux la moitié d'une marque en bois, où ils inscrivent, à leur coutume, le nombre de bouteilles livrées. Il y a des corailleurs qui en boivent cent et plus dans une année. Cette partie est ordinairement fort gaie ; et quoique je fusse seulement le spectateur de l'hilarité franche qu'exprimait la physionomie des joueurs, je m'y suis moins ennuyé que derrière bien des tables d'écarté, qui, dans de beaux salons, sont si souvent l'unique moyen de chasser l'ennui qui en y respire. Nous rentrâmes à la Calle au milieu des rires et des trépignements de joie des gagnants, tandis que les perdants, prenant la marque fatale, y inscrivaient silencieusement leur perte ; et, récapitulant chaque fois le nombre de bouteilles perdues, ils hochaient la tête en remettant la moitié de la marque au maître. L'homme est le même partout.

Telle est la principale distraction du corailleur, véritable animal amphibie qui passe les trois quarts de son existence sur l'eau. Sa nourriture est très frugale : du biscuit, quelques viandes salées, et quelques légumes secs sont les seuls aliments qu'il puisse se permettre. Il fait bouillir la marmite une fois tous les huit jours seulement, quand la pêche ne le retient pas à la mer : mais si le temps est favorable, il sacrifie tout à son armateur.

La solde des corailleurs varie depuis 25 jusqu'à 30 francs par mois, et celle du chef, depuis 50 jusqu'à 60. Ils ne sont payés que tous les ans. La nourriture est à la charge de l'armateur.

Le patron a une bouteille de vin par jour et un peu d'eau-de-vie. Le simple corailleur a de l'eau seulement.

Ainsi, en récapitulant actuellement la dépense de chaque bateau corailleur, nous pouvons juger de l'importance de la pêche du corail, et du prix auquel ce produit doit être vendu pour donner un certain gain à celui qui l'exploite, ou le fait exploiter.

Chaque bateau corailleur paye, pour l'autorisation de la pêche, au gouvernement français, savoir :

216 piastres pour la pêche d'été ; 104 pour la pêche d'hiver ; ou, pour toute l'année, 320 piastres, ce qui fait, à 5 fr. 40 la piastre, 1.728 francs pour l'année.

Solde de l'équipage : 9 hommes à 30 francs par mois, 3,240 francs pour l'année ; plus le patron, à 60 francs par mois, 720 francs par an. Total : 3.960 francs.

Pour la nourriture, il faut bien compter au moins 0 fr. 50 soit, par jour et par homme, ce qui fait 5 francs, 150 francs par mois et 1.800 francs par an, cette somme réunie à la solde, fait 5.760 francs par an. En ajoutant

1.728 fr. pour frais de pêche, on aura un total de 7.488 francs, sans compter les frais de réparation du bâtiment, et surtout des filets, dont il se fait une grande consommation.

Le produit de la pêche est ordinairement de 150 livres pour l'été, et de 50 livres pour l'hiver ; en tout 2 quintaux. Si la prise dépasse cette quantité, elle est abondante ; mais si elle reste au-dessous de 100 livres, elle ne défraie pas l'armateur des avances qu'il a faites, comme on peut s'en assurer par le prix moyen du corail.

Le prix du corail choisi et brut est ordinairement de 7 à 8 francs l'once, mais mêlé, tout ensemble, il ne vaut plus que 6 francs. Le prix courant est de 70 à 75 francs la livre de 16 onces ou 500 grammes.

Si la pêche a produit un quintal seulement, le produit sera de 7.500 francs, somme qui est au-dessous des frais de l'armateur. Si la pêche est de 150 livres, le produit sera de 11.250 francs ; et si elle est de deux quintaux, le bénéfice sera assez grand, puisque le produit brut s'élèvera à 15.000 francs.

Au premier abord, on a lieu d'être étonné de l'émulation qui existe entre les patrons pour cette pêche. Ils bravent très souvent de grands dangers, en restant plusieurs nuits en pleine mer et en sacrifiant ainsi leur repos aux intérêts de l'armateur, qui est souvent à plus de cent lieues de là. Mais, outre que le patron a une gratification lorsqu'il fait une bonne pêche, il se fait entre tous les bateaux une police bien préférable à celle qu'on confierait à un employé spécial. Les qualités du patron sont jugées par le produit qu'il rapporte ; s'il reste deux ans avec une quantité de corail moindre que celle de ses camarades, il est renvoyé et très mal noté ; il est donc de son intérêt de contenter l'armateur, s'il ne veut perdre sa place. Quelquefois le temps ne paraissant pas favorable à la pêche, la plupart des corailleurs voudraient rester dans le port. Mais, si, parmi eux, il se trouve un patron assez zélé pour courir la chance d'une mauvaise mer, il est bientôt suivi de tous ceux qui avaient résolu de rester au repos jusqu'au retour d'un temps meilleur ; ils craignent que son bateau ne fasse une bonne prise et qu'il ne puisse dire : « Le jour où plusieurs de mes camarades n'ont pas jugé convenable de jeter leurs filets, j'ai pris, pendant qu'ils se reposaient dans le port, telle quantité de corail. » L'armateur, avide, est porté toujours à attribuer à la paresse ce qui n'est souvent que le résultat d'une sage réflexion faite, par le patron, dans son intérêt ; peut-être aussi, sans cette crainte, la paresse jouerait-elle un rôle plus vrai.

Cette police réciproque est, comme on le voit, toute dans l'intérêt des armateurs ; le seul cas où les patrons puissent mettre de la nonchalance, c'est en pleine mer, après avoir jeté les filets ; ils peuvent alors les laisser à volonté au fond de l'eau, pendant un laps de temps plus ou moins long, sans que personne s'en aperçoive.

Le nombre des bateaux corailleurs qui viennent à la Calle varie beaucoup. En 1836, il était de 200 ; en 1837, il a été de 299 pendant l'été, et de 59 pendant l'hiver. Le produit qu'ils rapportent à notre gouvernement, pour frais de pêche seulement, est de 233,280 fr.

s'il y a 200 bateaux pendant l'été; et de 28,080 pour 50 bateaux pendant l'hiver; soit, en tout, 201,360 fr. pour une année.

On a pu voir, par ce que nous venons de dire, combien le corailleur a une position fatigante, surtout l'été, saison pendant laquelle il n'a que peu de temps à donner au repos. L'activité avec laquelle se fait la pêche ne lui laisse, en effet, la nuit, que cinq ou six heures pour se livrer au sommeil, et le plus souvent il couche uniquement sur le pont. Le patron me disait : « Vous ne pouvez vous figurer, monsieur, la fatigue qu'endurent ces braves gens pendant les fortes chaleurs. Les galériens ne sont plus malheureux que par le nom qu'ils portent et la force brutale qui les fait aller. »

Eh bien! tant qu'il se porte bien, le corailleur se résigne. Il supporte avec courage les fatigues et les dangers d'une position que sa volonté seule lui a fait choisir et qu'il est libre de quitter tous les ans. Mais il y reste parce qu'il craint d'être plus malheureux en changeant de condition; et, ayant trouvé celle-là, il croit de son devoir de la garder. « Si je la quittais, disait-il, un autre me remplacerait; et pourquoi n'aurais-je pas autant de courage que celui qui viendrait prendre ma place? » Cette manière de raisonner fait que peu de corailleurs quittent leur poste. Tous, cependant, ne sont pas aussi péniblement occupés. Ceux qui sont à bord des bateaux qui ne continuent pas la pêche l'hiver, rentrent à Naples, à Livourne et autres villes; et là, pendant la suspension de la pêche, qui dure, du mois de novembre aux mois d'avril et de mai, ils peuvent se livrer à d'autres occupations moins fatigantes.

Il est un cas cependant où le corailleur est trop malheureux, pour ne pas en parler. Comme médecin, c'est celui qui m'a le plus intéressé; heureux si, par cet énoncé, je puis être pour quelque chose dans l'amélioration urgente que réclame cette classe industrielle. Je veux parler du corailleur lorsqu'il est malade. Alors, non seulement il n'a pas de médecin à qui il puisse s'adresser avec confiance, mais encore il manque d'un abri pour se mettre à couvert. A la Calle, il y a bien un médecin, mais pas le plus petit local qui permette de donner des soins convenables.

Les corailleurs ne sont pas plus heureux à Bône, où ils se logent, comme ils peuvent, dans des maisons humides, en couchant sur la terre, presque sans fournitures, comme j'ai pu le voir pendant que le choléra a sévi sur quelques-uns d'entre eux. Cela faisait pitié à voir; personne ne s'occupait d'eux, pas même les consuls, qui, depuis le temps, auraient bien pu, ce me semble, faire bâtir, aux frais des armateurs, un caravansérail, où tous les corailleurs malades auraient trouvé un gîte approprié. Quant au médecin, il eût été facile d'en obtenir un, moyennant une rétribution annuelle imposée à chaque bateau. Chaque barque de corailleur s'abonnerait pour faire soigner son équipage, en payant par exemple, la somme de 30 à 35 francs pour la durée de la pêche. Cette somme, prélevée sur les 200 bateaux, formerait un capital annuel de 6.000 à 7.000 francs, qui serait suffisant, entre les mains d'un administrateur économe, pour faire cesser en peu de temps l'état de pénurie et de misère dans lequel se trouvent les malades. Cette situation, qui affecte beaucoup les corailleurs, me semble digne de fixer l'attention du gouvernement français. Pour y apporter un changement salutaire, je crois qu'il faudrait établir, dans la partie la plus centrale et la plus salubre de la côte, un hôpital où tous les corailleurs malades seraient admis. Le nombre des malades étant, au plus, de cent par année, 120 lits suffiraient; la Calle, par sa position et sa salubrité, est, sans contredit, le point qui offre le plus de garanties et qui conviendrait le mieux aux corailleurs.

Les murs de l'ancien hôpital pouvant encore être utilisés, diminueraient de beaucoup les frais de la construction. Ceux-ci, avancés par le gouvernement, seraient remboursés insensiblement par un impôt ajouté à celui des frais de pêche. Il me semblerait plus digne encore pour l'État, qu'il se contentât de percevoir la rente du capital employé à élever cet établissement, où une salle serait réservée pour recevoir les malades de la petite garnison, tant civils que militaires. Le gouvernement percevrait donc les trente-cinq francs que chaque bateau donne actuellement au médecin qui veut s'engager à donner des soins aux corailleurs quand ils viennent les réclamer. Les uns s'adressent à Bône, d'autres à la Calle, et d'autres enfin vont à Tabarca; les malades étant mal partout, les médecins les placent à l'endroit qui est le plus à leur portée. En percevant comme je viens de le dire un capital de 7.000 francs, le gouvernement attacherait aux corailleurs un médecin secondé par un personnel convenable. Les sœurs, ces dignes enfants de la charité chrétienne, dont le dévouement est si beau et si digne d'éloges, n'hésiteraient pas à joindre leurs efforts et leur zèle si méritoires à une aussi belle œuvre, pour que rien ne manquât aux malades qui leur seraient confiés.

Je suis même persuadé que la formation d'un établissement semblable, outre qu'il encouragerait les coralleurs à rester en plus grand nombre, attirerait aussi plus de bateaux à la Calle. Ce qu'il y a de positif, c'est que ceux-ci diminuent sensiblement tous les ans à la Calle, tandis qu'ils augmentent à Tabarca, où ils se trouvent, disent-ils, beaucoup mieux (1).

Sous la direction de l'ancienne compagnie, le nombre des bateaux était tous les ans de 800; en 1825, il en vint 450; en 1826, 380 : on voit qu'il va toujours en diminuant. Alors un tiers des bateaux seulement était frété par des armateurs français, tandis qu'actuellement il n'y en a, sur 200, que 10 à 12 conduits par des Corses. Les autres viennent de Naples, de Gênes et de Livourne. Cette diminution, qui équivaut presque à la disparition des bateaux français, est due probablement au discrédit dans lequel est tombé le corail en France, tandis qu'il est encore d'une grande valeur dans quelques pays étrangers. La Chine est l'endroit où l'on en expédie le plus et où il se vend à un prix fort élevé. Pourquoi les Français, qui ne payent rien pour la pêche, ont-ils abandonné cette branche de commerce que nos voisins recherchent avec tant d'avidité? Ne

---

1. Ces desiderata ont été bien accueillis par l'administration ; et le service médical et hospitalier, est actuellement parfaitement organisé soit à Bône, soit à la Calle et même, maintenant, à Tunis.

pourrait-on pas l'attribuer à la peur d'endurer les fatigues qu'exige une pareille exploitation ?

Après dix journées si bien employées à la Calle, je dus songer à mon retour à Bône. Tout le monde me conseilla de ne pas reprendre la même route et de profiter du premier bâtiment qui passerait allant à Bône. C'est ce que je fis ; à peine arrivé, je m'empressai d'aller remercier le général Trézel et de lui rendre compte de mon excursion. J'appuyai surtout sur les immenses forêts de chênes-lièges que nous avions vues et parcourues. Le général, prenant un air un peu goguenard et très *incrédule,* me répondit : « Ah ! oui, vous avez vu des arbres tout *petits*, rabougris, etc., » Quand je m'aperçus qu'il ignorait *complètement* l'existence de ces forêts et qu'il ne voulait accorder aucune créance à mon récit, j'eus l'idée d'en donner connaissance à qui de droit. A peine rentré chez moi, je me mis à l'œuvre et j'écrivis presque un mémoire à M. l'Intendant civil, comte Bresson, pour lui signaler l'existence des forêts immenses que je venais de découvrir à la Calle ; et, en même temps, l'état de pénurie où était le petit hospice des corailleurs. J'insistai, surtout sur la nécessité de rétablir l'hôpital qui y était autrefois et d'y remettre également les sœurs pour soigner les corailleurs qui le désiraient ardemment.

M. Bresson me répondit aussitôt pour me féliciter de mon voyage, si curieux et si intéressant, et pour me remercier des renseignements que je lui envoyais ; il ajoutait qu'ils étaient d'autant plus méritoires, que rien ne m'obligeait à les lui transmettre, tandis que ceux qui étaient spécialement préposés à les lui fournir, avaient gardé, jusqu'alors, le plus complet silence.

Je regrette de n'avoir pu retrouver cette lettre. Mais ce qui est certain c'est que, peu de temps après, l'hospice fut réparé ; des sœurs y furent envoyées ; le service médical rétabli ; et les corailleurs ne furent plus obligés d'aller ni à Bône, ni à Tabarca, pour se faire soigner(1)

LE CORAIL.

Il n'est personne qui ne sache que l'on désigne vulgairement sous le nom de *corail*, une sorte d'arbuscule, plus ou moins branchu, pierreux, calcaire, tantôt d'un beau rouge, tantôt rosé et quelquefois même blanc. Employé de temps immémorial pour fabriquer des bijoux et divers objets d'ornement, il est l'objet d'une pêche et d'un commerce considérable dans divers parages de la Méditerranée, surtout aux environs de la Calle et de Tabarca.

Tous les auteurs s'accordent à dire que le corail ne croît pas dans la mer des Indes et que c'est sa rareté dans ces contrées qui y fait attacher un si grand prix.

1. M. Saget, capitaine d'état-major et mon ami, homme d'un grand avenir, qui aurait suivi les traces de ses deux frères, devenus généraux, s'il ne les eut précédés dans la tombe, regretta beaucoup de n'avoir pas été de la partie, lorsque je lui racontai mon excursion. Six mois après, il essaya de la faire. Mais il fut arrêté à la tribu des Merdès et traîtreusement décapité par les habitants.

Toujours est-il que ce sont les Indiens et autres peuples de l'Orient qui, de tout temps, en ont fait le plus grand usage pour s'en parer. Aujourd'hui même, les Brahmines et les princes s'en parent, de préférence aux perles que produisent leurs mers, tandis que les Européens, avides de ce produit, donneraient bien certainement leur plus magnifique corail pour les moindres perles.

Cet état de choses pourrait bien changer, si ce n'est déjà fait : car, d'après les échantillons de corail que mon honorable collègue, M. Renard, a mis gracieusement à ma disposition, après les avoir rapportés du Japon, il semblerait que la pêche de ce zoophyte aurait pris, dans ces parages, une assez grande extension. Un de nos habiles joailliers en corail, M. Fouquet, a reçu également du Japon une collection de coraux dont un pied, ou arbuscule, pèse près de 5 kilogrammes.

Je ne parlerai pas du caractère du corail, sur lequel les naturalistes ont été de tout temps en divergence; cela m'entraînerait trop loin : disons seulement que depuis les travaux de Marsigli et de Peysonnel surtout, le corail a été classé exclusivement dans le règne animal. Le célèbre Linné le comprend aussi dans le règne animal, en tête de ses Zoophytes. Tous les auteurs, suivant l'opinion de Marsigli, disent aussi que le corail se fixe dans les cavernes sous-marines, à la surface inférieure des roches. Nous avons démontré qu'il n'en est pas toujours ainsi et qu'il paraît s'implanter souvent à la surface extérieure.

La pêche du corail se fait aussi en plongeant avec le scaphandre. Celle-ci est même plus productive, parce que les scaphandreurs peuvent cueillir et même choisir le zoophyte dans les cavernes où se trouvent, dit-on, les plus beaux produits qui échappent, on le comprend, à l'action de la drague; en effet, les engins à draguer, en raclant la face supérieure des roches, enlèvent, avec le corail, d'autres corps étrangers et abandonnent même souvent, après les avoir brisées, des branches de corail qui s'échappent à travers les mailles du filet. Ces débris, rejetés de la mer sur les plages voisines, sont avidement recherchés par les corailleurs eux-mêmes et par les habitants.

Les plongeurs ne peuvent aller cueillir ce zoophyte qu'à de légères profondeurs. Celles-ci varient beaucoup: ainsi, à Messine, elle est de 200 mètres; aux Dardanelles, de 400 mètres; tandis qu'à la Calle elle n'est que de 30, 40 et 100 mètres au plus; et pourtant on y fait peu la pêche au plongeur.

La marche de la croissance du corail présente aussi de grandes variétés, suivant la profondeur. Ainsi on a remarqué qu'un pied de cette production a besoin de huit ans pour parvenir à une grandeur déterminée, dans une eau profonde de dix brasses (soit 12 mètres); de trente ans, à la profondeur de vingt-cinq brasses (30 mètres) et de quarante ans au moins à 50 mètres et au-dessous.

Il faut que le commerce du corail subisse de grandes fluctuations si on en juge par la différence du nombre des bateaux qui font annuellement cette pêche, comme l'indiquent les chiffres plus loin.

Le prix du corail a subi de grandes variations, suivant celles de la mode. Ainsi, en 1837, le prix du corail était ordinairement de 8 à 10 francs l'once, choisi et brut ; mais mêlé tout ensemble, il ne valait plus que 6 francs, soit 100 francs la livre.

Aujourd'hui, le prix a bien augmenté ; car, d'après M. Fouquet, le corail de première qualité vaut de 400 à 1.000 francs le kilo, avant d'être travaillé.

Nous avons dit que la diminution des bateaux français, qui équivalait à une cessation de ce commerce, était due probablement au discrédit dans lequel était tombé le corail en France.

Actuellement, malgré la plus-value énorme que ce produit a acquise, le nombre des bateaux français est redescendu à un chiffre très bas, de même que celui des italiens, comme l'indique le tableau suivant.

Années	Bateaux			
1845	Français,	1	Italiens	160
1865	—	104	—	118
1875	—	216	—	63
1880	—	133	—	8
1881	—	98	—	36

M. Lacaze-Duthiers, de l'Institut, dans son remarquable ouvrage sur l'*Histoire naturelle du corail* (1), assure que l'indifférence de la France pour cette pêche lui enlève plus de 2 millions de revenu, lesquels, dans le commerce, représentent la somme énorme de plus de 12 millions.

Le corail n'est pas toujours de la même couleur ;

1. *Histoire naturelle du corail*, travail complet sur la matière et auquel nous renvoyons les personnes qui désireront s'initier à tout ce qui concerne cet intéressant produit.

il y a, comme on sait, le rouge, le rose, le blanc et même le noir, si recherché, à Naples surtout, pour les bijoux de deuil. Pourtant le corail noir n'est pas un produit naturel et ne serait, d'après les auteurs, que le résultat d'un accident ou mieux d'une décomposition du corail rouge ou rose, du premier surtout. La couleur noire, due à une transformation, semble être la conséquence d'une sorte de réaction chimique, sur la nature de laquelle les naturalistes ne sont pas encore entièrement d'accord. Ce qui paraît certain, c'est que le corail noir ne se rencontre pas dans les produits de la pêche ordinaire ; on ne le trouve qu'au fond de la mer, où il paraît avoir séjourné longtemps. C'est donc pendant ce séjour, où il est privé de la vie par son contact prolongé avec divers principes contenus dans la vase ou d'autres matières, que sa couleur rouge se décompose pour arriver au noir. Aussi, dans le commerce, ce corail est-il généralement désigné sous le nom de corail mort, corail noir, ou corail *pourri*.

TROMBES DE MER

La question des trombes, soulevée et discutée, il y a quelques années, à l'Académie des sciences, restant encore à l'ordre du jour dans la presse, je crus devoir intervenir dans le débat, en publiant la relation de six trombes que j'avais observées sur la côte de l'Algérie, ainsi que les réflexions que m'avait suggérées ce curieux phénomène.

La première m'apparut le 15 septembre 1831, entre la pointe Pescade et le cap Caxines, près d'Alger. Le temps était pluvieux et de gros nuages couvraient l'atmosphère ; il n'y avait pas d'orage ; aucun éclair ne fendait les nues, et un vent de nord-ouest frais, agitait assez fortement la mer.

Assis sur un rocher avancé, j'étais en contemplation devant le spectacle imposant des vagues superposées, lorsque tout à coup je fus frappé par l'apparition d'une immense colonne descendant d'un nuage épais (nimbus), doublant la pointe Pescade, et distante de 6 kilomètres ; cette colonne, poussée par la violence des vents, se rapprocha peu à peu, en faisant entendre un bouillonnement lointain, tout à fait distinct du bruit que faisaient les vagues en se brisant sur la plage. Quelques instants après, j'aperçus un immense faisceau de vagues qui s'élevait de cette partie de la mer dont l'eau était comme fortement agitée par une puissante ébullition. La colonne, ou mieux la trombe, de forme conique, dont la base se confondait avec le nuage, plongeait son sommet au centre de ce tourbillon nébuleux qui s'élevait à la hauteur de plusieurs mètres. Ce gigantesque appareil hydraulique, obéissant à l'impulsion du vent, passa rapidement devant moi, traversa l'immense ouverture de la rade d'Alger, où un bâtiment de guerre qu'il menaçait, lui lança quelques boulets sans l'atteindre, puis dépassa le cap Matifoux, et échappa à notre vue.

Les deux phénomènes que je pus remarquer furent : 1° le bouillonnement de la mer dans une assez grande étendue autour de l'extrémité du tube ; 2° le mouvement ascensionnel et giratoire de l'eau dans l'intérieur de ce siphon colossal, depuis le sommet qui plongeait dans l'eau jusqu'au nuage sans interruption.

En 1835, une nouvelle trombe traversa la rade d'Alger à une plus grande distance ; comme pour la première, nous pûmes voir distinctement le mouvement ascensionnel de l'eau, sous forme de spirale.

Mais ce ne fut qu'en 1838, peu de jours après la prise et l'occupation de Rusicada, aujourd'hui Philippeville, qu'il me fut permis de mieux étudier ce météore.

C'était au mois de novembre : le ciel, peu couvert du côté de la terre, présentait de gros nuages sur la mer. Aucun bruit d'orage ne se faisait entendre et aucun éclair ne sillonnait la mer. Tout à coup, pendant que j'étais occupé à arracher de la plage un fragment de mosaïque que les flots avaient dérobé à quelque monument de l'antique cité romaine, je fus surpris par un bruit lointain du côté de la mer : c'était une trombe qui venait de doubler le cap de la Montagne des Singes, à Stora, et que le vent poussait sur Philippeville. Arrivé au milieu de cette plage, et à une faible distance de la terre, le nuage qui la portait rencontra un cumulus très-épais qui l'arrêta en se confondant avec lui.

Je contemplais ce phénomène, lorsqu'un *nimbus*, se détachant du groupe principal, le déroba à mes yeux ; bientôt ce nuage se bossela au milieu, s'allongea sensiblement, et donna naissance à un appendice dont la base large se confondait avec lui, tandis que le sommet descendait visiblement du côté de la mer, en exécutant de grandes oscillations que lui communiquait le vent. Cette colonne nuageuse, plus transparente au milieu que sur les côtés, ne présentait rien de particulier; aucun mouvement intérieur n'était du moins apparent ; mais, une fois parvenue à une faible distance de la surface de la mer son sommet s'allongea rapidement, en se rétrécissant, et plongea dans la mer, dont l'eau était venue à sa rencontre en s'élevant à une certaine hauteur.

La trombe avait à peine touché la masse liquide, que celle-ci fut fortement agitée dans une grande étendue, et qu'un mouvement d'ascension, pareil à celui d'un siphon où le vide a été fait, s'établit dans l'intérieur de la colonne. Le mouvement, que nous avons pu voir distinctement, se faisait en spirale, depuis le sommet, en forme de suçoir, jusqu'à sa base qui se confondait avec le nuage. Cette spirale, dans laquelle on distinguait le courant ascendant et rapide de l'eau, suivait les dimensions de la trombe, qui, très étroite à sa partie inférieure, allait en s'élargissant jusqu'au nuage, auquel elle transmettait l'eau qu'elle enlevait de la mer. Le mouvement gyratoire et aspirant était si fort, qu'on pouvait entendre clairement le bruit que faisait le liquide en se précipitant vers l'orifice du tube, dans lequel sa marche se ralentissait au fur et à mesure qu'il avançait dans son intérieur, ce qu'expliquent très bien sa forme évasée et la résistance qu'offraient les couches d'eau supérieures à celles qui les suivaient ; cette résistance, pour être vaincue, devait exiger une force d'aspiration énorme. Quand le volume d'eau était parvenu à la partie supérieure de la spirale, il semblait se raréfier, pour se confondre avec le nuage, qu'il grossissait à vue d'œil.

Outre les courbes que lui communiquait le vent sans la faire changer de place, la trombe présentait trois sortes de mouvements : 1° un mouvement giratoire à l'intérieur, comme nous venons de le dire ; 2° un mouvement de rotation, si ce n'est de la trombe elle-même, du moins de la couche d'air qui l'entourait en tourbillonnant de la base au sommet ; 3° un mouvement de translation imprimé par le nuage dont elle dépendait et qui pouvait, selon la force du vent, lui faire parcourir de grandes distances

Le premier et le troisième mouvement sont généralement acceptés par les météorologistes ; mais il n'en est pas de même du deuxième, qui est nié par plusieurs auteurs. Aussi croyons-nous devoir relater les deux faits suivants, dont l'un surtout ne laissera malheureusement aucun doute sur son existence.

Premier fait. — M. l'amiral de Tinan m'a raconté qu'en naviguant dans la mer des Indes (Polynésie) il passa près d'une trombe ; ce qui le frappa le plus, c'est le tournoiement de quelques oiseaux autour de la colonne, lesquels, malgré les efforts qu'ils semblaient faire, ne pouvaient se soustraire à l'influence qui les attirait vers ce milieu tourbillonnant.

Deuxième fait. — Celui-ci est encore plus affirmatif : il a été observé par mon frère, alors receveur des douanes au port de Stora ; le rapport, que j'ai copié, fait partie des documents officiels de l'administration (année 1846).

Je vais laisser parler l'auteur :

« Au mois d'octobre 1846, un violent ouragan se déchaîna subitement dans le port de Stora. Pendant qu'il portait ses ravages sur terre et sur mer, j'aperçus une énorme trombe derrière l'île de Sirigina, se dirigeant rapidement du nord-ouest au sud-est.

« La forme de cette trombe était semblable à un manchon dont on se sert dans la marine pour renouveler l'air dans l'intérieur des bâtiments. Qu'on me permette cette comparaison, et qu'on se représente pour un instant ce gigantesque manchon transformé en suçoir qui, cette fois, au lieu de tenir son orifice suspendu entre deux mâts, le porte au milieu des nuages, tandis que l'extrémité qui fait suçoir plonge dans le sein des flots. Sa course très rapide, poussée par la tempête, s'opère par un mouvement de rotation qui enlève l'eau de la mer jusqu'aux nues ; et partout, sur le passage où le suçoir de cette colonne monstrueuse est plongé dans les eaux, on voit se produire des gouffres tourbillonnants, dont les bords, qui ressemblent à des montagnes écumantes, sont précipités par aspiration, avec un fracas effroyable, dans l'intérieur de ce manchon, pour monter en flots continus et tournants vers le sommet, qui se perd dans les nuages.

« L'apparition de cette tourmente fut si soudaine qu'elle surprit l'expérience des pêcheurs, qui d'habitude sont si prudents. Ils étaient tous partis dès le point du jour, par un temps superbe, pour se livrer à l'exploitation de leur industrie. Le cataclysme qui les menace leur commande de regagner le port. Tous font des efforts dans ce but, mais tous n'y parviennent pas. Ils aperçoivent la trombe ; et malgré les précautions commandées par un ennemi aussi terrible, qui consistent à caler les mâts et à amener vergues et voiles, un de ces bateaux ne peut éviter de tomber dans l'abîme qu'il voyait écumer devant lui. Il était à peu près 3 heures de l'après-midi ; et nonobstant la nébulosité de l'atmosphère, nous distinguions parfaitement tous les phénomènes qui se produisaient à 2 lieues au large.

« Tous les bateaux qui, le matin, étaient sortis en ordre et coquettement gréés, rentraient pêle-mêle, dans un état piteux. Deux restaient encore au large à 2 lieues de distance. Nous les voyions faire des efforts pour éviter les effets de la trombe, dont ils paraissaient assez rapprochés.

« L'un d'eux parvint à s'échapper, tandis que l'autre fut attiré insensiblement et d'une manière irrésistible vers le gouffre. Il nous semblait même voir les efforts inouïs qu'il faisait pour lutter contre cette puissance attractive. Ce fut en vain qu'il déploya toute son énergie ; il courait à grande vitesse vers sa perte. En effet, quelques instants suffirent ; ce malheureux bateau disparut dans le gouffre en tournant sur lui-même, et la trombe continua sa course rapide.

« Vers la nuit, lorsque le calme fut rétabli, un bateau seul rentrait dans le port. Ce bateau était commandé par le frère de celui qui venait d'être victime des effets de la trombe. Il attesta que tout avait péri dans les malheureuses conditions que nous venons de raconter.

« Le commandant de la *Favorite*, éclairé par l'expérience, eut grandement raison d'arrêter l'élan de M. Mouchez, qui désirait aller tout près du météore pour s'y livrer à des observations barométriques et thermométriques ; car, au lieu d'un simple clapotis, comme il le dit dans une note de son journal, en date du 22 février 1874, M. Mouchez y aurait probablement rencontré, comme le bateau précédent, un gouffre dangereux, sinon mortel. »

Ces deux faits prouvent que la trombe est entourée dans toute son étendue d'un tourbillon qui lui forme comme une enveloppe protectrice, et qui la fait résister à l'influence des vents, quelquefois très violents, qui viennent la frapper.

Quand la trombe cesse d'aspirer, le sommet se dissout et le corps semble se replier sur lui-même par une sorte de mouvement vermiculaire qui peut se comparer à une sangsue gigantesque, et va former une arête plus ou moins grande qui reste longtemps appendue au-dessous du nuage.

Si la trombe finit par la cessation de la cause qui l'a produite, l'eau qu'elle a absorbée reste suspendue dans l'atmosphère avec le nuage qu'elle a contribué à grossir ; mais si, pendant qu'elle est en action, elle rencontre dans ses mouvements de translation un corps ou tout autre obstacle qui brise la spirale, il arrive que l'eau de la partie supérieure de la colonne, n'ayant pas atteint encore la hauteur convenable pour être en équilibre avec les couches atmosphériques qui soutiennent le nuage lui-même, elle retombe avec violence, entrainant avec elle une grande partie de celle qui a été déjà absorbée. La trombe alors laisse échapper un déluge d'eau.

C'est afin d'éviter cet inconvénient et aussi celui de la rotation, qui, en tortillant les voiles, peut briser les vergues et les mâts, que les marins, quand ils ne peuvent éviter la trombe, cherchent à la rompre à coups de canon.

L'opinion que nous venons d'émettre se trouve d'accord avec celle que Gentil a consignée dans son *Voyage autour du monde*, où il dit que : « si une trombe peut nuire à un bâtiment, c'est lorsque celui ci, venant à sa rencontre, rompt la communication qu'elle a avec l'eau de la mer; l'équilibre se trouvant ainsi détruit, toute l'eau contenue dans la partie supérieure de la trombe, tombe perpendiculairement sur le tillac du vaisseau, et peut le faire sombrer ».

De tout temps, l'étrangeté de ce météore a frappé l'esprit des observateurs qui ont cherché à l'expliquer de plusieurs manières. Voici comment en parle le professeur Pouillet :

« Le phénomène des trombes, dit-il, est en même temps le plus extraordinaire des phénomènes météorologiques dans les effets qu'il produit et le plus incompréhensible dans ses causes. » Mais il en est des trombes comme de tous les phénomènes qui s'accomplissent à de grandes distances, et qui, à cause de la spontanéité et de l'irrégularité qu'ils affectent dans leur apparition, permettent difficilement à nos sens d'en saisir toutes les phases.

Plusieurs hypothèses ont été imaginées pour expliquer le mode de leur formation ; les principales peuvent être groupées en quatre séries.

La première série invoque les vents intérieurs dans les nues, qui les entraîneraient en s'échappant et formeraient ainsi les trombes.

La deuxième série les ferait venir des feux souterrains ou des éruptions de la terre.

La troisième les attribue à de grandes perturbations dans l'air, ou à la rencontre des vents contraires qui se résolvent. (Stuart, Andocque, Franklin, le Dr Parquino, Lamark, Volney, le capitaine Napier, M. Defrance, le comte de Maistre, le P. Piancani, le professeur Arsted, etc.)

La quatrième enfin reconnaît pour cause principale des trombes, l'électricité. (Baccario, Wilkinson, Brisson, Lacépède, Th. Young, Garin, Inglas, le Prédour, de Tessan et Peltier, l'auteur de l'ouvrage le plus compétent sur les trombes, et celui où nous avons puisé les plus utiles renseignements.)

Il existe une cinquième hypothèse admise par Peltier, mais qui ne nous semble pas sérieuse : elle appartient au professeur Telles. Ce météorologiste prétend que les trombes sont le résultat d'une averse considérable dont les gouttes se rapprocheraient en tombant. Cette opinion n'a été, que nous sachions, partagée par aucun autre auteur.

La première et la deuxième explication étant abandonnées, nous ne nous y arrêterons pas.

Relativement à la troisième, un ami de Franklin a écrit à ce célèbre physicien que les trombes sont toujours *descendantes*, que les *ascendantes* n'ont jamais été bien prouvées, qu'on les a vues de trop loin et qu'il y a eu erreur d'optique. Mais, à côté de cette opinion, Andrew Olivier donne à la trombe une forme de vis d'Archimède, afin que l'eau puisse y monter au delà de dix mètres, contrairement au capitaine Napier qui ne veut pas que l'eau puisse dépasser cette hauteur. Toutefois, plus loin, le capitaine Napier ajoute que l'eau, arrivée à la région des nuages, où elle est naturellement attirée, y est disséminée et mêlée avec les nues, qu'elle accroît jusqu'à ce que, l'atmosphère, devenant plus légère que les nuages qui la dominent, cette masse d'eau, soulevée, se répande et se résolve en pluie.

D'après ce qui précède, on voit qu'il est possible de se rendre un compte bien exact de ce phénomène par une des hypothèses admise à l'exclusion des autres. Il faut donc ici, comme dans une foule de problèmes qui se dérobent à toute démonstration, faire de l'éclectisme : aussi nous nous rangeons volontiers à l'opinion de M. Becquerel, qui, ne trouvant pas dans l'influence électrique une explication suffisante, pense qu'il faut laisser aux vents ou tourbillons une part active dans la production de ce phénomène. Nous nous permettrons d'être plus explicite que le savant académicien ; nous ajouterons que si l'électricité, comme cela ne peut être révoqué en doute, intervient dans la formation des trombes, les vents, soit comme cause, soit comme effet, doivent y jouer un rôle aussi actif ;

sous ce rapport, nous serions assez disposé à adopter l'opinion de Lamarck, dont les idées se résument dans le passage suivant :

« Lorsque les masses d'air qui se précipitent sur les nuages orageux et sur ceux qui se dégroupent sont peu considérables, elles s'échappent ensuite de ces nuages en vents inclinés, sans tourbillonner fortement et sans entraîner avec elles les parties brumeuses du nuage ; elles produisent alors simplement les bourrasques ordinaires des orages ou des nuages en dégroupement ; mais lorsque ces masses d'air sont d'une grande étendue, et qu'en se précipitant sur le nuage orageux elles se trouvent gênées de tous côtés par les pressions latérales des couches atmosphériques, alors elles s'élancent en tourbillon rapide qui perce le nuage, entraîne avec lui les particules brumeuses, et forme, sous ce même nuage, ce cône renversé et cette colonne fuligineuse et ambulante qui constitue les trombes. »

Dans cette théorie, le tourbillon joue le principal rôle, et pourtant il n'est lui-même que l'effet d'une cause première qui a aggloméré les nuages orageux. Or, il est difficile de ne pas reconnaître que l'agglomération de pareils nuages est le résultat de l'influence électrique, ainsi que la résistance que les couches latérales de l'atmosphère opposent au tourbillon.

Il est encore une phase de la trombe qui nous paraît difficile à expliquer, sans faire intervenir l'élément électrique : c'est l'allongement du nuage entraîné par le tourbillon du côté de la mer. En raison des éléments mis en jeu, et de la rapidité avec laquelle le mouvement d'allongement s'opère, l'attraction seule ne nous semble pas suffisante pour l'expliquer. Il y a là l'intervention d'une force plus active, et cette force ne saurait être autre que le fluide électrique. Par l'électricité s'explique facilement le mouvement de la colonne descendante, ainsi que le point culminant qui se forme à la surface de la mer, celui-ci allant à la rencontre de la colonne, par l'effet de deux fluides électriques qui s'attirent et qui cherchent à se combiner.

Mais, à l'instant où le tube trombique se joint à l'eau de la mer, comment le mouvement ascensionnel de l'eau peut-il se reproduire ? C'est encore là un point qui nous a paru très peu expliqué par les météorologistes, et par Peltier lui-même.

Nous allons, à notre tour, essayer de présenter une théorie qui nous paraît donner une idée plus claire de ce curieux phénomène.

Nous avons dit que le tourbillon, en perçant la nue, entraîne avec lui une couche nébuleuse qui l'accompagne et le retient dans une espèce d'étui. Si, après avoir acquis une longueur déterminée, et bien avant de toucher à la mer, l'enveloppe nébuleuse vient à se briser, le vent ou tourbillon s'échappe aussitôt, en produisant un sifflement dont l'intensité est en raison de la force de projection et de la résistance qu'il trouve à sa sortie du tube.

Mais si la colonne s'abaisse assez pour rencontrer l'eau de la mer, il se produit aussitôt un bruit, ou mieux une détonation, laquelle, d'après Peltier, serait le résultat de la combinaison des deux électricités de la mer et de la trombe. Nous pensons que, sans exclure entièrement cette cause, il est facile de lui en trouver une autre aussi rationnelle.

Nous venons de dire que la colonne trombique entraînait avec elle le tourbillon ; or, aussitôt après son contact avec la mer, l'extrémité de la trombe doit se dissoudre, et fournir ainsi une issue facile au vent qui y est contenu. Il arrive alors que le tourbillon dompte la résistance de la mer, s'échappe du tube et soulève les flots, en bouillonnant, dans une étendue et à une profondeur égales à la force d'impulsion qu'il aura reçue des régions supérieures ; ou bien le tourbillon est, au contraire, refoulé par l'eau de la mer, laquelle se précipite dans le tube avec une violence égale à la pression intérieure. Dans l'un et l'autre cas, il peut se produire un bruit considérable, sans la participation de l'électricité. Le mouvement ascensionnel de l'eau de la mer peut donc s'opérer de deux manières : la première, en refoulant le tourbillon du côté des nuages ; la seconde, en se précipitant dans le vide que le tourbillon a laissé dans la colonne trombique après son épuisement.

Mais c'est bien certainement à la jonction de l'extrémité du cône avec la mer que s'accomplit le phénomène le plus important et celui qui, peut-être, a donné lieu aux opinions si diverses qui, plus tard, sont passées à l'état de théories.

Cette jonction peut présenter, selon nous, les variétés suivantes :

1° Le bout du cône peut éclater avant de toucher eau et alors, le tourbillon contenu, trouvant une issue facile, s'échappera avec force, produira un sifflement plus ou moins intense ; et, frappant en spirale sur la surface de la mer, refoulera l'eau en déterminant une dépression considérable au centre et un soulèvement à la circonférence, avec un brisement de l'eau tel, que la trombe, vue d'un peu loin semblera plonger dans un immense appareil en ébullition.

Si cette trombe finit ainsi sans toucher l'eau de la mer, il ne s'y produira aucun mouvement ascendant ni descendant liquide. C'est pour n'avoir observé que ce genre de trombe que certains auteurs nient toute espèce de courant liquide dans l'intérieur de la colonne, comme M. de Tessan, par exemple, dans la relation qu'il donne d'une trombe observée sur les côtes d'Afrique en 1833. « On n'a aperçu, dit-il, aucun mouvement d'ascension ni de descente dans l'intérieur de la trombe ; elle est restée assez longtemps en contact *apparent* avec la mer, et a commencé à disparaître par le bas. » La trombe qui fait le sujet de la Note de M. le capitaine Mouchez appartient évidemment à cette variété, puisqu'il n'y a remarqué aucun mouvement ascendant. Il est à peu près certain que dans cette trombe, l'extrémité du tube ne touchait pas la mer, et que les effets du météore ont cessé avec la cause, c'est-à-dire après que le tourbillon a été entièrement épuisé. Alors, en effet, comme nous l'avons fait remarquer au commencement de ce Mémoire, le tube s'est replié sur lui même de bas en haut, en restant longtemps appendu sous le nuage.

Dans un voyage sur mer, un gentilhomme de New-York écrivait à Franklin : « J'ai vu plusieurs autres trombes, mais aucune ne descendit si près de la mer ; aucune succion de l'eau n'avait lieu. Je crois que c'est par le courant du vent sorti de ces trombes que sombrent si soudainement les bâtiments qui les rencontrent. »

2º Ou bien l'extrémité du cône se confond avec l'eau de la mer : le tourbillon s'échappe alors en soulevant les flots, et aussitôt que ce mouvement gyratoire aérien et descendant est épuisé, l'eau se précipite dans le vide de la colonne, ou, par un mouvement inverse à celui du tourbillon, monte ainsi jusqu'au nuage : c'est là la variété la plus commune, la seule du moins que nous ayons observée, ainsi que la plupart des personnes que nous avons interrogées.

Dans le troisième volume de ses *Institutions physico-chimiques*, le P. Plancini donne la relation d'une trombe observée par un de ses amis, dans la mer d'Ionie, en face du port de Sydra :

« Le ciel se couvrit tout à coup de nuages noirs, et le vent, devenu violent, changeait à tout instant de direction. Toute navigation était devenue impossible ; c'était le commencement et l'arrivée d'une trombe que nous voyions à peu de distance et venant sur nous. Les voiles sont amenées : mais voilà que la trombe fond sur le bateau ; elle s'unit à la mer et fait tourner le pauvre polacre comme un sabot ; la proue regarde en un moment les trente-deux points de la rose des vents. On sentit ensuite comme un tremblement de haut en bas ! tantôt le vent pressait le navire contre la mer, tantôt il l'enlevait autant que le permettait son poids. Le vent, après avoir tourné continuellement le bâtiment, se mit à le presser ferme sur sa carène et sur la mer. Le choc cessa enfin, ainsi que la violence du vent, à l'improviste, et la trombe s'éloigna après une secousse terrible d'adieu... »

Le Dr Stuart dit qu'il a vu, dans toutes les trombes qu'il a observées, un canal transparent au milieu, épais et opaque sur les bords, et dans lequel l'eau de la mer montait, *comme la fumée monte le long d'une cheminée.*

Dans la *Bibliothèque universelle de Genève* (juin 1830), on trouve la relation d'une trombe sur le lac de Neuchâtel, dans laquelle l'eau montait avec une grande rapidité ; mais la colonne ayant été brisée par un coup de vent, sa partie supérieure laissa tomber aussitôt une pluie qui paraissait un déluge.

3° Ou bien l'eau de la mer, après avoir été refoulée par le tourbillon, sera brusquement attirée vers le tube, et s'engagera, par un mouvement ascendant, dans son intérieur ; mais, parvenue à une certaine hauteur, la colonne d'eau peut rencontrer, soit par la pression de la colonne d'air supérieure, soit par toute autre cause, une résistance qu'elle ne peut vaincre. Dans ce cas, ou l'eau redescendra en suivant la même direction, ou bien, ce qui est plus probable, le tube se brisera en totalité ou en partie et le liquide s'échappera par cette solution de continuité. Mais obligée de traverser les parois nébuleuses de la trombe, ainsi que les couches d'air compactes et gyratoires qui l'entourent, l'eau sera brisée et retombera sous forme d'averse, de gouttes très fines et même de vapeur.

Ces accidents constituent autant de variétés des

trombes descendantes décrites par les auteurs; ceux-ci, n'ayant pas été à même d'observer les météores dès leur début et d'en suivre ainsi toutes les évolutions, ont signalé comme un état normal le phénomène qui s'est présenté accidentellement dans les diverses conditions que nous venons de rapporter.

Constantini, dans une dissertation sur les trombes, qu'il a placée à la fin d'un ouvrage intitulé : *Vérité du déluge universel*, nie positivement cette élévation des eaux. « Il me semble, dit-il, qu'il y a tant d'absurdités dans cette supposition, que je ne puis comprendre comment tant de physiciens aient pu adopter une pareille idée. » Évidemment, Constantini n'avait jamais observé de trombes, et les réflexions qu'il adresse aux autres observateurs lui sont parfaitement applicables.

En résumé, il résulte des observations que nous avons été à même de faire qu'il ne doit y avoir que deux sortes de trombes de mer :

1° La trombe descendante purement aérienne, qui est formée par la sortie précipitée du tourbillon gyratoire du cône, et qui ne se confond jamais avec la mer; elle est caractérisée par un *sifflement* plus ou moins fort, par la dépression de l'eau avec une grande agitation, et par la production de vapeurs, formant une espèce de buisson écumant autour de la partie déprimée.

2° La trombe ascendante, qui est la plus commune; elle se reconnaît au courant gyratoire et ascensionnel de l'eau dans le cône, depuis le sommet jusqu'au nuage avec lequel elle se confond en le grossissant, et à un mouvement tumultueux, gyratoire et très bruyant de l'eau de mer qui avoisine la trombe ; mais elle ne fait pas entendre de sifflement.

Les autres variétés de trombes adoptées et décrites par les auteurs ne seraient, selon nous, que le résultat des accidents survenus dans le cours des deux principales, ou de l'une d'elles seulement.

CHAPITRE II

HISTOIRE DU PRISONNIER

Aventure galante faisant suite à l'histoire du prisonnier

Lors de la prise de Constantine, le hasard me mit en rapport avec un homme du nom de Schmidt qui m'avait été recommandé par le colonel de Beaufort et qui s'apprêtait à quitter la vieille Cirta, après avoir échappé aux Arabes, chez lesquels il venait d'être prisonnier pendant plusieurs années. Il me promit de me faire part de toutes les péripéties de sa vie depuis son départ d'Alger jusqu'à ce jour. Aussitôt après ma rentrée à Bône, il vint en effet s'acquitter de sa promesse et me raconta ce qu'on va lire.

Le 2 avril 1832, me dit-il, étant parti de la Maison-Carrée pour aller acheter des provisions à la tribu voisine, distante d'environ 1 lieue, je fus rencontré, à 5 heures du soir, en me retirant, par cinq Arabes qui me sommèrent de les suivre. Me trouvant sans armes et seul, il ne m'était pas possible de prendre d'autre parti.

Après m'avoir fait monter sur une mule, ils prirent le galop, afin de s'éloigner rapidement et d'éviter ainsi d'être surpris par des Arabes nos alliés. Nous vîmes vers les 10 heures du soir un petit douër où nous couchâmes. A peine arrivés, tous les habitants, poussés par un sentiment de curiosité, s'empressèrent de venir me voir. J'étais placé au fond d'une mauvaise tente entourée de sept Arabes qui me gardaient constamment. Lorsque les visiteurs furent fatigués d'une conversation dont j'étais le sujet, ils me laissèrent avec un gardien, et je pus alors me livrer, aussi tranquillement que ma position le permettait, à un sommeil dont j'avais grand besoin.

Le lendemain, de fort bonne heure, toute la tribu était en mouvement ; bientôt, le bruit d'un couteau qu'on repassait sur une pierre me fit frissonner. Ce fut bien pis, quand je vis venir vers moi trois Arabes, dont l'un tenait le couteau et les deux autres de l'eau et un grand vase. Connaissant la férocité de mes hôtes, je crus devoir faire ma dernière prière, bien persuadé que l'instrument que j'avais devant moi allait pour jamais faire voler mon âme dans l'éternité. Les trois Arabes, s'étant approchés, me firent signe de baisser la tête. Aussitôt que j'eus pris ou qu'on m'eut forcé à prendre l'attitude d'un homme qu'on va décapiter, je me sentis presque défaillir ; mon cœur battait avec force et une grande vitesse ; ma tête était bouleversée ; mes parents, mes amis, le bon Dieu, le paradis, l'enfer défilaient devant mes yeux sous la forme d'un panorama tellement confus que je n'y voyais qu'un chaos immense. Ayant senti quelque chose de froid couler le long de mon dos, je crus que c'était du sang et que mes ennemis voulaient augmenter mes souffrances, en prolongeant leur cruelle opération. Mais mon étonnement fut grand, quand je vis l'eau tomber par gouttes de toutes les parties de ma tête; mes craintes se dissipèrent comme par enchantement, et je pensai que les préparatifs qui m'avaient tant effrayé étaient probablement destinés à mettre ma tête dans les conditions exigées par Mahomet pour la première cérémonie qui doit convertir un chrétien à l'islamisme. Alors aussi disparurent tous ces lugubres tableaux, que la crainte d'une mort prochaine avait fait naître et que la certitude de ne pas être exécuté fit évanouir subitement. Cette terrible crise passée, je ressentis la joie de vivre.

Mais ce ne fut qu'après plusieurs oscillations de crainte et de plaisir, et sous l'influence du tranchant dentelé du couteau qu'on promenait sur ma tête, que je pus réfléchir à ma nouvelle et singulière situation. Je subissais cette opération préliminaire à laquelle est soumis tout chrétien que les Arabes veulent convertir. Au lieu d'avoir le cou coupé, j'en fus quitte pour quelques petites incisions que le figaro bédouin eut la maladresse de me faire, en coupant mes cheveux et en me rasant la tête. Loin de m'en plaindre, je trouvai qu'il avait la main fort légère.

A peine ma tête débarrassée de sa blonde chevelure, les Arabes me firent signe de me préparer à une autre opération qui aurait lieu le lendemain. Je fus convaincu alors qu'on voulait faire de moi *un vrai* musulman; mais je venais d'échapper à un trop grand

5.

danger et ma foi dans la religion chrétienne n'était pas assez ferme pour que je ne me soumisse pas à tout ce qu'on voudrait, pourvu que ma tête restât à sa place. Dès que les Arabes m'eurent inondé la tête d'eau et de savon, et fait répéter avec eux quelques prières, ils me donnèrent un peu de pain avec de l'eau et m'engagèrent à me coucher, en faisant signe de n'avoir aucune crainte. Cet avertissement ne suffit pas pour éloigner de mon esprit tout ce que la scène de la journée y avait laissé; aussi ma nuit fut-elle très agitée. Peu-à-peu cependant, j'oubliai le passé pour ne m'occuper que de la singulière opération que j'allais subir le lendemain. Qui aurait cru, me disais-je, qu'un habitant des bords de la Vistule, voué par principes à la religion chrétienne, serait un jour obligé de renier la reigion de ses pères et forcé de prendre, sur le mont Atlas, les insignes indélébiles de l'islamisme ?

Après m'être cru si près d'avoir la tête coupée, j'étais encore assez pusillanime pour redouter la douleur de l'ablation d'une faible partie de mon corps. Le sommeil m'ayant fui toute la nuit, je pus entendre, au point du jour, les cris de joie et les prières auxquelles les habitants se livraient, problablement pour célébrer la cérémonie de mon opération. Mais quel fut mon étonnement lorsque, au lieu de me préparer à recevoir ce nouveau baptême, ils m'obligèrent à partir immédiatement avec quatre Arabes. J'ai su, depuis, que ce départ précipité avait été occasionné par la crainte où étaient les habitants que la tribu voisine ne vint enlever leur proie. Partis au point du jour, nous marchâmes toute la journée au milieu des montagnes, par des chemins tels qu'il aurait fallu avoir les griffes de Lucifer pour ne pas se laisser choir. Fatigués et déjà exténués, les quatre Arabes me remirent, à midi, entre les mains d'autres coreligionnaires, avec ordre de me conduire dans une tribu encore fort éloignée. Ces monstres étaient si pressés de m'emmener qu'ils me donnèrent à peine le temps de manger un morceau de galette. Avant de se remettre en route, s'étant aperçus des blessures que j'avais aux pieds, ils eurent au moins l'humanité de me faire monter sur une mule. Après avoir traversé un pays non moins accidenté que celui du matin, nous arrivâmes pendant la nuit à un grand douër où nous couchâmes. Jusque bien avant dans la nuit, j'eus encore à subir ici la visite de tous les habitants ; hommes, femmes et enfants venaient me toucher et me regarder comme une bête curieuse ; je l'étais réellement pour eux. La foule ne se dispersa que lorsqu'on me vit accablé par la fatigue et plus encore par le sommeil dont j'avais été privé depuis deux jours ; je m'endormis et ne me réveillai le matin que pour monter à cheval. Au moment de mon départ avec six Arabes, des femmes essayèrent de me lancer quelques pierres ; elles en furent bientôt empêchées par ceux à qui j'avais été confié. Grâce au cheval qui me portait et aux provisions que mes gardiens avaient faites, cette journée fut moins pénible.

Aussi arrivâmes-nous sans trop de fatigue à une tribu située sur le versant sud de l'Atlas. A peine descendus de cheval, il s'établit, entre mes conducteurs et le cheik de la tribu, un long colloque, pendant lequel on me laissa seul au milieu d'une foule nombreuse, curieuse et avide de me voir, mais qui ne me fit subir aucun mauvais traitement. Ne perdant pas des yeux la conversation de mes guides avec le cheik, je vis celui-ci leur donner quelques pièces d'argent; puis s'approchant de moi, il m'examina dans tous les sens et me demanda, en me présentant un soulier et un bournous, si je savais travailler.

Dès que je lui eus répondu négativement, il donna encore quelques pièces aux Arabes et me fit signe de suivre un Bédouin, qui me conduisit sous une mauvaise tente en compagnie d'une foule d'animaux. Je compris que je venais d'être l'objet d'un marché, et que, moyennant une modique somme, j'étais devenu la propriété du cheik. Je n'eus qu'à me louer de ce changement, car mon nouveau maître, âgé d'environ quarante ans, me traita avec douceur et passa la soirée à me rassurer et à me faire comprendre que je ne devais avoir aucune crainte. Bientôt il fit venir un grand plat de couscoussou avec du lait et m'engagea à manger. La mauvaise nourriture que j'avais eue jusqu'alors me décida à ne pas me faire répéter l'invitation. Pendant mon repas, je lisais dans les yeux du cheik le désir qu'il avait de m'adresser des questions; mais, ne pouvant nous comprendre, il me quitta en me confiant à quatre ou cinq Arabes et en me faisant de nouveaux signes pour me rassurer. Le lendemain, au point du jour, le cheik me remit une hache et me fit conduire à une petite forêt pour couper du bois. Pendant huit jours, je fus employé à cette occupation. Mais les Arabes qui me gardaient, craignant que je ne détruisisse tout le bois, tant je mettais d'ardeur à m'acquitter de ma tâche, le cheik me fit signe de ne pas y retourner.

Il me garda au douër et me chargea des ouvrages les plus grossiers. Un mois s'écoula dans cette tribu, sans que j'y subisse aucun mauvais traitement. Cependant quelques Arabes, saisissant les moments où ils ne pouvaient être aperçus, venaient m'infliger de légères avanies, soit en m'insultant, soit en me crachant au visage. Je supportai tout, de crainte qu'une réclamation n'entraînât quelque chose de pis. Un jour, un Arabe, après m'avoir insulté et menacé plusieurs fois, osa me frapper assez fortement avec un bâton. Le cheik l'ayant aperçu le fit aussitôt garrotter et ordonna qu'on lui appliquât cinquante coups de la même arme, sur la plante des pieds. Un autre jour, pendant que je mangeais une galette que les Arabes appellent *kesaïra*, le cheik me présenta de nouveau une pantoufle et un bournous ; sur ma réponse de ne savoir faire ni l'un ni l'autre, il me fit signe de me disposer à partir le lendemain. Je passai une nuit fort agitée, craignant de rencontrer un maître moins bienveillant que celui que j'allais quitter ; je ne doutais point que, ne sachant faire ce que le cheik désirait, je ne devinsse l'objet d'un nouveau marché.

Avant le jour, il fallut monter à cheval avec six Arabes, parmi lesquels j'en reconnus un qui était venu me cracher plusieurs fois au visage. Son aspect me parut d'un présage d'autant plus fâcheux que, n'étant plus sous la surveillance du cheik, je craignais qu'il ne se livrât contre moi à toute sa méchanceté. Parvenu à une faible distance du douër, il commença, en effet, à m'insulter et à faire des signes menaçants; les autres Arabes ne disaient rien; mais ils paraissaient approuver tacitement la conduite de leur camarade. Enfin, craignant de ne pas être assez bien compris, il tira son yatagan du fourreau et, en passant le dos sur mon cou, il me fit comprendre qu'on allait me couper la tête. Habitué à ces menaces et convaincu de la défense que devait leur avoir faite le cheik, qui aurait ainsi perdu le prix de ma vente, je fus médiocrement impressionné.

Nous cheminâmes jusqu'au coucher du soleil dans un pays très accidenté, mais bien cultivé. Lorsque nous fûmes rendus au douër, le cheik qui parlait un peu la langue franque, remit à un des conducteurs un petit sac d'argent pour mon achat. Averti probablement depuis la veille de mon arrivée, il avait eu le temps de tenir la somme demandée toute prête. La figure de mon nouveau maître me fit regretter le précédent; et le premier sentiment que j'éprouvai en le voyant, fut celui de la frayeur. A peine descendu de cheval, il me lança un regard dont l'expression me laissait voir toute sa cruauté. J'étais dans l'attitude d'un condamné, lorsque deux Arabes, sur un signal de leur chef, vinrent avec des cordes me garrotter les jambes et m'obliger à me traîner dans cet état sous la tente qui m'avait été assignée. Le cheik m'y accompagna; et après avoir fait attacher la corde à un piquet, il s'éloigna en me lançant un regard de tigre. Exténué par la faim et la soif, je reçus pour tout aliment de la farine d'orge et de l'eau.

L'un des quatres Arabes qui me gardaient, voyant que je ne pouvais avaler un atome de ce mets, eut la générosité d'aller me chercher un petit morceau de galette. Le cheik me l'ayant vu manger me demanda en langue franque qui me l'avait donné : j'eus le bon esprit de lui répondre que je l'avais trouvé dans ma poche. Satisfait de ma réponse, il ajouta que, si je faisais le plus léger effort pour m'échapper, il me ferait couper la tête. La défense qu'il avait faite de venir me voir et le silence qui régnait dans tout le douër me faisaient craindre qu'il ne réservât ce spectacle pour égayer, le lendemain, ses coreligionnaires.

Cette idée s'empara si bien de mon esprit que je crus n'avoir rien de mieux à faire qu'à me préparer à la mort. Cette fois, au moins, j'en avais le temps et croyant à la religion de mes pères, je passai toute la nuit en prières et à faire des actes de contrition. Dieu devra me savoir gré dans l'autre monde de la ferveur avec laquelle je l'ai prié cette nuit et le pape m'accorderait des indulgences dans celui-ci, s'il était instruit de l'ardeur religieuse que je témoignai.

Cette fois encore j'en fus quitte pour la peur ; car le lendemain, au lieu du miroitement de la lame exécutrice, je fus agréablement surpris de voir délier mes jambes et de trouver un cheval prêt à me recevoir. Le cheik cessa de me menacer ; prenant un air un peu moins revêche, il m'apprit qu'il avait été corsaire pendant dix ans et que c'était avec des prisonniers espagnols qu'il avait appris le peu de mots qu'il parlait de leur langue. Nous appuyâmes un peu sur l'ouest ; et, suivant la direction des montagnes, nous parvînmes avant le coucher du soleil, à un grand douër situé à 12 lieues au sud de Médéah, dans un pays bien boisé, arrosé par un ruisseau assez considérable.

A notre arrivée, deux Arabes richement costumés vinrent me voir ; après qu'ils m'eurent examiné, ils se livrèrent à une conversation fort animée avec mes guides ; les gestes qu'ils faisaient me firent supposer qu'ils n'étaient pas d'accord sur le prix auquel j'allais être vendu pour la quatrième fois. Couché sous une tente où l'on me fit apporter un grand plat de couscoussou, ce ne fut que bien avant dans la nuit que j'entendis compter l'argent du marché. En calculant le temps que l'Arabe avait mis à compter les pièces qui me semblèrent être des douros du pays, je cherchai à deviner la somme totale ; mais l'Arabe défiant comptant cinq ou six fois la même somme, il me fut impossible de savoir approximativement ce que je valais. Toutefois, il me sembla que j'étais l'objet d'une spéculation assez lucrative pour mes vendeurs, car le prix d'achat me paraissait augmenter singulièrement à chaque étape.

Cette valeur progressive de mon individu me fit augurer assez favorablement, autant que les circonstances pouvaient le permettre, de la fin de ma course : car, me disais-je, si j'ai encore quelques journées à marcher et que je doive changer aussi souvent de maître, je deviendrai un être si précieux au vendeur et à l'acquéreur, que, à raison de leur amour pour l'argent, ma position ne pourra que s'améliorer. On verra, par la suite, combien je raisonnais faux et combien je me faisais illusion sur le sort qui m'attendait.

Ce cheik me garda quinze jours pendant lesquels je fus employé à garder les silos de blé. Au bout de ce temps, il me fit comprendre qu'il aurait bien désiré me conserver, mais qu'un ordre d'Ali-Ben-Aïssa l'obligeait à m'envoyer auprès de ce chef des Cabaïles, escorté par quatre Arabes. Après quatre jours de marche, nous arrivâmes auprès de Ben-Aïssa qui, après m'avoir fait servir un peu de couscoussou, me fit remonter à cheval pour me faire conduire pendant la nuit à Zamora, petite ville distante de quatre à cinq journées de Constantine.

Au point du jour, nous fîmes notre entrée dans cette ville, où je devins l'objet de la curiosité générale : hommes, femmes et enfants accouraient de tous côtés pour me voir. Resté avec deux guides, les femmes ne tardèrent pas à me faire des gestes menaçants. Mais n'osant approcher, à cause de la défense qui leur en avait été faite, elles se contentèrent d'accompagner leurs grimaces furibondes de crachats qu'elles m'envoyaient le plus près qu'elles pouvaient. Cette scène m'aurait amusé, si un sentiment de frayeur n'eût dominé tous mes sens. Des démonstrations aussi menaçantes faisant craindre aux guides de voir s'échapper leur proie, ils me firent partir. Malgré la protection dont ils cherchèrent à me couvrir pendant que nous traversions cette populace compacte, ils ne purent empêcher une pierre de m'atteindre à la tête ; son choc faillit me faire tomber de cheval.

Le danger devenant imminent, mes guides crurent n'avoir rien de mieux à faire, pour m'y soustraire, que de m'entraîner dans une mosquée qui était près de nous. A peine eus-je touché le seuil de la porte que la foule s'arrêta court. Une fois entré, on me fit passer dans un tout petit cabinet où un esclave nègre apporta de l'eau et m'invita à me laver les pieds et la tête. Cette ablution terminée, un maure que je pris pour le Mouëzzin me fit signe qu'il fallait me préparer à la circoncision qui serait pratiquée *Baad Ghédoué* (le surlendemain).

Quelque répugnance que j'eusse de cette opération, les circonstances étaient devenues trop critiques, depuis la veille, pour que je ne me misse pas complètement à la discrétion des sectaires de Mahomet ; moins stoïque que nos martyrs dans la foi de la religion de mes pères, je n'avais nulle envie de subir les conséquences qui fussent résultées de mon obstination. Pendant deux jours, le Mouëzzin resta auprès de moi pour me faire réciter une prière qui est restée fortement gravée dans ma mémoire. Les musulmans l'ont à chaque instant au bout de leurs lèvres. La voici : *Lehi lehe Allah! rassoù il allah! allah el kebir*. Dieu est grand, etc.

Dans la nuit du deuxième au troisième jour, je fus réveillé par un Arabe qui me fit signe de me lever et de le suivre promptement. Cet Arabe n'était pas un de ceux qui m'avaient conduit, ni de ceux qui me visitaient à la mosquée ; ce départ nocturne, surtout quelques heures avant l'opération à laquelle on m'avait si bien préparé, me donna de vives inquiétudes.

Je craignais que quelques habitants ne voulussent poursuivre le cours des vengeances dont ils m'avaient menacé, et auxquelles je n'avais été soustrait que par mon entrée au temple sacré. J'ai appris depuis que mes craintes étaient d'autant plus fondées que, lors de mon entrée dans la mosquée, la foule qui me poursuivait eut beaucoup de peine à abandonner sa proie. Après m'avoir fait passer par un long couloir, mes guides me conduisirent à une petite porte fort basse, où une mule toute harnachée m'attendait avec deux chevaux appartenant à mes cerbères. En montant sur l'animal, il me vint une pensée qui me rassura. Le mystère qui venait de présider à ce départ me fit supposer que mes nouveaux guides n'étaient autres que des voleurs qui venaient m'enlever, afin de me vendre à la première occasion. Cette idée me permit de voyager avec un certain calme, malgré l'obscurité de la nuit et le chemin affreux où nous passions. Nos chevaux allant toujours au grand trot, nous dûmes en quatre heures faire au moins 8 lieues. Au point du jour, nous fîmes une petite halte pour laisser reposer nos chevaux, et nous profitâmes de cet instant de repos pour manger un peu de galette. Nous venions de nous remettre en route, lorsque les Arabes, apercevant, à une faible distance, un douër assez considérable, prirent un grand détour afin de l'éviter. La précaution qu'ils prenaient pour me cacher me confirma dans l'idée, non seulement du vol, mais encore du marché que les voleurs avaient dû passer avec quelques cheiks qui nous attendaient.

Après avoir gravi plusieurs cîmes très élevées et descendu dans des ravins profonds, nous arrivâmes à l'entrée de la nuit à un douër assez important. A notre approche, quatre Arabes vinrent au-devant de nous; l'un deux qui était le cheik témoigna par des signes son contentement à l'un de mes conducteurs. On nous fit descendre de cheval, et on nous conduisit sous une tente où un grand plat de couscoussou nous attendait.

Déjà habitué à ce mets national, je me disposais à y faire honneur, lorsque le cheik me fit signe de passer dans une tente voisine, ou plutôt dans un des coins particuliers de celle que j'habitais depuis un instant. Là, je fus cruellement déçu : car, au lieu d'un repas de couscoussou, on m'apporta de la mauvaise galette fort dure et de l'eau. Heureusement, j'avais bon appétit et je mangeai avec d'autant plus de plaisir que chaque morceau de galette était assaisonné d'une bonne dose d'odeur de couscoussou que mes gaillards mangeaient presque à ma barbe. Accablé de fatigue, je m'endormis aussitôt après la fin de mon frugal repas. Je fus bientôt réveillé, au bruit d'un grand nombre d'Arabes qui demandaient au cheik l'autorisation de me voir, ce qui leur fut complètement refusé. Le lendemain, au lever du soleil, nous montâmes à cheval au milieu de la population qui, à mon aspect, poussa des cris et des hurlements comme je n'en avais pas encore entendu. Cette fois, aucune menace ne fut faite ; au seul regard que le cheik lui lança, cette foule sauvage se tut, et se dissipa comme par enchantement. Peu d'instants après notre départ, le cheik qui m'accompagnait me fit comprendre que nous allions à Constantine, distante de deux journées de marche. Le cheik, disposé à me suivre jusqu'à cette ville, avait eu soin de se munir de provisions de bouche, afin de pouvoir éviter tous les douërs qui se présenteraient et d'arriver à Constantine sans courir le risque de me perdre, car il paraissait trop content de m'avoir. Cette joie émanait de l'espoir qu'il avait de faire un cadeau agréable au Bey Hadji-Achmet. Il me traitait avec beaucoup de douceur et semblait fort désireux de parler avec moi. Les mots *alzéaïr* et *roumi*, sortant souvent de sa bouche, me faisaient penser qu'il aurait voulu avoir des nouvelles des Français à Alger. Le pays que nous avons parcouru était toujours de même nature. Le soir, nous bivouaquâmes sur le bord du ruisseau El-Khatjek près d'un petit marabout. Pendant toute la nuit, les Arabes montèrent alternativement la garde, pour veiller à ce que je ne pusse m'échapper, ou mieux peut-être, à ce que je ne leur fusse pas enlevé. Le lendemain, après avoir mangé la galette habituelle et fait provision d'un peu d'eau, nous nous remîmes en route. A 8 heures du matin, à peu près, nous aperçûmes, à une demi-lieue, sept ou huit Arabes qui venaient de notre côté. Le cheik Abderama, je venais d'apprendre son nom, nous ordonna d'arrêter et parut un peu inquiet. Il lança aussitôt son beau cheval au galop, pour aller reconnaître les Arabes que nous avions aperçus. Dix minutes après, il revint aussi vite et nous fit signe de le suivre par un sentier très escarpé qui était à notre droite. Ce sentier très rocailleux et étroit nous conduisit à un fort joli petit bois de citronniers, d'orangers et de mûriers, au milieu duquel le cheik nous ordonna d'arrêter. Quoique nous fussions éloignés de la route principale, le cheik resta plus d'une heure sur un monticule, caché derrière un arbre d'où il pouvait, sans être vu, apercevoir le mouvement des huit cavaliers. J'oubliais de dire que dès qu'il avait aperçu ces Arabes, il s'était assuré si les armes étaient chargées. Mais les huit cavaliers furent aussi rusés que nous; quatre restèrent sur la route, pendant que les quatre autres nous tournaient et tombaient sur nous à l'improviste avant que nous les eussions aperçus. Quelques paroles furent échangées de loin entre le cheik et ces cavaliers ; et, après trois ou quatre coups de fusil tirés en l'air, le cheik prit la fuite, jurant comme un possédé, en me laissant à la disposition des vainqueurs. Parmi les quatre Arabes, j'en reconnus un pour être de ceux qui m'avaient conduit à la mosquée de Zamora. C'était justement celui qui m'avait témoigné le plus de bienveillance pendant que j'étais assailli par les menaces de la populace de cette petite ville.

Les fuyards m'ayant laissé à pied, cet Arabe me fit monter derrière lui et nous gagnâmes le chemin qui devait nous conduire à Constantine. Les quatre autres Arabes poursuivirent un instant les fuyards et j'entendis encore quelques coups de fusil tirés de part et d'autre. A midi, nous passâmes tout près de

Milah, petite ville distante de 8 lieues de Constantine, où je vis une jeune fille passer à côté de nous, complètement nue, et se promenant ainsi dans les rues. A heures, nous atteignîmes les rives du Rumel et nous continuâmes dans cette jolie petite vallée notre route, en nous approchant de la ville que les Arabes me firent apercevoir. Les quatre Arabes qui étaient restés en arrière nous ayant rejoints, nous fîmes une halte au confluent de l'Oued-Hamma avec le Rumel. Pendant ce temps, un guide se détacha de nous pour aller probablement annoncer notre arrivée en ville. Durant ce repos, les Arabes semblaient s'entretenir de leur expédition et surtout de l'heureuse prise qu'ils venaient de faire. L'Arabe qui était si bienveillant pour moi faisait des efforts de langage et de signes, pour me demander comment j'étais sorti de la mosquée de Zamora, puisqu'il veillait cette nuit à la grande porte. A quelques signes que je lui fis, il comprit que j'avais été enlevé et qu'on m'avait fait passer par une autre issue. Nous remontâmes à cheval et, au soleil couchant, nous touchions au fondouk Bab-el-Jedid. Nous y étions à peine qu'une populace cabaïle arrêta complètement notre marche, en m'adressant force menaces. Espérant que ses désirs seraient partagés par Ben-Aïssa, elle attendait avec impatience ses ordres et me lançait une foule d'imprécations. Cinq ou six Bédouins, moins patients, sortaient déjà du milieu de la foule pour m'assaillir à coups de bâton, lorsque huit Turcs, écartant tout le monde en frappant, à droite et à gauche, arrivèrent jusqu'à moi et m'emmenèrent. Les Arabes si mal intentionnés se seraient bien gardés de toucher à mes nouveaux et puissants protecteurs. Mais les cris sonores de « *catar rassi*, coupez-lui la tête, » redoublèrent de toutes parts et résonnaient mal à mes oreilles.

En entrant en ville par la porte El-Jedid, nous dûmes nous faire un passage à travers la masse d'habitants que la curiosité de voir un *roumi* y avait attirés. Le moyen qu'employaient les Turcs était infaillible ; car, peu désireuse de recevoir des coups de bâton, la foule se rangeait d'elle-même au fur et à mesure que nous approchions. Nous arrivâmes bientôt à la maison de Ben-Aïssa qui se trouve peu éloignée de cette porte. Ce chef, ministre du bey Ahmet, après m'avoir lancé un regard peu bienveillant et fait quelques questions à mes guides, me fit conduire en prison, où on me laissa au pain et à l'eau pendant huit jours. Durant ce temps, je ne reçus d'autres visites que celles du gardien qui venait tous les matins me donner la pitance.

Le neuvième jour, deux chaous, ou exécuteurs de la petite police, vinrent me prendre et m'escortèrent jusqu'à la porte El-Jedid, où une caravane de trente mules était près de partir. Cette fois, la populace ne dit rien, pensant que Ben-Aïssa voulait réserver à Ahmet-Bey le plaisir de prononcer sur mon sort. Nous partîmes pour aller rejoindre le Bey, qui était campé à trois jours de marche, avec une colonne mobile, pour prélever le tribut.

Le premier jour, nous bivouaquâmes sur les ruines assez remarquables d'une ancienne ville romaine. Le second, après avoir traversé une belle plaine, nous fîmes la grande halte à un douër considérable, où plusieurs tentes avaient été préparées pour nous recevoir.

Le troisième, nous atteignîmes, à midi, le camp du Bey. Celui-ci, accroupi devant sa tente, et entouré de ses nombreux chaous, ainsi que du bourreau, qu'un riche costume et un yatagan superbe distinguaient de tous les autres, fit signe à ses satellites dévoués de me faire approcher; Achmet me fit demander, par un juif hollandais qui était depuis longtemps à son service, comme interprète, comment j'étais arrivé dans ce pays. — « R. J'ai été pris par les Arabes près d'Alger. — D. Les Français sont-ils beaucoup à Alger? — R. Oui. — D. Ont-ils beaucoup de canons? — R. Oui. — D. Pensent-ils venir à Constantine? — R. Je n'en sais rien. » Le Bey dit alors au juif et à Bram-chaous : « Il faut le garrotter et lui couper la tête. » Le Sirh, ou chef des chaous, me conduisit au milieu du camp, les mains liées derrière le dos et les jambes attachées à un piquet. La position horizontale était la seule que je pusse garder. Je demeurai ainsi exposé à toutes les menaces des habitants, qui arrivaient de fort loin pour admirer la bête curieuse. Tout leur était permis, sauf de me battre.

Ne pouvant me frapper, les Bédouins, en m'accablant d'insultes, me crachaient au visage, et me faisaient signe avec leur yatagan que j'allais avoir la tête coupée. J'eusse mille fois mieux aimé en finir de cette manière que de supporter les infamies dont j'étais assailli. J'avais la rage dans le cœur; et si j'eusse pu briser mes liens, j'eusse au moins fait payer chèrement ma mort, par celle que j'avais envie de donner à un ou plusieurs de ces misérables.

Le sentiment d'indignation que j'éprouvais m'avait anéanti ; le lendemain, j'étais à moitié mort ; mes facultés étaient si affaissées que j'avais peine à me rappeler les scènes de la veille.

Au lever du soleil, voyant arriver vers moi un Arabe bien mis, je crus que c'était le bourreau qui venait en finir ; je m'applaudissais de cette visite. Erreur. C'était un mameluck nommé Soliman, qui venait me questionner.

« D. Parles-tu la langue espagnole ? — R. Un peu. — D. Le bey a ordonné qu'on te coupât la tête ce matin. — R. C'est bon. Si le Bey le veut, j'aime mieux que ce soit de suite. — D. Je vais aller parler au Bey, et si je peux le fléchir et trouver le moyen de te faire gagner de quoi vivre, je le ferai. Sans cela, il faut mourir. — R. C'est bon. » Deux heures après, Soliman, accompagné du juif Aaron, revint me dire que le Bey me faisait grâce et que je resterais esclave. La sensation que j'éprouvai à cette nouvelle me prouva que je tenais encore plus à l'existence que je ne croyais ; et mon âme jusqu'alors presque insensible à toutes les infamies qu'elle venait de subir, adressa des paroles de reconnaissance à la providence qui venait, par l'organe du Bey, de prolonger mes jours. Une caravane partant le jour même pour Constantine, le Bey me fit monter sur une mule, les jambes liées sous le ventre de l'animal.

J'arrivai ainsi le troisième jour à Constantine, par

le même chemin que j'avais suivi, en me rendant au camp d'Achmet.

En entrant en ville, deux chaous me conduisirent chez le Kaïd-el-Dar, à qui le Bey avait écrit. Ce chef me fit aussitôt conduire en prison et m'employa, deux jours après, au balayage des rues. Au bout de huit jours, le Kaïd-el-Dar me fit aller à la Casbah et m'ordonna d'enlever des crânes desséchés qui étaient entassés dans une grande cave. Ces crânes provenaient des différentes expéditions malheureuses, que les Tunisiens avaient dirigées contre Constantine.

Le nombre de ces crânes pouvait être de cinq mille environ. Pendant dix jours, aidé de neuf juifs, je ne cessai de faire cette besogne dégoûtante. Toutes ces têtes furent portées dans un grand fossé, qu'on avait pratiqué près la porte El-Jedid.

On sait que le Bey de Tunis a essayé plusieurs fois de prendre Constantine, et qu'il a été constamment repoussé.

Ce travail terminé, on me fit enlever les immondices de la ville. Pendant sept mois, je m'acquittai si bien de ma mission, que mon zèle me valut une mention honorable de la part du Kaïd-el-Dar.

Au mois de décembre, le Bey fit commencer son nouveau palais, dont la construction a duré trois ans. Je fis le manœuvre pendant tout ce temps; et pour toute récompense, je reçus un réal ou un franc. Dès que je ne fus plus nécessaire au service des ouvriers, qui travaillaient encore dans l'intérieur du palais, on m'employa par-ci, par-là en ville. Un matin, j'eus la malencontreuse idée de franchir le pont d'El-Cantara et d'aller jusqu'au Mensoura. Ayant été aperçu et reconnu par quelque Arabe qui voulait gagner les bonnes grâces du sultan, il me dénonça comme ayant l'intention de fuir. A peine instruit de ce fait, le Bey me fit mettre en prison. Un matin, il ordonna qu'on me liât les mains derrière le dos et qu'on me conduisît près de lui. Là, il me fit dire que si je faisais la plus légère tentative pour me sauver, il me ferait subir le même châtiment que celui dont j'allais être témoin. Un instant après, je vis arriver deux Arabes nu-tête, presque nus, comme moi les mains fixées derrière le dos. Quatre chaous les escortaient; et, pour les faire marcher plus vite, ils les poussaient fortement à coups de poing. Dès qu'ils furent arrivés en face du Bey, qui prenait tranquillement son café, le bourreau, qui ne quitte jamais son chef, s'empara des deux victimes et fit tomber l'une après l'autre leurs deux têtes, à une distance de vingt pas. Le Bey, que cet horrible spectacle émut médiocrement, continua à prendre son café comme si de rien n'était, ayant devant lui les deux cadavres et surtout les deux têtes qui gisaient hideusement sur le marbre.

Cette besogne terminée, le chaous alla causer un instant avec le Bey. A l'approche de celui-ci, un frisson glacial mit tout mon corps en vibration. Me saisissant brusquement par les épaules, il me fit mettre par deux aides dans la position des victimes qui m'avaient précédé. Dire ce que j'éprouvai serait impossible, je ne voyais plus rien ; il me sembla être dans un vide au milieu duquel mon corps se balançait ; bientôt je sentis ou je crus sentir un corps froid s'appesantir sur ma nuque. Ce qui se passe en pareille circonstance dans un cerveau humain est indescriptible ; mes adieux à ce monde étaient déjà faits ; j'entrevoyais l'autre à travers des étincelles de toutes couleurs. C'était horrible. Mais qu'on juge de ma surprise lorsque le chaous, au lieu de faire tomber ma tête, me releva, fit délier les cordes qui retenaient mes mains, et m'annonça que le Bey me faisait grâce. Il avait voulu seulement se donner le plaisir d'une de ces distractions qui lui étaient familières ; j'en fus quitte encore pour une simple entaille que le yatagan avait faite en s'appuyant sur mon cou.

Après cette scène si atroce et si émouvante, le Bey me fit quelques observations sur le sort qui pouvait bien m'être réservé, et il me fit reconduire auprès du Kaïd-el-Dar qui m'employa, pendant un mois, à remuer des pierres dans une de ses maisons.

Le Bey, venant de recevoir huit lions très jeunes, voulut que j'en fusse le gardien. On m'interna avec ces fauves dans une cour bien fermée, avec une vieille masure pour nous servir d'abri. D'abord effrayé d'une pareille société, je m'en réjouis ensuite, car ces animaux devinrent peu à peu si dociles à ma voix, qu'ils obéissaient à toutes mes volontés. Ma position venait de changer et je mis un grand amour propre à ce genre de service ; esclave moi-même, je me voyais le roi du plus redoutable des animaux. Seul au milieu d'eux, afin de diminuer le danger auquel je pourrais être exposé, lorsque les lions seraient plus grands, je devais m'attacher à les

6.

maîtriser, en leur inspirant une grande crainte. Je les pris d'abord tous par la douceur; comme je disposais de leur nourriture, je donnais un peu plus à manger à celui qui répondait le mieux à mes caresses, et je mettais souvent à la diète complète celui qui faisait le méchant. J'en ai fait jeûner plusieurs fois deux pour ce motif. Quelquefois, couchés loin de moi et n'ayant rien mangé de la journée, ces deux lions ne daignaient pas se déranger pour venir chercher la ration que je leur offrais. Mais à force de les appeler et la faim les pressant, je les obligeais à venir se coucher à mes pieds. Au bout de quelque temps, ils furent très dociles, et j'avais souvent de la peine à les ôter de mon passage, car ils ne me quittaient plus ni jour ni nuit. Quand j'étais couché, ils venaient se placer à mes pieds; si je marchais, ils suivaient tous mes mouvements. Ils devinrent tellement familiers que je jouais avec eux comme avec deux petits chiens. Tous les jours, on m'apportait pour les nourrir deux moutons et divers morceaux de viande. Pendant que je découpais pour faire la part de chacun, il était curieux de voir ces huit lionceaux la dévorer des yeux sans oser s'approcher. S'il arrivait que l'un d'eux vînt y toucher avant d'en avoir reçu l'invitation, ce qu'ils comprenaient très bien à mon regard, il était aussitôt attaché, mis à la diète et soumis à quelques coups de bâton. Ce moyen m'avait réussi pour tous, excepté pour un. Son humeur sauvage et féroce avait été si récalcitrante que je me vis forcé, pour conserver la paix de la communauté, de prendre le parti de l'attacher.

A l'exception de la galette qu'on m'apportait tous les

deux jours, mes aliments étaient les mêmes que ceux de mes compagnons. Pendant que je mangeais, je passais mon temps à jouer avec eux et mes repas étaient notamment l'occasion d'une distraction qui m'amusait beaucoup. J'avais l'habitude de leur donner de petits morceaux de viande cuite qu'ils préféraient et qu'ils prenaient alternativement, avec une grande avidité, sur ma main.

D'autres fois, je leur jetais un peu de cette viande dans la cour, et alors tous voulaient l'avoir; à cette fin ils bondissaient les uns sur les autres avec une agilité surprenante. Les rugissements qu'ils poussaient étaient parfois effrayants. Souvent ils se battaient au point de se faire un peu de mal. J'avais pu, jusqu'alors, terminer ces petits combats, en me portant au milieu d'eux, en élevant fortement la voix et surtout en jetant un regard sévère sur le plus fort d'entre eux. Une fois, je fus moins heureux; deux lions, pris d'une violente colère, se battirent avec un tel acharnement qu'il me fut impossible de les séparer par les moyens ordinaires. Une bonne distribution de coups de bâton que j'administrai, quoique avec beaucoup d'hésitation, me réussit à merveille et fit cesser cette lutte qui commençait à me donner des craintes sérieuses. Enfin, tout étant rentré dans l'ordre, je me gardai bien de renouveler une pareille scène, dans la crainte de détruire les bons effets que j'avais obtenus sur ces fauves. Depuis ce moment, je me défiai de ces deux récalcitrants; aussi, lorsque je reçus l'ordre de choisir quatre Lions pour le grand sultan, à qui le Bey allait les envoyer en cadeau, je m'empressai de me débarrasser des plus indociles. Les lions avaient alors dix-huit mois et étaient grands comme de gros moutons. Je restai donc avec quatre lionceaux, dont deux lionnes. Peu de jours après le départ de ceux destinés au sultan, un des quatre qui restaient mourut presque subitement, après avoir rongé la tête d'un mouton. J'ai toujours cru qu'il avait avalé un os. Je restai donc avec un lion et deux lionnes. Je baptisai le lion du nom de *Moursouk* et les deux lionnes de ceux de *Msaouda* et d'*Aoura*. J'étais parvenu à inspirer une si grande crainte à tous les trois, qu'au plus léger regard, ils m'obéissaient sans hésitation. Quoique déjà fort grand, le Lion venait se coucher auprès de moi et ne voulait pas dormir ailleurs. Habitué à jouer avec moi depuis qu'il était jeune, il continuait, à venir me provoquer. De crainte de le fâcher, je cédais quelquefois, mais pas toujours ; les coups de pattes qu'il m'appliquait n'étaient pas de nature à m'engager à renouveler souvent la partie.

Un de ses jeux favoris consistait à se dresser sur ses pattes de derrière, et à m'appliquer celles de devant sur les épaules.

Connaissant alors ses intentions, je le devançais, en me laissant tomber à la renverse, car la plus légère résistance de ma part m'eût valu une secousse trop rude. Ce n'est certes pas sans quelque crainte que je me soumettais à ces parties, que j'avais bien soin d'éviter. Mais, si je faisais un mouvement pendant qu'il lui prenait envie de jouer, il me tenait, pour ainsi dire, en arrêt et à son tour, m'imposait, de cette manière ses volontés. Je n'ai jamais pu le faire renoncer à cet exercice si *distrayant* pour lui, et si redoutable pour moi. Il faut dire aussi que c'était une concession que je lui avais faite pendant trop longtemps, quand il était petit, en retour de celles plus nombreuses que j'obtenais de lui, pour que, devenu grand, je pusse ou j'osasse espérer l'en priver. Ces jeux se passaient d'ailleurs fort à l'amiable; quelquefois cependant, je recevais des contusions assez fortes, par l'apposition de ses griffes sur mon corps. Ces parties duraient de dix minutes à un quart d'heure. Pour qu'il me laissât tranquille, j'étais obligé de faire le mort : comme je ne remuais pas, me voyant dans cette position, il m'appliquait deux ou trois coups de patte, et allait se coucher tranquillement. J'en étais à ce point d'intimité avec ces fauves, lorsque le Caïd-el-Dar m'envoya chercher pour me faire travailler à la campagne du Bey, située à 1 lieue de la ville, sur le bord du Rummel. Il y avait environ quinze jours que j'y étais installé lorsque, d'après les conseils d'un Arabe, je fus à une tribu voisine pour manger du couscoussou, avec l'intention de revenir le soir à la ferme. Un des agents du Bey ayant été lui rapporter que j'étais absent, ce chef m'envoya chercher le lendemain au point du jour par deux chaous. Arrivé près de lui, il me jeta un coup d'œil sévère et me dit : « Pourquoi as-tu quitté ma ferme? — R. J'avais faim et je n'avais rien à manger ; mon intention était de rentrer le soir. — Brigand, tu étais parti pour déserter ; et, pour te punir, tu vas être dévoré par les chiens. »

Aussitôt il me fait conduire dans une cour, où, une véritable meute m'eût dévoré, sans l'intervention d'un chef très influent et grand ami d'Achmet, qui eut compassion de moi. J'avais déjà subi plusieurs morsures, quand ce chef s'écria d'une voix stridente que c'était un acte contre la religion, et que si on voulait me faire mourir, il valait mieux me couper la tête. Le Bey me fit encore grâce et ordonna de me faire transporter au *fondouc* des malades et de m'y soigner.

Une fois guéri de ces morsures, le scheik-el-beled de Temelouka, mon sauveur, demanda et obtint du Bey, mon bourreau, l'autorisation de m'emmener avec lui dans sa tribu. Je n'eus qu'à me louer de mon nouveau maître. Après m'avoir occupé aux travaux des champs (ce pays est très bien cultivé), il s'aperçut que j'aimais les chevaux, et me demanda si je savais les soigner ; sur ma réponse affirmative, il m'attacha à son écurie, poste de confiance qui fit quelques jaloux parmi le personnel subalterne de la maison. J'avais à peine commencé ce service lorsque Ibrahim, mon maître, me signifia que, pour continuer à rester chez lui, il fallait que je fusse musulmanisé et que je subisse le baptême de Mahomet. Ayant été déjà deux fois menacé de cette conversion, je compris qu'à la troisième ce devait être pour tout de bon. Je répondis sans hésitation que j'étais prêt. Ibrahim prit aussitôt une figure de bienveillance et de satisfaction, d'un bon augure, qui m'encouragea à supporter stoïquement l'épreuve. Dès qu'il eut ma réponse affirmative, je le vis aller et venir, donnant des ordres de tous côtés. Comme je parlais un peu l'arabe et que je le comprenais à moitié, le mouëzzin arriva et me fit réciter les prières, en tâchant de me faire comprendre quelques versets du Coran. Pendant ce temps, toute la tribu était en mouvement. Enfin, un matin on dressa des tentes ; la cuisine avait pris des proportions inaccoutumées et l'atmosphère était imprégnée des vapeurs appétissantes du couscoussou. Des hommes, des femmes arrivaient des tribus voisines, qui à dos de chameau, qui à cheval, pour prendre part à la fête, si rare, de la conversion d'un roumi à l'Islam. Une tente, nouvellement dressée, était spécialement réservée au beau sexe.

Le grand jour du sacrifice était donc venu ; j'avoue que ce ne fut pas sans une grande émotion que, chrétien et appartenant à des parents très fervents, je me vis enfin contraint de renoncer aux croyances qu'ils m'avaient apprises et auxquelles je demeurais *mentalement* fidèle.

Enfin le tebid (médecin sacrificateur) étant arrivé, il entra sous la tente où je l'attendais, et sitôt le sacrifice commencé, l'air retentit de la musique des tam-tam et surtout des you-lou-lou d'allégresse poussés par les femmes sur les tons les plus aigus. Bref, deux jours se passèrent à festoyer, pour célébrer l'entrée d'un roumi dans le giron de la religion de Mahomet.

Enfant de l'islam, je devins aussitôt membre de la famille d'Ibrahim ; peu s'en fallut que je ne le devinsse tout à fait.

Cependant, lors de l'expédition de Constantine en 1836, mon maître, malgré la confiance qu'il avait en moi, ne voulut pas m'emmener avec lui pendant qu'il allait tenir la campagne avec un goum de cavaliers. J'aurais désiré le suivre, non pour me battre contre les Français, mais parce que, convaincu de leur succès, j'avais l'espoir de saisir un moment favorable pour fuir et pour reprendre avec eux la route de Bône ou d'Alger. Après leur défaite, qui m'étonna et qui me fut bien sensible, je me félicitai d'être resté à la tribu. Pendant l'absence d'Ibrahim, un Arabe un peu influent eut l'air de vouloir me maltraiter; grâce à ma conversion, j'avais heureusement trouvé dans la tribu une aimable protectrice qui me mit à l'abri de toute mauvaise action.

Après la victoire si complète qui venait d'être remportée sur les Français, le retour du maître fut célébré par une grande démonstration de joie. Pendant quelque temps, je devins l'objet d'une certaine surveillance; mais, simulant l'Arabe, j'eus l'air de prendre une part si sympathique à la réjouissance générale, tout en nourrissant l'espoir de m'enfuir, que la confiance reparut. Elle revint même si bien qu'après le succès de la seconde expédition. en 1837, et malgré la consternation qu'il répandit dans tout le pays, on me croyait si complètement converti que le chef me permit de l'accompagner à Constantine, pour lui servir d'interprète et peut être aussi pour montrer aux siens le nouveau converti. Une fois en ville, je fus bien heureux de revoir le drapeau français, ainsi que mon ancien uniforme, et d'entendre ma langue d'adoption; oubliant bien vite le serment qu'on m'avait arraché; mon baptême; le couscoussou et les yeux noirs étincelants de quelques Bédouines, je fus me dénoncer au général Ruillère qui, après un interrogatoire en règle, m'autorisa à quitter Constantine et à partir pour Bône, sous escorte, avec la colonne du duc de Nemours.

Tel est le récit émouvant que j'ai recueilli de la bouche de Schmit ; j'ai cru devoir passer quelques événements qu'il m'a paru trop difficile de reproduire : le lecteur comprendra ma retenue, surtout quand je lui aurai dit que Schmit était un beau converti : il avait une barbe blonde bien soignée, le front haut, le nez bien fait, des yeux bleus, une figure douce et sympathique, le tout rehaussé par le costume arabe, et le turban noir en poils de chameau, qui contrastait si bien avec la couleur blonde de ses sourcils et de sa barbe.

AVENTURE GALANTE FAISANT SUITE A L'HISTOIRE DU PRISONNIER

Comme Schmit possédait une certaine instruction et qu'il avait une assez jolie plume, je l'employai bientôt, soit à des travaux de copie, soit à la tenue de mes registres médicaux.

Il paraît que ce garçon était destiné aux aventures ; car il me raconta quelque temps après un curieux épisode, dont je ne veux pas priver le lecteur.

Toutefois, je préfère laisser de nouveau la parole au héros de cette histoire. Voici dans quels termes il débuta :

« En exécutant la besogne que vous m'aviez confiée, l'idée me vint d'acquérir quelques notions médicales. Je savais combien les indigènes de Constantine aiment à consulter les *Tebibs* français (médecins) et quelle confiance ils ont en eux. Je pensai que, si je parvenais à apprendre quelques formules pour les cas les plus simples et les plus ordinaires, cela pourrait me servir à l'occasion. En effet, dans ce pays d'escarmouches incessantes et de fréquentes surprises, il faut être constamment sur le qui-vive et avoir sans cesse un œil ouvert pour protéger le sommeil de l'autre. Je ne pouvais oublier d'ailleurs ma première capture et je me disais que, si les hasards de la guerre me remettaient entre les mains des Arabes, je pourrais tirer un bon parti de mes modestes connaissances. Je profitai donc de mes instants de loisir pour feuilleter les bouquins que vous laissiez à ma disposition et pour copier un certain nombre de formules usuelles.

L'occasion se présenta bientôt d'utiliser mes petites notions de thérapeutique. Mais elle fut heureusement beaucoup plus agréable que celle que j'avais prévue. Les fers qui m'attendaient n'étaient pas lourds à porter.

Un beau jour, en rentrant à Constantine, après une expédition où j'avais fait quelques pansements sur deux ou trois Arabes, l'un d'eux apprit à Sidi B. Z. que j'avais fait une habile application de mes connaissances chirurgicales sur lui-même et ses camarades. Peu de temps après, Ben. Z., me rencontrant dans la rue, me demanda si je voulais voir son fils et lui donner mes soins pour une tumeur au cou, d'origine un peu ancienne, qui grossissait et qui gênait beaucoup la mastication. Après examen, je me dis que décidément la chance m'était fidèle, car le cas ne me sembla pas embarrassant, ayant vérifié sur moi-même les moyens que le major avait employés, pour faire résoudre une tumeur plus ancienne et plus grosse. A ma sortie de l'hôpital, le major m'avait fait donner un pot de pommade pour m'en servir, si cela devenait nécessaire. Plein de la confiance dont Ben. Z. m'honorait, j'entrepris la cure qui consistait tout simplement à faire des frictions, matin et soir, sur ladite tumeur. Le père assista aux premières visites. Mais les frictions devant être faites, deux fois par jour et par moi seulement, il ne voulut pas se déranger aussi souvent ; il ne pouvait quitter ainsi le caouatjy, ni interrompre les causeries animées et intéressantes qui accompagnent, dans ces établissements, la prise du café et les vapeurs de la nicotine orientale.

Il m'abandonna donc son malade, fort content de le voir déjà un peu mieux. Son absence fut bientôt remplacée d'abord par une, puis par deux et quatre femmes mauresques, dont deux jeunes et fort jolies, avec lesquelles, parlant passablement l'arabe, je fis peu à peu connaissance.

Un jour qu'il faisait horriblement chaud, je causais avec le petit sérail dans un endroit très frais de la Cour d'honneur ; une des matrones m'adressa à brûle-pourpoint cette question indiscrète et bien inattendue : « As-tu une femme ? »

Interloqué par un pareil coup de pistolet, je répondis carrément non. Il faut dire, pour l'édification des lecteurs, que les femmes arabes ne peuvent se figurer qu'un homme puisse vivre sans en posséder au moins une. Aussitôt après ma réponse négative, la matrone me demanda par un signe si je voulais l'une des jeunes filles qui était à ses côtés, et la plus jolie. Dire ce que j'éprouvai à cet instant serait impossible. Il n'y a pas de langue capable d'exprimer le moment d'extase, où le cœur, plein d'une espérance qui touche à une réalité si imprévue, se gonfle de bonheur, comprime tous les organes qui l'entourent et paralyse leur fonctionnement. Je tombai dans un état de saisissement indescriptible ; il me semblait voir tous les êtres, toutes les étoiles du firmament se détacher et défiler devant moi pour m'adresser leurs félicitations et chanter mes louanges. Il est vrai que j'étais jeune, sous l'influence d'un soleil ardent, d'un climat aimé de Mahomet et de ses disciples ; la matrone, que j'appelle ainsi à cause de son âge, s'étant aperçue de mon émotion, se contenta de me donner les avertissements suivants :

« Demain, à telle heure, tu te trouveras chez toi et à la porte de ta maison ; une jeune négresse passera devant toi sans te regarder, mais en faisant tel signe. Quelques instants après, il en passera une seconde qui s'arrêtera au bout de la rue ; enfin, une troisième passera, en te faisant signe de la laisser entrer, elle sera suivie de près, par une autre femme, mise de la même manière, c'est-à-dire complètement emmaillotée dans sa couba bleue et rayée de blanc.

Tout se passa suivant le programme indiqué. La femme qui entra chez moi était, comme on le devine, la belle Fatima ; pendant tout le temps qu'elle m'honora de sa visite, la négresse resta couchée en travers de la porte d'entrée, tandis que les deux autres négresses faisaient faction aux deux extrémités de la rue.

Quelque temps après, le maître de la maison donna une fête, dite fête des hommes, où tout l'état-major fut invité. Cette réunion fut très belle ; rien n'y manqua. Table surchargée de melebes, c'est-à-dire de pâtisseries de tout genre, etc., etc., et pour rendre la digestion agréable, des jongleurs, des almées, des chanteurs, etc. La fête se continua bien avant dans la nuit et se renouvela pendant cinq jours consécutifs. Mais excepté les Bayadères, pas une femme de la maison ou du dehors n'y parut.

Après la fête des hommes vint celle des femmes. Sitôt que celle-ci commença, Fatima m'invita à y assister. Je m'en défendis très fort, mais l'invitation et le désir furent exprimés d'un ton si impératif, qu'il me fut impossible de résister. J'appris, d'ailleurs, par les autres femmes de la maison, qui s'étaient associées à cette invitation avec les mêmes instances que le maître de la maison n'assistait et ne pouvait assister à cette fête qui, pour les femmes, ne dure que trois jours au lieu de cinq, comme celle des hommes. Le maître doit sortir à midi et ne rentrer à la maison que le soir fort tard, à 10 heures, pas une minute plus tôt. Comme la cour, les chambres et les galeries sont encombrées par les nombreuses invitées, si le maître de la maison rentre avant l'heure on le fait glisser derrière les colonnes de la cour, jusqu'à la porte de sa chambre à coucher. Les femmes forment une haie épaisse qui l'empêche de voir le milieu de la cour et les personnes qui l'occupent.

Voici les instructions qui me furent données pour choisir le moment où il me serait permis d'entrer dans cet Eldorado féminin.

On sait que les maisons mauresques n'ont pas de fenêtres donnant sur l'extérieur ; elles présentent seulement un enfoncement orné d'un divan, faisant saillie sur la rue, et percé de deux petites ouvertures ou plutôt de deux petits judas, pareils à ceux des rideaux des salles de spectacle, par lesquels les ballerines de la coulisse envoient, avec les doigts, des signaux convenus à leurs correspondants de la salle ; ces judas permettent aux femmes de voir, sans être vues, ce qui se passe au dehors. Une des femmes me dit de traverser la rue à telle heure, qu'elle serait dans la chambre et qu'elle me ferait signe avec les doigts si je pouvais frapper à la porte. Trois doigts passés, à travers le judas, voudraient dire de continuer mon chemin, et deux seulement, que je pouvais frapper. On voit que nos sémillantes odalisques terpsichoriennes de l'Opéra n'ont rien inventé.

Les trois doigts parurent les premiers, immobiles et bien alignés ; et le temps qui s'écoula avant leur remplacement par deux seulement, me parut fort long. Enfin, le moment si impatiemment attendu arriva, et les deux doigts tant désirés, s'agitèrent gaîment. On aurait dit deux papillons faisant assaut d'agilité et d'allégresse. A peine eus-je frappé à la porte qu'elle s'ouvrit et je me trouvai en face de la belle Fatima. Mais, après un salut gracieux, sa figure prit aussitôt une expression sévère ; puis, me repoussant avec violence, elle me dit qu'elle ne voulait ni me recevoir, ni me présenter à ses invitées dans une pareille tenue. Elle m'intima l'ordre d'aller mettre ma grande tenue officielle. Il fallut obéir. Mais mon uniforme étant mesquin et sans broderie, je courus chez un sous-aide, le priant de me prêter le sien. Une heure après, j'étais de retour, et les deux doigts qui m'attendaient se livrèrent, à ma vue, à des évolutions joyeuses. La porte s'ouvrit sans que j'eusse besoin de m'annoncer. A peine entré sous le porche, la belle Fatima, et cinq de ses compagnes, m'introduisirent dans la cour au milieu de laquelle brillait un beau fauteuil doré ; le siège était en damas rouge et un coussin de même étoffe était étendu à ses. pieds. Dès que j'y fus assis par ordre de la maîtresse du logis, des *you-lou-lou* joyeux partirent de la galerie et remplirent toute la cour de leurs frais retentissements; ils furent bientôt suivis d'éclats de rire de la part des jeunes femmes qui décoraient la galerie et dont les regards étaient fixés et dirigés sur moi comme de vraies mitrailleuses. Il faut convenir que les invitées avaient été bien choisies. Je n'y voyais que de jeunes et jolies Mauresques.

En face et sous la galerie était accroupi, sur un beau tapis, l'orchestre, composé de sept ou huit négresses, avec leurs tams-tams et leurs petites cymbales en cuivre. Plus près, devant moi, un magnifique tapis était destiné aux danseuses richement costumées, qui portaient sur la figure et les mains des traces trop évidentes de henné et de kohcul. Toutes, étaient ma foi, fort belles. La vue d'un pareil spectacle si singulier et si oriental, et l'aspiration de cette atmosphère saturée de parfums à l'essence de rose, de jasmin surtout, m'avaient plongé dans un état psychologique indescriptible. Un sectateur de l'Islam aurait vu et supporté peut-être de sang froid, sinon avec indifférence, ce déploiement de jeunes houris à la plupart desquelles Mahomet aurait ouvert largement les portes de ses paradis. Mais pour un roumi nouvellement islamisé, la scène était trop originale et trop émouvante pour que mes sens n'en fussent profondément ébranlés. En voici une preuve : pendant que mes regards se promenaient au hasard sur l'ensemble du tableau que présentait la la galerie et que la galerie y répondait en lançant gracieusement les siens sur le nouveau venu, la belle Fatima s'approcha de moi et me demanda, à brûle-pourpoint, laquelle des jeunes femmes que j'apercevais était la plus jolie. Moi, en véritable étourneau, je lui en désignai une qui était véritablement fort bien. Au même instant, je reçus, prompt comme l'éclair, ou comme une étincelle électrique, le plus beau et le plus éclatant soufflet que visage humain ait jamais subi, et les éclats de rire et les joyeux *you lou lou* de toute la galerie y répondirent. Je m'aperçus bien vite que je venais de faire une sottise qu'il fallait s'empresser de réparer. Saisissant aussitôt la jolie main de Fatima qui m'avait si brusquement frappé, j'y déposai un baiser de reconnaissance, en l'assurant qu'elle était la plus aimable, et la plus belle de toutes et je lui demandai un pardon qu'elle m'accorda gracieusement. La paix faite et acclamée par les éternels *you lou lou* de la galerie, sur un ton excessivement aigu, la belle Fatima se leva ; et, d'une voix accentuée, elle s'écria : « Maintenant tu es ici le maître et le sultan de la fête. » Cela dit, elle s'accroupit à mes pieds, et la fête commença.

Les artistes, après avoir fait semblant de mettre d'accord leurs instruments bruyants, mais originaux, commencèrent leur tapage, accompagné de chants nasillards qui avaient l'air de sortir plutôt du nez des négresses que de leur horrible bouche. Bientôt une jeune Bayadère, dans un costume fort élégant, étincelant d'or et de pierreries plus ou moins vraies, s'approcha de nous ; et, après un salut fort gracieux à l'adresse du sultan et de la maîtresse du logis, elle s'arrêta au milieu du tapis destiné aux danseuses, sur lequel, les pieds immobiles, elle exécuta les évolutions du torse

7.

qui caractérisent leur danse. Ces exercices, ne dépassant pas les limites des convenances, et n'ayant rien d'exagéré dans les poses, furent très gracieux, et méritèrent à l'artiste, qui l'était réellement dans son genre, de justes applaudissements et des *you lou lou* éclatants.

Après cette danse, il y eut une légère pose pendant laquelle on fit passer des rafraîchissements et des gâteaux aux confitures parfumées à la rose, dont les Arabes sont très friands. On me permit de me promener quelques instants dans la cour, ce que je fis avec grand plaisir ; car la position assise, bien que le siège fût très moëlleux, commençait à devenir un peu fatigante. Pendant que je me promenais, tous les yeux de la galerie et d'en bas étaient braqués sur ma personne ; quant à moi, le souvenir du soufflet, dont l'empreinte était à peine effacée, me rendait excessivement réservé. Cependant, malgré que mes regards n'osassent s'arrêter sur aucun point (il y en avait de si intéressants) ils retenaient assez, quoique en glissant, l'empreinte de ces images séduisantes, pour en garder un agréable souvenir. J'aurais bien voulu monter à la galerie où l'on entendait rire, à grands éclats, les spectatrices, dont les jeux étaient souvent interrompus par des you-loulou retentissants. Mais je n'osai le demander à ma jolie cerbère qui m'observait et qui, gardant le souvenir de la scène du soufflet, ne me le proposa pas. On voit que, malgré que je fusse le sultan honoraire de la fête, je n'étais pas moins l'esclave de mon aimable Fatima. Mais quel esclavage !... Et combien auraient été heureux de le partager avec moi et d'être rivés à la chaîne de cet Eldorado, dont les chaînons étaient assez nombreux et assez attrayants pour retenir d'autres victimes !...

Un coup de tam-tam donna le signal du 2ᵉ acte ou de la deuxième partie de la fête. Chacun reprit sa place ; l'orchestre que les rafraîchissements et les melebbes avaient réconforté, débuta par un air dont la mesure rapide fit pressentir des danses d'un caractère accentué. Ce fut le tour d'une négresse, belle femme, ma foi, bien faite, fort élégamment costumée et solidement plantée sur ses hanches, la figure d'un noir de bronze antique et dont les traits, n'ayant de sa race que la couleur, se rapprochaient bien plus de la race caucassienne. Dans la tenue d'Ève, elle aurait figuré une vraie statue de bronze, qui aurait pu rivaliser avec les plus beaux types de Canova et de Pradier.

Une fois sur le tapis et après le salut d'usage que la belle Almée fit à l'assistance, en agitant les deux foulards de couleur qu'elle tenait à chaque main, la danse commença ; les évolutions et les contorsions chorégraphiques, d'une souplesse remarquable, auxquelles elle se livra, étaient réellement pleines de grâce et captivèrent singulièrement l'assistance ; aussi des you-loulou frénétiques retentirent fréquemment sur toute la ligne à l'adresse de la gracieuse alméc. J'ai vu pendant mon séjour en Afrique bien des danseuses mauresques ; mais jamais aucune n'avait exécuté des évolutions aussi correctes, et, disons-le, aussi convenables. Après cette intéressante almée, il y eut une nouvelle pose d'un quart d'heure pendant laquelle on fit passer des rafraîchissements ; puis la musique reprit son allure et trois femmes, trois almées mauresques, se *plantèrent* sur le tapis. A la suite d'un salut, fait un peu cavalièrement, elles commencèrent ensemble une danse d'abord très modérée; puis la musique pressant peu à peu la mesure et les évolutions chorégraphiques suivant ce crescendo progressif, elles arrivèrent à des mouvements si désordonnés et si rapides, alternativement sautants et tournants, qu'on apercevait la sueur inonder leur visage. Ces femmes, qui de gracieuses almées qu'elles étaient au début, ressemblaient, pendant ces ébats effrénés, à de hideuses bacchantes, me firent peine à voir. Je demandai, mais inutilement, qu'on fît cesser cette danse macabre et vertigineuse. Rien n'y fit. Les danseuses ne voulant faire le sacrifice ni d'un temps ni d'une période de leur course désordonnée, continuèrent jusqu'à ce que l'une d'elles, ne pouvant plus maîtriser ses vertiges, tomba comme une masse sur le tapis. L'orchestre avec son allure encore endiablée et enivrante voulait continuer ; mais la maîtresse de la maison, sur mes instances, lui imposa silence.

Au moment où cette scène finissait, on entendit frapper violemment à la porte ; un frisson enveloppa aussitôt tout mon corps, on le comprendra facilement. Mais, au premier coup de marteau, toutes les femmes se rendirent au vestibule et s'y massèrent, de manière à former instantément un rempart impénétrable et infranchissable à la vue la plus subtile. Un colloque s'engagea entre le maître de la maison, car c'était bien lui, et les femmes, pendant ce temps je tremblais sur mon fauteuil et attendais avec impatience la fin de ce colloque, qui, heureusement, ne se prolongea pas longtemps. La porte se referma brusquement et les femmes reprirent joyeusement leurs places. Fatima, comprenant mes angoisses, s'empressa de venir me rassurer ; elle me permit même de me promener dans la cour, mais, cette fois, avec défense de monter aux galeries. Voici ce qui était arrivé : sidi B. rentrait pour venir chercher sa blague à tabac qu'il avait oubliée ; les femmes l'obligèrent à rester dans le vestibule, en attendant qu'on allât la lui chercher; obligeamment il se laissa faire, sans chercher à franchir les limites qui lui étaient imposées. Cette visite ayant jeté un certain trouble dans la fête, le calme fut un peu long à se rétablir. Les réflexions que j'entendais témoignaient que toute l'assistance avait été plus ou moins impressionnée à cause de l'intrus qui trônait sur le fauteuil, et des conséquences qui auraient pu survenir, si j'avais été aperçu.

Après cet incident, un temps de repos fut accordé à tout le monde, et j'éprouvai, moi surtout, le besoin de respirer l'air naturel et de m'éloigner quelques instants de cette atmosphère saturée de parfums de tous genres. J'eus quelques difficultés à en obtenir la permission ; mais après des instances réitérées, on me donna une heure et demie de congé, en me recommandant de suivre, pour ma rentrée, les mêmes prescriptions. Avant de quitter la maison, on ajouta qu'en rentrant, je trouverais mon dîner tout préparé. C'en était trop. J'aurais voulu recouvrer entièrement ma liberté. Car, après les secousses morales et si émouvantes, que j'avais ressenties depuis plus de quatre heures j'éprouvais le besoin de me recueillir et de rentrer dans la vie normale. Mais je comptais sans les exigences, d'ailleurs très aimables, de Fatima et surtout sans les surprises qui m'attendaient encore. La belle Fatima, sachant peut-être que les roumis français sont, en général, les esclaves de leurs femmes, tandis qu'ici c'est le contraire, puisque que les femmes le sont de leur sultan, voulut prendre un instant sa revanche, en m'imposant sa volonté formelle de me faire revenir dîner et passer la soirée chez elle, le vrai sultan n'étant attendu qu'à 10 heures.

Pendant le peu de temps qui m'avait été accordé, je ressemblais à un collégien en vacances ; j'allais, je venais et je courais les rues et ruelles de la ville, sans me soucier de ce que je faisais ni d'où j'allais, tant mon *sensus commune*, comme disent les savants, laissait peu de place à tout autre sensation que celles que je venais d'éprouver.

On comprendra facilement que l'heure de liberté, qui m'avait été donnée, me parut bien vite passée, non que je fusse pressé de rentrer, mais à cause de l'état psychologique, si excusable, où je me trouvais. Toutefois, l'exactitude étant la vertu des rois et la règle des amoureux, je frappai à la porte à l'heure convenue ; elle s'ouvrit aussitôt ; et, en arrivant, dans la cour de la maison que j'avais quittée si bruyante, je fus frappé du silence qui y régnait. J'en demandai l'explication et j'appris que toutes les invitées étaient parties, excepté quelques intimes et trois artistes jouant du tamtam. Le fauteuil présidentiel avait quitté sa place d'honneur et avait été transporté dans une chambre voisine, où l'on me fit entrer et attendre, seul, quelques instants.

Bientôt une négresse esclave vint placer une table arabe très basse, sur laquelle une autre négresse déposa un plat de couscoussou, dont l'odeur réveilla mon appétit; au milieu de ce mets national, un poulet faisait bonne contenance. Le tout était entouré de cinq ou six plats de pâtisserie; il n'y avait que de l'eau simple pour boisson. Afin de me laisser dîner à mon aise et à l'abri de toute distraction, on me laissa seul pendant le repas ; seulement une négresse se tint pendant tout le temps à une distance respectueuse. Le dîner fini, la belle Fatima entra, suivie d'une esclave portant le café, un superbe narguilé et une pipe à long tuyau. Fatima prit la pipe, l'alluma, y fuma quelques bouffées pour s'assurer qu'elle était bien allumée et me l'offrit. Le narguilé était pour elle ; elle me raconta que pendant que je dînais, toutes les autres invitées étaient parties et que nous étions seuls, avec le personnel ordinaire de la maison.

La pipe finie, je crus devoir prendre congé, en remerciant ma si aimable hôtesse. Mais, au premier mot, elle se leva, ferma la porte de la chambre et d'un ton semi aimable et semi impératif, mais plutôt impératif, elle me dit que j'étais son prisonnier et qu'elle voulait me garder jusqu'au lendemain. A cette injonction si inattendue et pourtant si flatteuse, si l'on veut, mes cheveux se hérissèrent, je ne vis devant moi que yatagans, pistolets, poignards, dont son vrai sultan était constamment armé. S'apercevant de ma crainte, elle chercha à me rassurer, ajoutant que je pouvais être aussi calme et aussi tranquille que chez moi ; elle ne me persuada qu'à demi. Cependant, trouvant l'aventure assez originale, je cédai ; et, à 10 heures moins un quart, elle me conduisit dans une autre chambre, au bout de laquelle se trouvait un lit placé sur une estrade, où on montait à l'aide d'un marchepied mobile : des rideaux de soie verte pendant du plafond et dépassant le lit formaient une cloison bien mince, mais suffisante pour mettre les tenants à l'abri de toute indiscrétion — non d'une surprise. — A peine couché et les rideaux baissés, j'entendis la porte de la chambre se fermer au verrou. Seul, dans un pareil gîte, au milieu du silence le plus absolu, je fus aussitôt assailli par de sérieuses pensées. Les unes me faisaient entrevoir le bonheur que Mahomet réserve à ses élus ; les autres me faisaient songer à la faculté que le prophète a donnée à ses disciples de se faire justice de tous les écarts commis par leurs femmes et leurs complices. J'entrevoyais bien les yeux de la belle Fatima, dont le scintillement, perçant les ténèbres comme une étincelle électrique, m'arrivait droit au cœur pour me rassurer. Mais je dois avouer que, malgré ma confiance dans ma protectrice, je ne pouvais m'empêcher de voir le miroitement et d'entendre le cliquetis du yatagan, des pistolets et des poignards dont le maître du logis ne se séparait jamais. Là, dans cette émouvante solitude, parmi les pensées qui bouillaient dans ma cervelle, il y en avait une qui pouvait être justifiée : je me rappelai avoir entendu dire que les bonnes fortunes du chrétien avec les indigènes avaient un double danger de mort. Aujourd'hui la femme seule, dit-on, peut risquer sa vie, mais seulement au cas de flagrant délit, dans la *maison conjugale ;* autrement, il paraît que le cas d'adultère ne constitue qu'une cause de divorce et de punition quelconque. Quel que fût mon cas, la perspective n'était pas couleur de rose ; j'avoue, à ma honte, que cette dernière sensation l'emportait ; aussi je pris le pistolet que j'avais avec moi et, le tenant à la main, j'attendis les événements.

Une demi-heure après environ, temps qui me parut bien long, j'entendis frapper d'une manière à ne me laisser aucun doute sur celui qui cognait si fort. C'était, évidemment, le maître de céans ; il était exact à l'heure qui lui donnait le droit de rentrer. J'entendis la porte s'ouvrir et se refermer aussitôt. Un instant après, qu'on juge de ma surprise ! la porte de ma chambre s'ouvrit à son tour et que vis-je ! au lieu de la compagne que j'espérais, ce fut le maître absolu, accompagné d'une de ses favorites, portant un flambeau, qu'elle posa sur une petite table. Sidi ben X. s'accroupit aussitôt sur un tapis moëlleux et attendit en silence, gardant sa ceinture armée ; son yatagan, seul, le gênant dans cette attitude, fut déposé à côté, mais à portée de sa main. On conviendra que c'est une singulière manie de ne jamais se séparer de ces engins offensifs qui semblent être toujours prêts à attaquer.

Profitant d'une petite fente que les rideaux laissaient entre eux, je ne le perdais pas un instant de vue ; pas un de ses gestes n'échappait à mes regards, pendant que ma main était prête à saisir le pistolet. Quelques instants après, on lui servit une collation composée de pâtisseries et de fruits ; puis, vint le café et la pipe, ou chibouc, qu'une négresse lui apporta toute allumée. Une de ses femmes lui tint compagnie, et causa avec lui jusqu'à ce que la pipe fût à sa fin ; à ce moment, le maître fit ses ablutions, et la négresse, munie d'un flambeau, l'accompagna à sa chambre à coucher, qui était à l'opposé de celle où j'étais si anxieusement blotti. La négresse revint aussitôt pour desservir la table et faire quelques arrangements dans la chambre ; puis la porte se referma au verrou. Une demi-heure après, elle se rouvrit et laissa passer cette fois la belle Fatima qui, dans un costume oriental très soigné et très élégant, venait me souhaiter une bonne nuit.

Le matin, je n'attendis pas que le soleil vînt de ses rayons dorés éclairer les rues pour sortir de cet eldorado, où j'avais été si *orientalement* hébergé ; les étoiles scintillaient encore au firmament, et le moëzzin n'avait pas encore chanté matines du haut des minarets, quand la porte s'ouvrit, silencieusement, et se referma de même sur moi, mais non sans que j'eusse échangé un cordial adieu avec l'aimable Fatima.

A peine rentré chez moi, je me jetai sur mon lit, espérant y trouver le calme qui me faisait si grand défaut depuis douze heures. Le corps seul put y puiser le délassement dont il avait tant besoin ; mais mon esprit était trop ému des événements qui venaient de se passer, ou mieux du rêve que je venais de faire, pour qu'il me fût possible de prendre un instant de repos, et de mettre un peu d'ordre dans mes idées. Les incidents dont je venais d'être le témoin, et un peu aussi l'acteur, s'étaient accomplis avec une telle rapidité ; ils me paraissaient si enchevêtrés, qu'il m'était impossible d'en suivre la succession. Il y avait une si grande distance entre la vie prosaïque dans laquelle je rentrais et celle des vingt-quatre heures que je venais de passer d'une manière si inattendue et dans un milieu si orientalisé et si impressionnant pour un jeune et simple roumi, qu'il me semblait sortir d'un rêve ou d'un palais féerique des *Mille et une nuits*.

CHAPITRE III

EXPÉDITION DES HARACTADS

Vestiges de la civilisation romaine.— Curieux défilé d'une caravane. — Réflexions. — Digression sur Constantine. — Rôles d'Alger, de Constantine et d'Oran dans l'avenir.

L'expédition des Haractads eut uniquement pour but d'assurer le prélèvement des impôts et de promener notre drapeau dans une contrée guerroyante, dont les indigènes n'avaient jamais obéi aux Turcs et s'étaient toujours dérobés à leur influence. Elle eût été une simple et agréable promenade, sans la chaleur et le simoun qui nous gratifièrent trop souvent de leurs brûlantes bouffées. N'importe, n'étant pas préoccupé par l'ennemi qui fuyait à notre approche, chacun put se livrer aux réflexions que faisaient naître le paysage, et surtout les ruines romaines qui jonchent le sol de cette contrée et qui rappellent tant de souvenirs. On trouvera ces réflexions à l'article sur le *Caractère des Arabes*.

En arrivant au milieu de cette vaste contrée, nous la trouvâmes complètement déserte; seuls, les cactus, qui entouraient et protégeaient les gourbis, faisaient la garde et nous présentaient leurs profils épineux et agressifs. Toute la population avait été effrayée par le bruit qui s'était répandu que, si elle nous attendait, elle serait impitoyablement égorgée; hommes, femmes et enfants avaient fui à notre approche et complètement disparu, sans laisser la moindre trace de la direction qu'ils avaient prise. Sous l'influence de cette horrible perspective, ils avaient abandonné à la hâte leurs gourbis, pour chercher un refuge dans le fond de quelque ravin, où ils espéraient se mettre à l'abri de notre cruauté.

Deux jours se passèrent sans apercevoir ni bêtes, ni gens, ni personne qui pût nous donner quelques renseignements; cette plaine immense, où règnaient le calme et la solitude, avait un aspect très imposant et donnait à nos pensées, qui mesuraient cet espace vide et sans limites, un caractère d'un sérieux solennel. Enfin un Arabe, poussé par le simoun ou plutôt par l'appât d'un petit *boudjou* (il y a des traîtres partout) vint dénoncer le ravin où toute la population flottante s'était réfugiée.

Le lendemain, nous partîmes de bonne heure, et à midi, arrivés à la distance de 4 kilomètres environ de la montagne Jebel-el-Coussa, nous commençâmes à apercevoir une masse humaine grouillant dans une gorge étroite et tortueuse. Un instant après, le général fit halte et envoya l'interprète avec quelques cavaliers arabes, annoncer notre arrivée et assurer au chef de l'émigration que non seulement il ne leur serait fait aucun mal, mais encore qu'on venait avec de bienveillantes intentions à leur égard. Le chef eut quelque peine à croire à de si généreuses promesses et hésita quelque temps à quitter les siens pour se rendre à l'appel du général. Lorsqu'il s'y fut enfin décidé, le général continua la route avec une faible escorte, dont je faisais partie ; il s'arrêta à 500 mètres environ du groupe que nous apercevions au loin, et attendit. Le chef, de son côté, approchait lentement, mais fièrement, et paraissait résigné, comme tout bon musulman, à subir devant la force, au nom d'Allah, toutes les conditions du vainqueur, même celle que les Turcs, s'ils avaient été à notre place, n'auraient pas manqué de lui réserver. L'interprète s'empressa de lui donner l'assurance que le général n'exigeait que sa soumission et le payement d'un impôt médiocre ; il ajouta que, sitôt les formalités remplies et le traité signé, tout le monde pourrait rejoindre ses pénates, sans qu'aucun dommage fût fait ni aux hommes, ni aux femmes, ni même aux animaux.

Enfin, le chef arriva, accompagné de trois ou quatre Arabes ; c'était un beau vieillard bien vêtu, avec une barbe blanche ondulant jusqu'à la poitrine et une de ces têtes vénérables comme on n'en rencontre que chez les orientaux. Dès qu'il fut parvenu auprès du général, il descendit majestueusement de cheval ; puis, se prosternant, il prit le pied du général et le baisa, en faisant force salamalecs. Le général, touché de ce témoignage de respect et de soumission, mit à son tour pied à terre, et, saisissant la main du vénérable chef, il lui fit dire de se tranquilliser, et de retourner au milieu des siens, pour leur donner la même assurance de paix ; quant à lui, général, il voulait rester au pays, pour attendre qu'ils eussent obéi, en reprenant la direction de leur tribu. Deux heures après, l'interprète vint annoncer que le lendemain matin toute la population se mettrait en marche de bonne heure. Nous étions tous curieux de voir ce défilé. Mais le général donna l'ordre le plus formel à tout le monde, officiers et soldats, de ne faire aucune démonstration qui pût troubler la marche du convoi.

CURIEUX DÉFILÉ D'UNE CARAVANE

Vers 6 heures du matin, quelques coups de fusil retentirent du côté de cette Smala, annonçant le moment de son départ ; et une heure après, nous commençâmes à assister à un spectacle très original et excessivement pittoresque, nous rappelant une des scènes des grandes émigrations qui eurent lieu en Egypte, au temps des Pharaons.

Nous vîmes arriver d'abord un peloton de cavaliers, le fusil appuyé sur le pommeau de la selle, comme prêts à faire feu ; immédiatement après, un autre peloton d'Arabes, à pied, les suivait avec les oriflammes multicolores et la musique ; puis des chameaux, avec des palanquins, portant les femmes et de nombreux enfants ; puis, enfin, des troupeaux de bœufs chargés du mobilier : couvertures, matelas, meubles, etc., tout cela marchant en ordre, à la file les uns des autres. Ce défilé commença à 7 heures du matin, et ne finit qu'à 3 heures. Il était flanqué à droite et à gauche, et d'un bout à l'autre, de cavaliers armés, destinés à protéger le convoi, comme s'ils avaient été en pays ennemi. L'aspect en était des plus pittoresques, comme je l'ai déjà dit, par la variété des couleurs des palanquins et des oriflammes, miroitant sous les rayons du soleil.

Toute cette masse s'arrêta à 300 mètres de notre camp. Personne n'alla les voir que le général qui, ayant reçu la visite des chefs, voulut la leur rendre avec son état-major : il m'engagea, en ma qualité de médecin, à l'accompagner.

Durant cette visite, l'interprète m'ayant présenté comme le *tebib*, médecin du général, je fus prié de la part du chef de venir voir quelques malades, hommes et femmes. J'eus ainsi l'occasion de jeter un coup d'œil sur leur mode de campement, et d'admirer la facilité et la rapidité avec lesquelles ils dressent leurs tentes.

Pendant ma tournée médicale, j'examinai une vingtaine de malades atteints de maladies légères, telles que des bronchites, des affections cutanées surtout et des maux d'yeux ; je pus ainsi constater combien la constitution de ces habitants est robuste. Cette contrée, très fertile, surtout en céréales, est dépourvue de marais, et a de l'eau en suffisante quantité ; elle est coupée par des montagnes peu élevées qui, en y établissant des courants d'air salutaires, rendent ce pays très salubre ; c'est ce qui explique la bonne constitution des indigènes.

Il y avait un parc spécial pour les chameaux, un autre pour les bœufs, un troisième pour les chevaux et un quatrième pour les moutons. Les hommes et les femmes étaient placés au centre, protégés par des sentinelles postées à la périphérie du campement. Ma visite fut longue, car l'interprète, M. Rousseau, la fit durer, afin que je pusse satisfaire ma curiosité et faire le plus d'observations possibles.

Lorsque nous nous retirâmes, deux Arabes nous suivirent, pour venir prendre à l'ambulance les quelques médicaments que j'avais prescrits. Inutile de parler des remercîments que je reçus de la part du chef. Tout le monde sait la confiance dont les médecins jouissent auprès de la population indigène.

Cette smala, bigarrée, composée de plusieurs Douërs, resta campée un jour et demi ; puis, le matin, au lever du soleil, quelques coups de fusil annoncèrent la levée des tentes ; bientôt la musique discordante et criarde du tam-tam et des fifres, accompagnée par les you-lou-lou des femmes, signala le moment du départ. Les Arabes ne négligèrent rien pour témoigner au général leur allégresse d'avoir été si bien et si généreusement traités ; ils déployèrent tous leurs oriflammes et continuèrent leur musique, qui est si peu harmonieuse dans un appartement, mais qui, dans cet espace ensoleillé, produisait un effet très pittoresque.

Parvenues à une certaine distance, les différentes tribus dont se composait la smala se séparèrent en se dispersant dans la plaine, chacune allant de son côté planter sa tente et retrouver ses gourbis. Cette dispersion dans cette plaine vide et inondée par le soleil, rappelait la fuite des Hébreux et leurs excursions dans le désert, où Moïse les retint pendant une période de quarante années.

8

La nouvelle de la clémence du général s'étant propagée, les Douërs, peu éloignés, vinrent insensiblement faire leur soumission et apporter le tribut qui leur avait été demandé. Nous restâmes quatre jours à ce bivouac qui m'a laissé de si pittoresques et si intéressants souvenirs.

A notre retour au camp, nous vîmes arriver un groupe d'Arabes conduisant un troupeau de moutons et quatre beaux chevaux que le général donna au gouvernement; ils apportaient également une grande quantité de paille et d'orge.

Le cheïk d'une tribu hostile, qui était venu assez près du camp pour parler au général, fut retenu prisonnier, jusqu'à ce qu'il eût à son tour payé l'impôt. Il répondit bravement qu'il était bien disposé à le payer directement aux Français; mais qu'il aimerait mieux se faire couper la tête que de remettre un boudjou entre les mains du Caïd-Ali qui l'avait razzié plusieurs fois très injustement et qui lui demandait toujours plus qu'il ne devait.

Nous apprîmes là un fait assez curieux.

Une des tribus les plus importantes, la tribu de Grium, s'étant toujours exonérée du payement de l'impôt, avait constamment repoussé, par la force, les Turcs qui venaient le prélever. Une fois, il prit envie au Bey Achmet, agacé de cette résistance, d'aller lui-même, avec un goum imposant, sommer cette tribu d'acquitter sa dette et de remplir ses devoirs de vassale. Les Grioumois, ayant appris les intentions menaçantes d'Achmet, se réfugièrent, avec tout leur matériel, sur une montagne complètement isolée et d'un accès très difficile, où les Turcs ne pouvaient arriver. Le Bey, ayant constaté la difficulté d'y monter, et n'osant affronter le danger d'un assaut, eut l'heureuse idée d'en faire le siège. Ayant appris que la montagne n'avait pas de fontaine et que hommes et bêtes étaient obligés de descendre pour faire leur approvisionnement d'eau, il mit des postes à chaque petit cours d'eau qui avoisinait la montagne. Le quatrième jour, le bétail ne pouvant plus supporter la soif, finit par briser ses entraves pour venir se désaltérer. On comprend facilement que bœufs, vaches, chameaux, moutons, etc., furent aussitôt happés par les plantons de l'armée du Bey. On prétend que par ce moyen ingénieux et fort original, Achmet fit une capture très importante en bétail; mais les hommes, qui avaient fait une grande provision d'eau, supportèrent pendant plusieurs jours encore les effets du siège et forcèrent ainsi Achmet à le lever et à se retirer.

RÉFLEXIONS

Nous nous promenions depuis dix jours dans les contrées qui limitent au sud-ouest la province de Constantine et la colonne expéditionnaire avait déjà sillonné la plaine des Ouled-Amar, de Temclouka et de Merzouk-Khaal. Pendant cette marche paisible et imposante au milieu d'un pays si longtemps ignoré des Européens, nous avions eu le temps de visiter les ruines de plusieurs cités que le peuple-roi y avait élevées ; ruines nombreuses, qui restent comme les témoins irrécusables de son ancienne splendeur. Nous avions parcouru les nombreux contours du Bou-Merzouk et exploré ses sources légèrement thermales, où l'eau bouillonne, comprimée sous la pierre provenant d'un établissement construit par les Romains. Trois lieues plus loin, nos regards se reposèrent agréablement sur le marabout de Sidi-Habessï, remarquable par sa position pittoresque et plus encore par le séjour que le *Bey Achmet* y fit durant dix-huit jours, après la chute de son empire et la prise de sa capitale, sur laquelle pendant douze longues années il avait fait peser son redoutable despotisme.

En continuant, dans le sud-est, par une gorge étroite et rocailleuse, nous arrivâmes sur un plateau couvert des décombres de l'ancienne Buduxis, ville jadis célèbre par la correspondance de son évêque Gellius avec saint Augustin, sur les dogmes de l'Église. Six lieues plus loin, après avoir franchi le Jbel-el-Coussa (montagne de la Cuisse), nous nous trouvâmes en face de la vieille Sigus, la rivale et toujours cependant la tributaire de l'orgueilleuse Cirta. L'esprit de progrès et de perfection dans les arts de cette époque reculée se traduit majestueusement par l'architecture d'un temple aux vingt colonnes en marbre numide, chancelant sur des piédestaux cannelés et ornés de belles inscriptions, qui ont résisté aux ravages des siècles et à ceux de conquérants plus destructeurs encore. Nous en admirâmes les caractères qui, par leur fraîcheur, semblent appartenir aux temps les plus modernes.

Nous campâmes deux jours dans la belle vallée de Mersouk-Khaal et nous visitâmes les ruines de Tiffech qui, placée sur le versant sud-est d'une montagne, domine en souveraine l'immense plaine s'étendant jusqu'à la frontière de Tunis. Notre esprit, que tant de cités déchues transportaient au temps des grandeurs de Rome, s'impressionna fortement en face de ces ruines ; nous rêvions devant ces debris silencieux et si bien conservés des vainqueurs du monde. Calculant la puissance qu'il avait fallu pour vaincre la solidité de ces murailles, notre pensée s'arrêtait aux efforts qu'elles avaient dû opposer aux éléments destructeurs. Le silence qui régnait autour de nous ajoutait encore à notre émotion. L'ombre de ces grandes cités nous rappelait le temps où elles avaient existé et le rôle qu'elles avaient joué dans les destinées du monde. Quelles populations nombreuses ! Quelle puissance et quelle force de vie maintenant éteintes !... Nous comparions ces constructions grandioses et immobiles des temps anciens avec les habitations flottantes et fragiles des temps actuels. Entre ces deux conditions de l'espèce humaine, la distance est si incommensurable que la pensée ose à peine en rapprocher les limites. L'existence de l'homme compte si peu de jours, sa vie est si agitée, si fugitive, ses moyens sont si bornés, que l'on ne sait comment combler l'abîme infini qui sépare en effet l'Arabe, espèce d'homme primitif, de l'homme de la cité reine, qui a porté si loin son génie guerrier et colonisateur. Il en est de l'observateur, en ce cas, comme de l'astronome qui, voulant s'assurer de la position d'une étoile, est effrayé par l'immensité de l'espace qui se

8.

présente à ses regards. De même, celui qui contemple ces ruines voudrait pouvoir limiter sa pensée, afin de mieux saisir tous les souvenirs qui se rattachent au cercle borné qu'il s'est tracé.

Quand l'archéologue a décrit avec beaucoup de soin tous les objets qu'il a pu trouver en fouillant le sol, ou les débris d'un ancien édifice, il croit avoir assez fait; mais, pour l'homme qui ressent en philosophe les émotions que font naître et le présent et le passé, combien lui paraît étroit ce cercle matériel!... comme les descriptions en sont mesquines, à côté de l'infini où la pensée aime à pénétrer et à se perdre! Que me fait à moi de savoir qu'une ville a été construite par un tel, que ses temples possédaient des colonnades d'ordre corinthien, ionique ou autre! Ce que je voudrais apprendre et ce que personne ne peut me dire, c'est l'idée qui a présidé à sa construction, ce que le fondateur s'est proposé dans l'élévation de tous ces monuments, et pourquoi il existe un peuple, spectateur de tant de merveilles, qui n'a pu ou qui n'a jamais voulu en tirer aucun profit, pour ajouter à son bien-être, en nourrissant le désir de se relever de l'état d'abjection et de barbarie où il est plongé.

Lorsque l'Arabe, constant dans les principes que ses pères lui ont transmis, a résisté à l'influence victorieuse du peuple-roi qui lui a offert tant de moyens de se rapprocher d'une vie plus stable et plus régulière; quand cet Arabe a passé sans émotion pendant plus de mille ans devant ces créations imposantes de l'homme; quand il a pu rester indifférent à tout ce que les Romains ont fait et exécuté devant lui et qu'aucune idée de stabilité n'a germé dans son esprit, en face de ces preuves irrécusables de ce que peuvent faire de grand et de beau les hommes réunis en société, ne doit-on pas désespérer de l'amélioration de cette race qui sacrifie tout à son égoïsme habituel et à la manie de son indépendance individuelle? Comment se fait-il, d'ailleurs, que les lumières aient cessé d'éclairer de si belles contrées et qu'aucun homme remarquable ne se soit montré depuis tant de siècles sur cette terre si féconde jadis en illustrations?

Sans doute, il en est de la civilisation comme de la propagation des grandes vérités : sa marche est lente; elle a besoin pour franchir les obstacles, que lui opposent l'ignorance, la barbarie et le despotisme, des longues périodes de temps, sans lesquelles elle ne peut rien accomplir; cependant, si peu actif que soit le mouvement, il existe. L'histoire nous apprend que l'esprit de perfection ne périt jamais entièrement et que toujours il marche en avant, soit qu'il attaque de front les masses vacillantes, soit qu'il les instruise peu à peu, pour mieux assurer le succès de son œuvre, soit qu'il se borne à miner sourdement les bases de l'édifice qu'il veut renverser ; quand celui-ci tombe enfin, il entraîne dans sa chute les erreurs et les mauvais principes, ces fausses divinités dont le culte est si dangereux et si funeste aux progrès de l'état social. Et cependant, à ne juger les Arabes que par les actes de leur vie collective, que penser de leur caractère et de leurs mœurs? Se conçoit-il qu'ils aient pu rester si complètement indifférents à l'influence que ces ruines de la puissance romaine devaient exercer sur leur esprit? Et n'est-ce pas une autre merveille que la vie de ce peuple qui, depuis plus de deux mille ans, dresse sa tente au milieu de tant d'illustres souvenirs, sans avoir avancé d'un pas dans les voies du bien-être humain, et sans avoir marqué les progrès du temps par une seule invention utile à sa constitution? Méritent-ils le nom d'hommes ces nomades dont les idées n'ont pu être ébranlées par la secousse des siècles et que n'ont point animés le spectacle imposant du temple de Sigus, ou de l'arc de triomphe de Jmila et l'aspect du superbe amphithéâtre de Keft? Est-ce un peuple que celui qui fonde sa force principale sur l'excès de son ignorance et qui professe la foi d'un fatalisme absolu? Est-ce un peuple que celui qui ne sait rien constituer, ni rien opposer à l'action destructive des éléments? Je le demande: devant tant de preuves d'une résistance barbare à tout développement intellectuel, peut-on espérer qu'on apportera un changement appréciable à cette situation, sous un rapport quelconque? L'effort, à notre avis, nous semble excéder l'omnipotence humaine.

Nous ne pouvons en appeler pour cela qu'à la haute influence de la religion; car si jamais, et malheureusement le temps nous en semble bien éloigné, la bannière de la victoire peut planer glorieuse et paisible sur ce pays, la religion seule pourra heureusement terminer l'œuvre de la conquête. Par la persuasion, la douce tolérance, et jamais par la force, elle déploiera tous ses moyens pour ramener les indigènes à notre loi et elle opérerera ainsi une réforme morale, sans laquelle la possession du pays sera toujours insuffisante et incomplète, je n'ose dire impossible (1).

Mais, pour faire de la propagande religieuse, il est nécessaire, ce nous semble, de témoigner par des démonstrations qu'on a foi dans sa religion et qu'on la regarde comme bien supérieure à celle du peuple qu'on veut convertir. Si, comme nous le pensons, de pareilles conditions sont indispensables pour remplacer une religion par une autre, il faut convenir que les Français de notre époque sont bien peu propres à accomplir une pareille mission. Comment faire croire aux Arabes que la religion du Christ, que nous traitons sous leurs yeux avec tant d'indifférence, est supérieure à celle de Mahomet, dont les Arabes sont si fanatiques?... Quoi qu'il en soit, la France qui s'est imposé si glorieusement cette tâche doit l'accomplissement de sa noble mission aux exigences de l'humanité entière. Aussi bien, le gouvernement paraît l'avoir compris. Déjà partout, notre armée trace des routes et des voies ferrées, pour faciliter les communications, et les appareils de la guerre sont remplacés par les instrument plus pacifiques de la colonisation. Puissions-nous ainsi nous assurer à jamais un pays qui recèle tant d'éléments de prospérité et auquel nos arts promettent une si éclatante résurrection?

Je suis heureux de citer à ce sujet la lettre que le cardinal de Lavigerie a écrite à M. Dauphin, directeur de l'Œuvre des écoles en Orient : elle montre comment

1. Je crains bien que ce ne soit même là une utopie qui ne peut laisser, quels que soient les efforts et les moyens employés, qu'un bien faible espoir. La lettre du cardinal de Lavigerie que nous reproduisons ici en est une preuve irrécusable.

il entend l'action religieuse en Algérie et en Tunisie.

« Je déclare donc, dit le cardinal, que je considérerais comme un crime ou comme une folie de surexciter, par des actes d'un prosélytisme imprudent, le fanatisme de nos populations musulmanes; comme un crime, parce que j'ajouterais ainsi une difficulté nouvelle à toutes celles dont la France doit triompher en ce moment; comme une folie, parce qu'au lieu d'atteindre le but, nous l'éloignerions peut-être à jamais. J'ajoute que les règles que j'ai tracées à cet égard aux prêtres de la Tunisie sont suivies fidèlement.

« En matière aussi grave, aucun d'eux ne s'exposerait à me désobéir.

« Voilà plus de trente années que j'étudie, d'abord comme directeur de cette œuvre, et aussi comme évêque, ce grand problème religieux et social du mahométisme; et ces études m'ont conduit, m'ont amené à cette conviction que le prosélytisme personnel et la prédication ordinaire sont impuissants et même nuisibles à la transformation des races de l'Afrique du nord: La vraie, la seule prédication efficace, c'est l'action des événements qui changent lentement la situation politique de ces contrées.

« Sans le savoir, sans le vouloir même, nos gouvernants, nos soldats sont les vrais agents de cette mission nouvelle. *Ils sont la force, et la force pour les musulmans, c'est Dieu même.* »

Tout en nous retirant pacifiquement, nous traversâmes quelques Douërs qui avaient déjà payé leur tribut.

Leur aspect était triste et simulait une grande misère; le brave général Galbois, en voyant les tentes en poil de chameau si usées, leur intérieur si misérablement garni et les habitants couverts de guenilles, en eut pitié et me dit : « Cher docteur, ces braves gens ont payé leur tribut ; mais à les voir ainsi installés, j'ai presque regret de l'avoir accepté. Je serais plus disposé à leur faire la charité qu'à leur demander de l'argent. » Je lui répondis : « Cela est possible, mon général, mais il faut se méfier de l'Arabe, qui, sous des dehors très misérables, cache souvent des trésors connus de lui seul; car l'avarice est son principal défaut. »

Après avoir séjourné deux jours devant ces ruines, nous reprimes la route de Constantine, en suivant une autre direction.

En résumé, cette expédition qu'on craignait être si difficile, ne fut, grâce au caractère conciliant du général, qu'une agréable promenade militaire. Quelques Arabes d'une grande tribu voisine vinrent se plaindre au général des intermédiaires employés pour prélever l'impôt: ils aimaient mieux le remettre directement entre nos mains que de le donner à l'aga, au Caïd-Aly ou au hakem. Ils nous assurèrent que jamais ces hauts fonctionnaires ne remettaient ce qu'ils avaient prélevé et que la part qu'ils se faisaient était toujours supérieure à celle qu'ils rapportaient au gouvernement.

DIGRESSION SUR L'ORIGINE DE CONSTANTINE

Une chose digne de remarque, c'est que des nombreuses et importantes ruines qu'on rencontre dans la province de la Numidie, une seule ait été constamment réédifiée et habitée par les indigènes : c'est Constantine. Cette réflexion nous frappa et nous conduisit à faire, sur l'origine de cette ville des recherches dont on va lire le résultat.

L'origine de Constantine, comme celle de toutes les grandes villes de l'antiquité, est environnée d'épaisses ténèbres; elle remonte problablement aux temps les plus reculés. L'histoire n'en fait pas mention avant l'époque où, prenant le nom de Cirta, elle devint la capitale de la Numidie et la demeure des rois Juba, Syphax et Massinissa. Elle fut le siège d'une colonie romaine importante, connue sous le nom des Sitiens, parce que ceux qui la fondèrent avaient servi pour la plus grande partie, sous les ordres de P. Sitius, d'où lui était venu aussi le nom de Sitiana. Plus tard, César l'occupa et y fit faire de grands travaux; elle ajouta alors à ses noms celui de Julia. Enfin, Constantin l'ayant réédifiée, elle prit le nom de Constantine, le seul qu'elle porte aujourd'hui. C'est sous ce nom que saint Augustin parle de l'ancienne Cirta dans ses ouvrages. On le retrouve consacré dans les actes de la conférence et dans les canons du concile tenu à Carthage en 397, où se trouvaient réunis 410 évêques ; ce concile continua en 411, et le nombre des évêques qui y prirent part fut de 565, dont 286 évêques catholiques et 279 évêques donatistes (1).

1. Une chose singulière et qui vient à l'appui des réflexions qui précèdent, c'est que Constantine n'ait conservé dans son intérieur aucun de ses anciens monuments, pas même les ruines de ceux que

Tout le monde sait que c'est à Cirta que Jugurtha tua Adherbal, fils de Micipsa. Un autre fait moins connu et qui ne mérite pas moins d'être rapporté aurait eu pour théâtre la même ville. Après avoir été vaincu par Scipion en Espagne, Asdrubal avait passé en Afrique pour solliciter les secours de Syphax, premier roi de Numidie. Mais Scipion, qui voulait le prévenir, s'y rendit aussi de son côté. Tous deux se rencontrèrent à la cour du monarque africain Syphax, qui les reçut l'un et l'autre avec une égale bienveillance ; il les fit asseoir à la même table ; et la nuit, les deux illustres généraux couchèrent sur le même lit, le seul, dit-on, que le roi pouvait leur offrir.

Constantine posséda de bonne heure un évêque, dont il est question dans la légende épiscopale d'Afrique, sous le nom de Tiriensis Episcopus. Petilien Donatien, contre lequel a écrit saint Augustin, occupa ce siège pendant quinze ans.

Au nombre des épithètes fastueuses que rechercha l'orgueil de l'empereur Justinien, figurait celle de fondateur de Constantine. Il est juste de dire qu'il s'occupa beaucoup de l'embellissement de la ville ; il l'avait dotée, entre autres monuments utiles, d'un superbe aqueduc, dont il reste de belles ruines sur le Rummel, qui, à cette époque, servait à transporter l'eau à Constantine, en passant par le Coudiat-Aty.

les Romains ont dû y construire. Cela vient sans doute de ce que les Arabes ayant fait de cette ville leur résidence principale, ils y ont tout détruit et n'ont voulu y laisser aucun souvenir des *roumis*. Si l'aqueduc sur le Rummel et le pont d'El-Cantara font exception, c'est probablement parce qu'ils ont résisté aux moyens destructeurs.

Quelques historiens du pays, sur la foi d'un ouvrage attribué au sultan Fandil, ont écrit que Constantine avait eu pour premier fondateur un aventurier, grec de naissance, qui, s'étant rendu maître du pays et voulant y perpétuer sa domination, aurait bâti la ville, en lui donnant pour assiette une île de rochers escarpés que leur élévation et la largeur des vallées environnantes contribuaient doublement à rendre inexpugnable. D'après les mêmes auteurs, la ville aurait existé longtemps avant l'arrivée des Romains; ceux-ci l'auraient seulement fortifiée avec un art infini, afin que les abords en devinssent absolument impossibles à tout ennemi qui aurait eu le dessin de s'en emparer. Ils avaient pour ce motif, fait de cette ville leur principal établissement dans la province. D'autres savants du pays ont prétendu que, dans le principe, la ville portait le nom de Kessar-Tina, ce qui en turc, veut dire château-fort; qu'à ce nom avait été substitué celui de Constantine, par ce que la désinence était la même et qu'il fallait complaire à un sultan ou à une sultane qui régnait dans ces temps éloignés. Selon une dernière version, ce nom viendrait d'un empereur romain dont la fille était ainsi nommée et qui par amour pour elle aurait voulu éterniser sa mémoire, en attachant son nom à la ville dont la conquête occupait alors toutes les bouches de la renommée. Mais ces diverses opinions sont plus divergentes dans la forme qu'elles ne sont opposées au fond. Il faut faire la part de la manière tout orientale de s'exprimer des écrivains. A ce point de vue, il ne paraîtrait pas invraisemblable que la fille du sultan, auquel on a entendu faire allusion, ne fût autre que la ville de Constantine et que le sultan dont il est question ne fût l'empereur Constantin lui-même. Personne n'ignore d'abord qu'en arabe le mot de sultan signifie roi, empereur puissant. Ce que l'on pourrait presque affirmer, c'est que Constantine n'a point été fondée par les Romains ; pour qui connaît l'aversion des Arabes envers tout ce qui leur est venu du peuple-roi, rien ne doit paraître mieux établi. N'est-il pas étonnant que, pendant que tant d'autres cités ne témoignent plus leur existence que par des amas de pierres abandonnées et éparses, la vieille Cirta semble défier par sa fierté, toute musulmane, les débris de l'ancienne puissance que la religion du Christ, sa rivale, y avait élevée ? N'est-ce pas là un indice presque certain de l'origine de la ville de Constantine ; et les Arabes l'auraient-ils préférée entre tant d'autres, si elle n'eût été l'œuvre de leur création ? Pourquoi n'auraient-ils pas fait choix de Tiffech et de Sigus, villes jadis aussi importantes que Cirta et situées dans un pays non moins beau et bien autrement fertile ? Mais ils n'auraient trouvé là que des traces de l'ancienne puissance romaine, et ils auraient craint de se souiller par un contact qu'ils considéraient comme impur. D'une fidélité désespérante à leurs idées d'immobilité morale, ils n'ont rien voulu recevoir du peuple vainqueur : ni les mœurs, ni les usages, ni les arts, ni la civilisation, ni les villes, ni les monuments. On pourrait dire de Constantine, par les transformations qu'elles a subies et qui sont attestées par quelques ruines, que cette ville a servi de champ de bataille à la lutte qui dure depuis des siècles entre l'esprit d'ignorance et l'esprit de lumière, entre la barbarie et la civilisation. Cette lutte, qui semblait terminée en faveur des enfants de l'Islam, vient de recommencer par l'intervention de la France en Afrique. Et cette fois, du moins il faut l'espérer, le triomphe paraît devoir profiter à la noble cause de l'humanité et du progrès. Honneur et gloire donc à notre pays qui a de nouveau engagé ce combat, dont les résultats sont étroitement liés à l'émancipation intellectuelle !...

Il ne suffisait pas que la France eût fait disparaître de la terre conquise la piraterie et les indignes forbans qui infestaient la Méditerranée. Une plus vaste et plus importante mission lui était réservée et son accomplissement sera une des plus grandes gloires de notre époque : c'est celle de la régénération de l'Afrique, cette terre classique de nos croisades religieuses. Gloire et honneur à la généreuse nation qui de tout temps a été le soutien des droits humanitaires et la protectrice des religions. Ils sont tombés ces remparts derrière lesquels s'abritaient les dernières espérances du fanatisme ; ils sont tombés pour ne se relever jamais. Planté après des efforts inouïs et scellé par le sang de nos braves sur le haut des minarets de la vieille Cirta, le drapeau tricolore planera sur toutes ces peuplades, comme un symbole de paix, de justice, de protection et de liberté.

ROLES D'ALGER, DE CONSTANTINE ET D'ORAN,
DANS L'AVENIR.

Alger et Constantine sont les deux centres principaux d'où jailliront les rayons de lumière que le peuple vainqueur voudra propager dans le pays et ces deux villes joueront chacune le rôle, que leur position géographique et topographique semble leur avoir départi. Alger restera sans aucun doute la capitale de notre établissement. Sa position au bord de la mer et sa proximité des côtes de France lui garantissent cet avantage sur toutes les autres villes de l'Algérie. Comme son nom l'indique, elle sera toujours la ville forte, la ville guerrière : c'est celle qui conservera le dépôt des magasins militaires ; ce sera de ses murs que partiront les armes de toute sorte et les munitions de toute nature qui devront être expédiées à nos soldats, soit pour attaquer, soit pour se défendre.

Constantine, au contraire, placée au milieu des terres et entourée d'une population plus sociable et plus instruite que celle des autres provinces, deviendra probablement ce qu'elle était jadis, la ville des sciences, des arts et de la religion. C'est là, à n'en pas douter, que devront se débattre les hautes questions d'intérêt commun, qui auront pour but la fusion des deux peuples sous la même législation, si cette fusion devient jamais possible; et, à mesure que la France dotera l'Algérie de nouvelles institutions, que le progrès aura rendues nécessaires, c'est à Constantine qu'elles devront d'abord être mises à exécution ; car cette ville, à cause de l'influence immense qu'elle a exercée de tout temps sur les populations les plus éloignées, ne peut manquer de devenir le centre principal de la conquête morale des indigènes, par l'influence de nos institutions.

Quant à la province d'Oran, nous pensons, à cause de son voisinage du Maroc, qu'elle sera pour la France ce que la Mauritanie césarienne fut sous la domination des Romains et des Vandales, c'est-à-dire la plus difficile à gouverner, et la dernière à se soumettre.

On sait que Micipsa, fils de Masinissa, ce chef intrépide, qui, par de continuelles aggressions contre Carthage, avait préparé le triomphe des Romains, continua l'œuvre de civilisation entreprise par son père. Sous son règne, Cirta s'enrichit de magnifiques édifices ; une colonie composée d'émigrants grecs et romains vint s'y établir et peu à peu les habitants se familiarisèrent avec les arts de l'Europe. Telles étaient à cette époque l'importance et la richesse de Cirta qu'au dire de Strabon elle pouvait mettre sur pied dix mille cavaliers et un nombre double de fantassins. Les trente années que Micipsa passa sur le trône furent très favorable à la prospérité du royaume de Numidie. L'agriculture, surtout, y prit un développement extraordinaire ; en outre, plusieurs autres industries y furent cultivées avec succès. La littérature de la Grèce et de l'Italie y trouva d'habiles interprètes. Malheureusement, cette grande prospérité disparut avec Micipsa. Mais les connaisances acquises et si répandues, relativement aux arts et surtout à l'agriculture, ne peuvent disparaître complètement d'un jour à l'autre ; le temps secondé par la dépravation intellectuelle pourrait seul conduire à ce résultat déplorable et encore, pour peu que le peuple vive en société, il est bien rare que la tradition, même en s'altérant de génération en génération, ne conserve pas quelque souvenir du passé. C'est donc en cultivant et en appliquant ses connaissances d'agronomie pratique, que la province de Constantine a conservé un semblant de civilisation et une production agricole bien supérieure à celle des autres provinces et que ses habitants seront probablement plus accessibles aux éléments civilisateurs que nous leur apportons.

CHAPITRE IV

LA FEMME ARABE

Les visites. — Les bains. — Le mariage. — Cérémonie de la circoncision. — Sacrifices horoscopiques. — Jeune derviche de Milah.

Lors de la discussion qui eut lieu au Sénat, sur l'Algérie, en 1866, on s'entretint beaucoup des mœurs arabes et des réformes salutaires, au point de vue de la prospérité de notre colonie, que le sénatus-consulte pourrait y introduire. Comme un des changements les plus favorables, plusieurs honorables sénateurs émirent l'opinion que la polygamie même, ce fleuron si attrayant de la vie, que Mahomet a si adroitement glissé dans son code, devrait disparaître des mœurs des indigènes. Un seul sénateur se montra rebelle à cette proposition ; et il faut convenir que c'est celui de tous, peut-être, qui était le mieux renseigné. C'était le général de la Rue, dont tout le monde connaissait d'ailleurs l'esprit fin et observateur.

L'honorable général, répondant à ses collègues, leur dit : « qu'il ne croyait pas possible de faire renoncer les Arabes à une habitude si enracinée chez eux ; qu'il leur est trop agréable de pouvoir remplacer, de par Mahomet, leur femme légitime, quand elle est vieille, par une et même par deux plus jeunes. Ne pourrait-on pas supposer que si la religion, en France, tolérait de pareilles licences, quelques membres respectables de la Chambre haute ne voulussent aussi goûter de ce fruit défendu, et imiter, de temps en temps, les usages d'Islam ?... » Cette séance me rappelle celle qui eut lieu en 1831, dans le même sanctuaire, sur la loi du divorce, laquelle, comme on sait, ayant été adoptée par la Chambre plus jeune, fut repoussée par son aînée. A ce propos, un des nobles pairs venu à Alger, à qui j'en parlais, en déjeunant chez le général de Feuchères, me dit naïvement : « Mais nous ne sommes plus assez jeunes, mon cher docteur, pour nous associer à une loi si subversive de nos mœurs. » Et pourtant celui qui me parlait... Mais silence, respect aux morts !

Pour qui connaît les Arabes, et les a un peu fréquentés, ce changement ne semble pas possible. Est-ce que les chefs auxquels le Coran est le plus familier, les marabouts, les hadji ou pèlerins, le mufti, le cadi, etc., tous, ministres de la religion ou de l'administration civile, ne donnent pas l'exemple ! Une conversion générale serait donc nécessaire ; mais, pour faire passer un peuple de sa religion à une autre, il faut au moins, je le répète, et c'est la moindre condition, que le peuple qui veut convertir témoigne, par des actes apparents et sensibles, qu'il a en sa religion plus de foi que celui qu'il veut ramener à lui n'en a dans la sienne. Or, voici ce que nous disait un groupe d'Arabes et de Maures, à propos des efforts que faisait Mgr Dupuch, l'ancien évêque d'Alger, pour opérer quelques conversions : « Vous voulez nous convertir ? Comment et pourquoi ? Quelle preuve nous donnez-vous que votre religion est meilleure que la nôtre ? Est-ce que vous y croyez et la pratiquez-vous comme nous ? Est-ce que vous descendez trois fois par jour de votre cheval, comme nous du nôtre, ou comme l'Arabe de son chameau, lorsque la voix si mélancolique et si harmonieuse du moëzin nous rappelle l'heure de la prière ? Comparez donc la manière dont les Musulmans se tiennent aux mosquées pendant les offices, avec la façon si peu édifiante dont vous entendez les vôtres ?... » La conversation en resta là, et je compris, en effet, que la raison n'était pas de mon côté.

Mais revenons à la polygamie ; on verra, par le léger aperçu que je vais en donner, combien cet usage est implanté chez les Arabes, et combien il sera impossible de l'abolir, tant qu'ils n'auront pas changé de religion. Ce que je vais raconter est extrait de notes prises pendant que j'étais à Constantine, de 1837 à 1839. Malgré le temps écoulé, je ne pense pas que les choses aient changé depuis.

Durant mon long séjour en Afrique, j'ai cherché à étudier autant que possible, le caractère et les mœurs des indigènes. Mais ceux qui ont été à même d'observer les populations vivant sous l'influence de la religion de Mahomet, connaissent les difficultés sans nombre qui se dressent devant l'observateur le plus intrépide, lorsque celui-ci cherche à jeter un regard indiscret sur la partie féminine de cette société. Certes, si quelques hommes peuvent quelquefois trouver accès dans l'intérieur du sanctuaire, où les plus proches parents ne peuvent pénétrer, ce sont les médecins auxquels les Arabes accordent parfois une grande confiance. Pendant que j'étais à Alger, à l'époque du choléra surtout, je fus appelé bien souvent pour donner des soins à des Mauresques ; mais toujours, avant d'entrer dans la maison, on avait soin de faire cacher toutes les autres femmes ; de sorte que je ne me trouvais jamais en rapport qu'avec la malade, son mari et une esclave négresse ; dès que mon ministère devenait inutile, la porte de la maison m'était fermée, comme si jamais je n'y fusse entré. Malgré mes efforts, je n'ai jamais pu porter plus loin mes observations dans cette ancienne capitale de la piraterie.

Constantine m'a donné plus de facilités. Secondé par le général Galbois et le hakem, Si Hamouda, j'organisai, peu de temps après la prise de cette ville, un dispensaire et un cabinet de consultations pour les indigènes. Les soins heureux que je donnai à l'enfant d'une des premières familles de la ville, atteint de nécrose de l'humérus, me valut une telle confiance, que bientôt j'eus accès dans un bon nombre de maisons, où les femmes, habituées peu à peu à me voir, me recevaient au milieu d'elles, même en l'absence des hommes. Tout ce que je vais dire sur cet être vraiment curieux de la société arabe, je l'ai donc puisé à Constantine, où les habitants moins fanatiques et plus confiants que ceux d'Alger, me permettaient l'entrée de leurs maisons, tant qu'il y avait quelque malade nécessitant ma présence.

Pour étudier la femme arabe, il faut la prendre dans une position un peu aisée de la société; car, chez l'Arabe de la montagne, elle est trop près de l'état primitif pour servir à dépeindre les habitudes qu'on lui trouve dans l'intérieur des maisons de la ville, les seules qui ont réellement de l'intérêt pour l'Européen.

Lorsqu'on met pour la première fois le pied dans une maison mauresque et qu'on apporte avec soi cette idée de respect, de considération et surtout les égards qu'on a en France pour cette classe qui fait le plus bel ornement social des nations civilisées, on se demande quel rôle joue la femme au milieu de cette population si extraordinairement organisée par rapport à la nôtre.

Avant l'Islamisme, l'Arabe pouvait prendre autant de femmes légitimes qu'il pouvait en entretenir, autant de concubines et d'esclaves qu'il lui plaisait. Mahomet a régularisé et limité le nombre de femmes que le Mahométan a le droit marital de prendre. Mais, comme il a laissé la faculté et la facilité de la répudiation, il en résulte que le mari peut avoir successivement dix et même vingt femmes légitimes. Toute femme capturée, musulmane ou non, devient un *colis*, une *marchandise*, dont le détenteur dispose à son gré. Elle passe au harem à l'état de concubine et ne peut devenir l'épouse du maître ou sultan qu'après avoir été affranchie.

Dans un ménage un peu aisé de Constantine, il y a au moins deux ou trois femmes, et souvent au delà, dont une vraiment légitime, tandis que les autres ne sont que des annexées que l'Arabe peut répudier à volonté en donnant, toutefois, des raisons plausibles au kaïd-el-dar (maire) de leur renvoi. Ce chef garde la direction et l'administration de ces femmes, jusqu'à ce qu'elles trouvent un nouvel emploi.

Généralement, la femme arabe a si peu la conscience de ce qu'elle est, que dans l'intérieur d'un ménage elle se considère comme un meuble, aussi nécessaire à l'homme que ceux qui lui servent à satisfaire d'autres besoins. Elle ne se doute nullement du pouvoir que son influence morale pourrait avoir sur les hommes, et ceux-ci, protégés par la religion, font leurs efforts pour la maintenir dans cet état d'abrutissement.

Toute la partie fatigante du ménage lui est réservée. Aussi, la voit-on du matin au soir, sans cesse occupée à veiller aux soins des enfants, s'il y en a, et à préparer tout ce qui peut contribuer à augmenter le *farniente* des hommes, dont la paresse est telle qu'ils se croiraient déshonorés, s'ils s'associaient à ces travaux d'intérieur. Si l'Arabe rentre peu satisfait de lui ou des affaires qu'il vient de conclure avec ses voisins, c'est la femme qui est obligée de supporter ses impatiences. A ce sujet, combien de maris, en France même, et ailleurs, ne sont-ils pas aussi Arabes !

Les femmes d'Alger, quelle que soit leur condition (quelques filles publiques exceptées), ne sortent que pour aller au bain, ou pour prier sur le tombeau d'un parent. A Constantine, les femmes sortent plus souvent, et il en est peu, excepté celles qui appartiennent aux hommes haut placés, qui ne rendent de fréquentes visites à leurs amies. Aussi, ai-je pu être étonné en retournant à Constantine, après la prise de cette ville, de rencontrer, à chaque heure du jour, une foule de femmes qui allaient et venaient dans les rues, avec un costume d'un aspect fort original. A Alger, les femmes au dehors se couvrent d'un haïk ordinairement très fin qui tombe en flottant de la tête aux pieds : ce costume ne peut être mieux comparé qu'à celui d'une vierge entièrement voilée. A Constantine, le costume est moins fin et plus originalement disposé : le haïk ou kouba représente une grosse et grande couverture placée en plein sur la tête ; ce vêtement n'est pas gracieux, mais les extrémités sont relevées avec beaucoup d'adresse, et croisées sur la tête, de manière que celle du côté gauche retombe à droite, et celle de droite à gauche. Cet énorme paquet donnant à la tête une largeur bien plus grande que le reste du corps, et les formes allant en diminuant jusqu'aux pieds, font ressembler les femmes à autant de momies vivantes bien empaquetées. Rien de plus original qu'un groupe de femmes ainsi accoutrées. Quelquefois ce gros haïk est remplacé par une pièce de toile bleue rayée de blanc qui ne change rien à l'aspect dont nous venons de parler.

Le bord de ce haïk s'abaissant jusqu'à la paupière supérieure, tandis qu'un voile blanc, ordinairement en gaze, couvre le visage jusqu'à la paupière inférieure, il en résulte que la femme ne laisse juste que l'intervalle nécessaire pour voir et se guider, et que cet intervalle n'est jamais assez grand pour qu'on puisse la reconnaître à ses yeux.

Cette manière de se mettre ou mieux le déguisement est très favorable, comme nous le verrons bientôt, aux femmes qui veulent en abuser.

Nous avons dit qu'à Constantine, les femmes se rendent de fréquentes visites; j'en ai vu venir plus de huit dans une maison où j'avais été voir un malade. L'accueil que les visiteuses reçoivent est très affectueux. A leur apparition, toute la maison est sur pied; et, quand elles se sont informées de la santé de tous les parents, tout en s'entre-baisant les mains, les épaules, etc., elles s'accroupissent sur des tapis dont la beauté est en rapport avec l'état social du maître du logis. A peine assises, elles recommencent deux ou trois fois à s'informer des santés de leurs parents et entament ensuite la conversation, sur les objets qui excitent leurs nombreux et futiles caprices. Les robes, les bijoux, le kouskous, etc., alimentent d'abord leur caquetage. Viennent ensuite les nouvelles de la ville, que quelques-unes racontent toujours avec un sérieux caractère de vérité, que d'autres commentent avec plus ou moins d'esprit, et que d'autres enfin, critiquent et commentent à leur tour. Si l'esprit ne préside pas toujours à ces conférences cancanières, le verbiage n'y fait pas défaut car il est impossible de débiter, dans un temps donné, plus de paroles dont la volubilité de langage n'attend pas toujours son tour d'inscription.

Si, pendant la conversation, on frappe à la porte, tout à coup le calme se fait et le plus grand silence règne dans toute l'assemblée. Si c'est une femme qui entre, tout le monde se lève pour la recevoir; et, après les compliments d'usage, elle prend place sur le tapis et paye à son tour sa bienvenue, en racontant des histoires ou en débitant des nouvelles. De ces relations fréquentes, il résulte qu'une classe des femmes de Constantine sait tout ce qui se passe en ville. J'ai été étonné d'apprendre quelquefois, par elles, des nouvelles et des projets concernant la population indigène, ou d'autres personnes, plusieurs jours avant qu'on en eût connaissance en ville.

Les visites, qui ne durent jamais moins d'une demi-heure, et qui se prolongent souvent plus de deux heures, se font de préférence de midi à 4 ou 5 heures.

Si on vient annoncer aux femmes que c'est un homme qui a frappé à la porte, il est très curieux de les voir se lever instantanément et se sauver d'un air aussi effaré que des brebis à l'apparition d'un caniche. Celles de la maison trouvent vite à se cacher; mais les visiteuses, qui ne sont pas bien au courant de la disposition des chambres, ne peuvent, dans leur confusion, rencontrer une porte ouverte, et se dérobent aux yeux du visiteur en se mettant derrière les colonnes de la cour; ou bien, si elles ont eu le temps de monter, elles se traînent à quatre pattes derrière la balustrade de la galerie du premier étage, ou enfilent la première porte qui se présente devant elles.

J'ai beaucoup ri lorsque, assis au milieu d'un groupe de femmes, j'ai pu être témoin d'une scène pareille, surtout lorsque, cachées derrière le premier endroit venu, elles ne pouvaient se regarder sans pouffer de rire elles-mêmes; dans ce cas, elles me disaient qu'elles riaient de me voir seul au milieu de la cour, pendant qu'une vieille femme allait répondre à l'individu qui demandait quelque chose de la porte seulement; car les hommes ne se permettent jamais d'entrer plus avant que le vestibule ou *atrium*.

En ma qualité de médecin, il m'était d'autant plus facile de prolonger les séances avec les femmes que, du moment où elles savaient que j'étais un *tebib chamén* (savant), elles s'empressaient de me demander une consultation pour un mal réel, et, plus souvent encore, pour une maladie qu'elles craignaient. Très fréquemment, elles ne se contentent pas de demander des conseils pour leurs maladies; elles s'empressent d'aller chercher leurs enfants, pour savoir s'ils sont bien constitués et s'ils vivront longtemps; et, pour peu que vous vous prêtiez à leur désir, elles solliciteront un conseil pour les maux de leurs parents et de leurs amis; j'ai passé ainsi plusieurs heures dans la même maison, d'où je ne pouvais sortir qu'en promettant d'y retourner le lendemain. Il est inutile d'ajouter que, pour avoir de si nombreux clients, il faut faire la médecine comme au temps le plus primitif; car les Arabes, mâle et femelle, ne comprennent pas, il en était du moins ainsi à cette époque, la question d'honoraires.

La plupart des femmes à Constantine sont d'origne Arabe, par conséquent, fort laborieuses. Ce sont elles qui, dans les tribus, préparent la laine et la tissent pour faire des tapis, comme à la tribu des Haractads, ou pour fabriquer toutes les étoffes de laine dont les habitants font usage.

A Constantine, elles se livrent à la même industrie; il est difficile d'entrer dans une maison, sans trouver les femmes occupées, les unes à préparer les laines et les autres à la tisser.

Dans les bonnes maisons, les femmes ne travaillent que pour les besoins de leur famille. Les tissus qu'elles préparent sont les burnous, les haïks et les toiles très épaisses que les Arabes emploient à faire des sacs. Cette industrie, exploitée seulement par les femmes, fait vivre la moitié des Arabes, que la paresse conduit au caouadji, ou bien retient couchés nonchalamment sur des nattes. *Le farniente* de ces derniers est tel, comme j'ai eu déjà occasion de le dire, que j'ai vu des Arabes, ainsi couchés, déranger leurs femmes occupées à tisser, pour venir leur allumer la pipe.

Le métier qui sert à tisser est placé verticalement, au lieu de l'être horizontalement comme en France. Quatre montants grossièrement taillés et ajustés servent à soutenir les fils, et deux roseaux, auxquels sont fixés les ancres des petites cordes qui embrassent chaque fil de laine, servent à l'entrecroisement que doit former la trame. Pour faire cette dernière, on n'emploie pas la navette. Deux femmes, accroupies ordinairement derrière chaque métier, se partagent la besogne, et avec les mains seulement elles introduisent, entre les mailles ourdies, des bouts de fil en laine peu tordue, ayant au plus 60 centimètres de long, et joints ensuite au tissu avec un petit peigne en fer ; celui-ci est composé de douze lames réunies à une tige adaptée à un manche en bois. Cet instrument ne peut être mieux comparé qu'à un de nos râteaux.

D'après la disposition de cet appareil, on conçoit combien les tissus doivent être longs à fabriquer. Aussi, deux femmes mettent-elles ordinairement huit jours pour faire l'ouvrage, un bournous, par exemple, qu'un de nos ouvriers, avec un métier ordinaire ferait en deux jours.

Outre ces occupations, la femme est chargée des soins du ménage et des enfants, ce qui ne lui laisse que peu de moments de relâche. Aussi la voit-on continuellement en mouvement, pendant que son indolent mari est nonchalamment étendu sur ses coussins ou sur ses tapis.

LES BAINS

Comme dans toutes les villes mahométanes, le jour des bains est un jour de fête, dont les femmes profitent et qu'elles exploitent, pour faire ce qu'elles appellent les grandes visites. Les jours ordinaires, elles ne pourraient rester longtemps absentes de leurs maisons, sans réveiller la jalousie vigilante de leurs maris. Mais le jour des bains, sous prétexte de rester dans cet établissement, elles courent les rues, multiplient leurs visites ou les bornent à volonté. Il est convenu que la moitié de la journée leur appartient et qu'elles peuvent la dépenser entièrement à se *baigner*.

Si le jour des bains était le même pour toutes les femmes, et que l'établissement fût assez grand pour les contenir, les hommes pourraient exercer une surveillance facile, en ramenant celles qui courent les rues ; mais les jours étant partagés, et le même nombre de femmes circulant tous les jours en ville, il est impossible, sous l'uniformité des costumes, de les reconnaître. Celles qui, au lieu d'aller au bain, passent la journée à satisfaire quelques intrigues, ont bien soin de tout faire pour tromper la vigilance des personnes, souvent payées, pour les épier. Ainsi, les yeux qui peuvent les trahir, sont si bien recouverts et leurs paupières si bien peintes et déguisées qu'on les aperçoit à peine. Les bracelets qu'elles mettent au bas des jambes (redifs) sont enlevés avec le plus grand soin, ainsi que les différents bijoux qu'elles portent aux mains. Ces précautions sont d'autant plus nécessaires, que les hommes ne pouvant, sans encourir des punitions sévères, soulever le voile d'une femme, quelle qu'elle soit, pourraient facilement les reconnaître, aux insignes qu'elles portent journellement. J'ai vu bien des femmes m'avouer que lorsqu'elles sortent, elles craignent d'être reconnues beaucoup plus facilement par les pieds que par la tête. C'est pour cela qu'elles laissent toujours traîner leur haïk.

Voici ce qui me fut raconté par plusieurs habitants de Constantine, touchant l'origine de la défense particulière dont je viens de parler :

Le Bey Achmet, que nous avons dépossédé en 1837, menait la conduite d'un Sardanapale au petit pied; ses désirs, pour les femmes et pour les chevaux, étaient si ardents et si illimités, qu'il n'y a pas de crimes qu'il n'ait fait commettre pour les satisfaire. Ainsi, apprenait-il qu'un Arabe ou tout autre habitant avait une belle femme ou un beau cheval, il fallait, à tout prix, faire disparaître l'obstacle qui se dressait entre lui et l'objet convoité ; et, afin de rendre plus facile la satisfaction de ses nombreux caprices, il rendit une ordonnance qui défendait à tous les habitants de la ville sous peine d'une punition sévère, d'arêter dans les rues aucune femme, quelle qu'elle fût, même la leur. Il avait pour but de faciliter ainsi les allées et les venues des femmes, et de leur permettre de faire des visites quelquefois peu orthodoxes. Cette ordonnance, qui laissait une pareille licence aux femmes, blessa d'abord la partie masculine ; mais, connaissant la manière sommaire dont le Bey faisait rendre et exécuter sa *justice,* personne n'osa protester. Ce qu'il y eut de curieux, c'est que les hommes profitèrent bientôt eux-mêmes de cette liberté, et ils en abusèrent comme leur chef, en nouant, dénouant et renouant des intrigues inconnues jusqu'alors.

Il faut dire que les femmes vont aux bains pour se baigner et pour se faire épiler. Les matrones, chargées de cette opération délicate, cumulent cette fonction avec celle de courtières ; elles font une tournée préalable en ville pour faire des placements; et le jour des bains elles distribuent leur marchandise, selon le prix qu'elles ont reçu, avec l'adresse de celui qui a fait la commande. Cette première opération faite, chaque femme laisse au bain ses habits, ses bijoux, etc., s'affuble du costume dont je viens de parler et se rend à l'endroit convenu. Une fois la visite faite, elle retourne au bain, y reste quelques instants pour refaire sa toilette, et reprend ensuite la direction de son domicile.

C'est ainsi que le Bey et les principaux habitants de Constantine ouvraient leurs pavillons au plaisir et y donnaient facilement des audiences le jour des bains. Là, comme partout, il ne suffisait pas de vouloir, il fallait pouvoir ; or, comme le plaisir se paye toujours et cela, en raison de l'âge et de la limpidité de la source où on veut le puiser, il en résulte que, pour le pauvre, ce fruit, si séduisant, est le fruit défendu. C'est là probablement la raison principale qui protégea une ordonnance si attentatoire aux mœurs, mais si attrayante pour Achmet-Bey, ainsi que pour ses adeptes.

D'après tout ce que nous venons de dire, on voit que le costume des femmes se prête, on ne peut mieux, à voiler leur conduite ; et, puisqu'il est écrit que la femme de tous les pays est destinée à subir le joug des sentiments auxquels la vertu la mieux enracinée ne saurait quelquefois la soustraire, on doit au moins se féliciter que, dans un pays où les lois punissent si sévèrement celle qui a l'imprudence de s'y abandonner, la femme soit parée d'un costume, qui couvre d'un voile mystérieux des écarts entourés souvent de circonstances atténuantes.

Les femmes comptent si bien sur l'efficacité de leur déguisement que, malgré la punition sévère qui, à Constantine, est réservée aux femmes adultères, les intrigues y sont très-nombreuses et peu connues ; plusieurs habitants m'ont assuré que les exemples de femmes précipitées de la Roche Tarpéienne sur la cascade sont excessivement rares Ils ont ajouté que les maris, pour ne pas devenir la risée du public, se chargeaient eux-mêmes de la punition en renfermant leur femme dans une chambre obscure, où ils la laissaient fort longtemps. Quelquefois même la ils faisaient mourir de faim, s'ils n'employaient pas des moyens plus violents ; mais ces excès étaient fort exceptionnels.

Les femmes riches, qui ne sortent jamais, parce qu'elles ont au logis tout le confortable de la vie, bains, etc., sont autorisées à recevoir chez elles. La femme de Lord X..., qui a habité plusieurs années l'Afrique et la Turquie, et qui, par la haute position officielle de son mari a beaucoup fréquenté les femmes indigènes, m'a raconté que, dans ces visites, il se glisse parfois des personnes d'un autre sexe, sous un costume de femme. Comme chaque visiteuse laisse ses pantoufles à l'extérieur de la porte et que le mari ne doit *jamais* se permettre d'entrer chez sa femme, tant qu'une paire de pantoufles signale la présence d'une *visiteuse*, il en résulte que la femme peut faire durer à volonté la conversation intime, si elle lui est agréable.

Les Arabes n'aiment les femmes que pour eux et jamais par l'affection qu'elles savent nous inspirer, et ils ont rendu leur cœur tellement indifférent qu'elles croient ne pouvoir être le sujet d'aucune attention, dès qu'elles ont dépassé le jeune âge ; et si, vieilles, elles jouissent de quelque considération, ce n'est, le plus souvent, que par l'intermédiaire des enfants, que les hommes aiment beaucoup et qu'ils ne peuvent guère caresser, sans remercier la mère du soin qu'elle a pris de les leur conserver. C'est là le plus grand mobile qui lie quelque peu l'homme à la femme ; et c'est peut-être pour prévenir le désordre qui résulterait de la stérilité des femmes, que la religion de Mahomet a permis de répudier celle qui, ne pouvant avoir d'enfants avec un homme, pourrait peut-être en avoir avec un autre. Mais ordinairement une femme qui a été répudiée pour cause de stérilité, trouve rarement à se remarier.

De cette position toute matérielle de la femme, résulte chez elle l'absence presque complète de ce qui fait son ornement chez les nations civilisées. Cet abrutissement ne va pas cependant jusqu'à détruire tous les beaux sentiments ; car les femmes arabes sont susceptibles d'un grand attachement. Lorsque les circonstances leur ont permis de tramer une intrigue selon leur désir, il n'est rien qu'elles ne fassent, et pas de danger auquel elles ne s'exposent, pour la faire réussir. Les témoignages d'affection qu'elles donnent très souvent effrayeraient bien certainement nos Françaises. Ainsi, une Mauresque qui veut prouver à son amant combien elle l'aime, s'enfonce la pointe d'un fer rougi sur l'avant-bras, sans manifester la moindre douleur ; voulant montrer par là qu'aucune sensation n'est plus forte que celle de son amour pour celui qu'elle aime. J'ai vu une jeune femme qui, dans l'espace d'une demi-heure, s'était appliqué deux moxas très profonds sur l'avant-bras. Lorsqu'elle soupçonne la fidélité de son amant, elle exige qu'il se soumette à cette épreuve du feu ; s'il refuse, c'en est fait de son amour, la femme ne le revoit plus.

Les Mahométans prétendent à tort, à l'égard de leurs mariages que les femmes étant élevées avec une sévérité extraordinaire, ne peuvent être capables d'une galanterie. Pour peu qu'un Arabe ou un Turc ait de l'esprit et de l'intrigue, et tous en ont, il lui est aisé de découvrir tous les incidents que l'amour fait naître dans le pays. Ils savent tous qu'il n'y a qu'à se ménager pour cela l'étroite amitié et les confidences du cadi de la ville ou du Naab des tribus, par des moyens auxquels Basile ne put résister, à les employer auprès des simples subalternes de ces agents administratifs.

C'est surtout à l'époque des fêtes et des réjouissances du Beyram, pendant lesquelles les femmes jouissent d'une certaine liberté que ces intrigues se nouent plus facilement.

Les Naabs sont des juges subalternes établis dans les villages, ou dans les tribus, par les Cadis ou les Mulas des grandes villes ou tribus pour être leurs lieutenants. Personne ne connaît mieux ni aussi bien les affaires des familles que ces dignitaires ; leurs fonctions leur permettent d'en pénétrer tous les secrets. S'il arrive une brouille domestique et s'il y a quelque divorce à opérer, ils reçoivent les plaintes et ils en connaissent tous les motifs. Quand ils sont d'un tempérament un peu léger, ce qui leur arrive assez fréquemment, ils favorisent ces désordres, si bon leur semble, et il ne tient qu'à eux d'en profiter de toutes les manières

On sait que les Mahométans peuvent avoir jusqu'à quatre femmes légitimes sans compter les esclaves. Les riches seuls peuvent se permettre un tel luxe qui coûte fort cher. Mais les gros bonnets officiels, ou les riches négociants que le trafic oblige à passer d'un pays à l'autre, sont bien aises de trouver une famille toute établie dans les divers endroits où leurs affaires les appellent. D'autres, qui ont la passion des enfants et qui n'en ont pas avec leur première femme en prennent une seconde, une troisième et même une quatrième.

Les Mahométans disent que Mahomet n'a ordonné la polygamie que pour attacher l'amour d'un mari aux légitimes caresses de ses femmes et lui ôter la criminelle pensée de suborner celle de son voisin.

Ils ont aussi un bon mot, quand ils parlent de leur mariage avec un esprit d'engouement et qu'ils le comparent au mariage des chrétiens ; ils disent que leur réputation à cet égard est plus solide et moins sujette à être noircie que la nôtre. L'honneur d'un mari chrétien, en effet, est entièrement attaché à la conduite d'une seule femme ; tandis qu'il faut du moins quatre infidélités, pour ôter tout à fait l'honneur d'un mari mahométan et que la banqueroute d'une seule femme ne peut porter atteinte à la vertu des trois autres.

A propos d'adultère, je me rappelle avoir lu quelque part que cet acte était quelquefois provoqué en Algérie par le mari lui-même. *De la Guillotière* rapporte qu'un mari, qui se croit stérile et qui désire avoir un ou plusieurs enfants, appelle à sa couche nuptiale, un homme de bonne mine, qu'il choisit, dans l'espoir d'en avoir des enfants bien faits. Mais les Arabes n'appellent pas cet acte un adultère ; pour eux il en est de cela comme d'un trésor qu'un homme donne de son bon gré, quand il lui plaît, mais qu'il ne veut pas qu'on lui vole.

Les intrigues sont plus fréquentes que ne le ferait supposer la surveillance incessante des hommes. Mais, ici, plus que partout peut-être, les femmes, persuadées qu'elles ne sont au monde que pour satisfaire des désirs matériels, se coalisent pour tromper toute vigilance, et pour mieux profiter de leur jeune âge. Cette maxime fait que les vieilles protégent et favorisent les intrigues des unes, pendant qu'elles instruisent les plus jeunes sur leur conduite future. Lorsqu'une femme a une galanterie avec un homme, toutes ses amies en sont instruites, excepté le mari. Cette intrigue devient le sujet principal de leur conversation ; quand il survient quelque difficulté, toutes se réunissent en conseil, pour délibérer sur les moyens de la franchir, et, sous ce rapport, leur intelligence est rarement en défaut. La punition sévère réservée aux femmes adultères et celle non moins forte à laquelle sont soumises les dénonciatrices, qu'on suppose toujours être les confidentes, font que les unes et les autres gardent une discrétion à toute épreuve.

Quant aux hommes, il leur serait difficile de dénoncer une femme, puisqu'ils ne savent jamais à qui elle appartient.

J'ai aussi rencontré chez la femme arabe un sentiment auquel l'homme est presque toujours étranger : celui de la reconnaissance. Je n'ai jamais trouvé la femme indifférente à un service rendu, tandis que l'Arabe se soustrait toujours à la manifestation d'un remerciement, tant il craint qu'on ne lui demande de l'argent.

C'est encore la femme qui est chargée d'aller témoigner sur la tombe les regrets qu'a laissés le défunt auprès de ses parents ; et, en cela, on peut dire qu'elle s'acquitte de sa mission d'une manière qui ferait frémir nos Françaises, si elles étaient obligées de subir les mêmes épreuves. La femme arabe prie moins par le cœur que par les signes extérieurs, et ceux en usage pour exprimer la douleur consistent à s'écorcher les joues avec les ongles. J'ai vu maintes fois des femmes revenir d'un cimetière avec les deux joues écorchées, la figure et les habits pleins de sang ; à leur retour à la maison, on ne manque pas d'applaudir celle qui s'est le plus profondément blessée, et cela doit contribuer à entretenir chez elles une émulation fort douloureuse. Ces écorchures sont souvent accompagnées d'engorgements considérables de la face ; j'en ai vu sept ou huit exemples à Constantine.

Voici une scène dont j'ai été témoin : Un matin, en me promenant au Coudiat-aty, je vis venir cinq ou six femmes bien vêtues, accompagnées de deux négresses esclaves. Comme elles se rendaient au cimetière, je les suivis de loin, en ayant l'air de ne faire aucune attention à elles. Bientôt elles s'arrêtèrent auprès de la tombe d'un jeune enfant et là, après force salamalecs et après avoir baisé la pierre mortuaire, elles se mirent à pleurer et à pousser des cris pour exprimer leur chagrin. Peu après, elles s'agitèrent, se levèrent, et tournant sur elles-mêmes, elles passèrent les mains sur leurs joues d'un mouvement presque convulsif. Bientôt, leurs cris et leurs pleurs redoublèrent, et elles s'égratignèrent le visage ; l'une, probablement la mère, enfonça si fortement les ongles dans les chairs, que ses joues en furent ensanglantées. Toutes faisaient peine à voir et à entendre. Cette lugubre cérémonie dura environ vingt minutes, après lesquelles les femmes, se sentant fatiguées, s'accroupirent, en observant le silence le plus complet. Une négresse esclave s'approcha alors de la plus jeune, et lui présenta un vase rempli d'eau, dans lequel elle jeta une poudre blanche qui avait l'air d'être de farine. La femme, après s'être essuyé le visage, et avoir enlevé le sang, se badigeonna avec ce mélange, et sa figure, de rouge qu'elle était tout à l'heure, se couvrit d'une couche blanche ressemblant beaucoup à celle de Pierrot. Je suivis ces femmes, et je m'aperçus qu'après une scène où la douleur avait été si fortement exprimée, leur visage avait repris un calme insouciant et serein ; elles causaient comme si elles venaient d'acquitter une simple formalité, ou comme si elles sortaient du bain, excepté pourtant celle qui avait le visage labouré et enfariné.

Ce n'est pas seulement sur le tombeau que la femme arabe abîme ainsi son visage ; il est de rigueur qu'elle en fasse autant lorsqu'elle est fortement contrariée. Mais, c'est lorsque son mari se sépare d'elle pour quelques jours, qu'il fait beau la voir. Rien ne semblerait égaler les regrets qu'elle éprouve de sa séparation, alors qu'elle la désire le plus souvent de tout son cœur ; mais il est convenu qu'elle doit ensanglanter ses joues, comme pour dire à son époux : « Tu vois, je n'aime que toi ; et quel autre homme voudrait de moi ainsi abîmée ? Toi, du moins, tu me connais, tu sais que c'est pour conserver ton amour que je sacrifie mes charmes. » Le mari part enchanté de cette preuve d'attachement, et la femme l'est peut-être davantage encore de son éloignement.

10.

LE MARIAGE

Le mariage est établi dans toute l'Afrique sur des bases très larges et qui s'écartent peut-être moins de la loi naturelle, que celles qui président aux unions maritales, dans d'autres pays plus civilisés.

L'âge nubile de la femme commençant à huit ans et celui de l'homme à dix, les parents qui tiennent à la moralité établie par le Coran, hâtent, le plus possible, l'union de leurs enfants. Leur nature précoce, disent avec raison les indigènes, le veut ainsi.

Si nous ne donnons pas un mari à notre fille, ses sens lui en procureront un en secret, qui non seulement la déshonorera, mais fera retomber sa faute sur ses parents, accusés par les autres d'imprévoyance, ce qui serait un cruel affront pour eux. Partant de ce principe, il arrive souvent que deux enfants unis, forts jeunes, par les liens du mariage, vivent plusieurs années dans l'intimité, sous les yeux paternels mais sans avoir aucune relation charnelle; d'autres fois, les enfants sont fiancés, alors qu'ils sont encore au berceau, et restent sans se connaître jusqu'au jour de la noce.

Dans les Etats musulmans, ce n'est pas comme en France, où la femme ne se marie qu'en payant le plus cher possible le plaisir d'avoir un mari; en Afrique, au contraire, c'est l'homme qui paye pour posséder une femme. Les choses ne se passent pas de la même manière pour la femme légitime que pour une concubine. Ainsi, pour la première, ce sont les parents, secondés par une matrone, qui s'occupe du mariage ; et, lorsqu'ils ont pu assortir tout ce qui se rattache aux convenances, ils traitent les affaires d'intérêt. En outre de la somme que le mari devra payer, et qui varie de cent à plusieurs milliers de francs, le mari s'engage à donner, le jour de la noce, les bijoux dont le choix a été débattu et convenu entre les parents. Tout cela se fait longtemps d'avance, plusieurs années même, sans consulter les futurs, qui ne doivent se voir et se connaître que le jour de leur mariage ; car le père, ayant pleins pouvoirs sur ses enfants, est libre de les marier à qui bon lui semble. Aussi, que de déceptions résultent de cet abus de pouvoir, que la polygamie vient souvent et heureusement compenser ! Après tout, il serait curieux de savoir si les déceptions conjugales sont plus nombreuses et plus sérieuses, entre des époux qui ne se sont jamais connus qu'entre ceux qui ont eu la faculté de se voir auparavant et qui ont *cru se connaître*; et quel serait celui des deux genres de mariés qui trouverait le plus de compensation dans la polygamie, si elle était autorisée également pour tous.

Peu de jours avant le mariage, souvent la veille, on procède à la rédaction du contrat, qui doit établir la fortune de l'un et de l'autre des deux futurs époux. Le mari s'engage à donner à la femme une certaine somme pour l'achat de ses habillements de noce; il promet aussi, par écrit, de lui acheter un ou deux nègres, des bijoux, etc... et de plus, de payer une somme convenue à sa femme, dans le cas où il la répudierait.

Celle-ci s'engage, de son côté, à pourvoir le ménage des objets qui y sont nécessaires, tels que tables, lit complet, vaisselle, etc.....

Peu de temps après, la cérémonie du mariage a lieu; l'oukil (avoué), et deux témoins pour l'un et l'autre futur sont appelés, soit à la mosquée, ce qui est rare et facultatif, soit dans la maison du cadi ; soit, plus souvent, à la maison paternelle de l'un des deux futurs ; là, le cadi écrit devant les oukils l'acte de mariage, et deux religieux récitent immédiatement quelques versets du Coran, pour sanctifier la nouvelle union ; ces derniers prennent une copie du contrat et se retirent après avoir reçu une rémunération en argent.

Les femmes arabes appartenant à une classe un peu élevée sont excessivement propres. Le coran enseigne que le salut éternel dépend aussi bien de la pureté du corps que de celle de l'âme. Elles croient que la conscience est souillée, même par les saletés naturelles qui sont indispensables, et dès qu'elles ont satisfait à certaines nécessités, elles se livrent à des ablutions d'eau claire souvent renouvelées : celui qui ferait sa prière, sans avoir pris un soin pareil passerait pour un abominable pécheur.

Voici, en outre, quelques instructions qui, dans les familles riches et haut placées, sont données par la mère à sa fille (1) :

« Ma fille, tu vas abandonner pour toujours la famille,

---

1. Extrait des *Femmes arabes*, par le Dr Perron, in-8°. Paris 1858; ouvrage curieux et bien intéressant.

dont tu es le rejeton ; tu vas quitter le nid de bonheur et de paix, où tu as essayé tes premiers pas dans la vie, pour une demeure que tu ne connais pas, pour un compagnon que tu n'as pu encore aimer. Respecte et reconnais toujours son autorité sur toi ; sois sa servante, il sera ton serviteur empressé. Impose-toi, crois-en mon expérience, impose-toi dix sortes de devoirs qui sont des vertus de famille à pratiquer, des réserves de bien-être, des conditions d'estime et de considération.

1° Mets-toi en harmonie de contentement et de calme avec ton mari.

2° Aie cette heureuse condescendance qui sait se soumettre à obéir.

3° Sois attentive à ce que rencontrera le regard de ton mari, à ce qui touchera son odorat. Que jamais son œil ne rencontre en toi rien de répugnant ou de laid ; que son odorat n'aspire jamais de toi qu'une odeur réjouissante. Du reste, tu le sais, le *kohel* est la plus jolie parure, et l'eau est le plus excellent parfum.

4° Les soins et l'attention pour le moment des repas ; le silence et le calme autour de ton mari, lorsqu'il dort. Car l'impatience de la faim est un feu qui enflamme, et l'interruption du sommeil provoque à la colère.

5° Soigner et surveiller la demeure et les biens de ton mari. Être prévenante et complaisante pour lui, pour ceux qui l'entourent, pour sa famille. Car la conservation des biens maintient le relief de l'autorité et du pouvoir ; la bienveillance pour la famille et l'entourage est la source de l'ordre et de la bonne intelligence.

6° Ne divulgue jamais un seul de ses secrets ; et garde-toi de toute résistance ou lutte, en quelque chose que ce soit. Car, si tu dévoiles ses secrets, tu t'exposes à ce qu'il te trompe et te trahisse aussi ; et si tu résistes à sa volonté, tu lui mets le feu dans l'esprit.

7° Dans les capricieux et multiples détails de la vie, évite, ma fille, évite bien d'être joyeuse lorsque ton mari est triste ; de paraître attristée lorsqu'il est joyeux ; car alors ta joie humilie, et ta tristesse amène le trouble.

8° Efforce-toi toujours d'honorer et de grandir t.. mari, et lui s'efforcera à son tour de te traiter av(dignité.

9° Plus tu seras en accord parfait avec lui, plu... aura, lui, de longanimité et de condescendance ...ur toi.

10° Enfin, ma chère enfant, ne te donne point ce que tu aimes, ce qui te plaît, avant d'avoir amené la volonté de ton mari à être conforme à ton intention, son désir à être conforme à ton désir ; applique ce principe en tout ce qui te peut être agréable, ou te déplaire.

Et Dieu, après cela, te récompensera. »

Le jour du mariage arrivé, les cadeaux sont envoyés à la future ; les parents conviés à la noce se réunissent à la maison du futur, où un repas précède l'arrivée de la femme. Celle-ci, conduite par sa mère et deux matrones est introduite en grande pompe dans une chambre où tout le monde l'attend. Ici commencent les chants, la musique, la danse et surtout les *you, you, you* d'allégresse de toute l'assistance.

Comme les femmes d'Argos, les femmes arabes aiment les bijoux, le jeu, la musique et surtout la danse, mais tout naturellement, sans coquetterie ; « la danseuse mauresque, comme la danseuse d'Argos, rejette ses voiles, et, sans impudeur, laisse voir son torse et son ondulante souplesse, comme une œuvre naturelle et admirable », sans se soucier ni se préoccuper de l'effet qu'il peut produire sur l'aréopage.

Jusque-là, le mari n'a pas encore vu la figure de sa femme ; il sait seulement, par sa mère et les matrones qu'elle est belle, qu'elle a les yeux noirs ; qu'elle est bien faite de corps ; douce en paroles de relations agréables, laborieuse, propre ; etc...; toutes ces qualités, vantées d'avance, et répétées avec intention au moment solennel, animent l'esprit du mari et le préparent favorablement à l'acte qui doit s'accomplir.

J'oubliais de dire que, la veille de l'arrivée de la nouvelle mariée dans la maison du futur, un grand nombre de ses amies, ainsi que de vieilles commères, se rendent chez elle pour la féliciter. Là, elles entonnent des chansons, pendant que la juive *el Karkaza* peint le bord des paupières, les cils et les sourcils en noir avec du *kohel*, et met les pieds, les mains, surtout les ongles, en couleur ocre avec une préparation de *henné*. Très souvent, les deux sourcils sont réunis sur le front en pointe surmontés d'une fleur peinte aussi en noir.

Pas mal de femmes de tous les mondes, à Paris notamment, ont adopté la couleur noire des Arabes pour les sourcils et les paupières. La fleur sur le front seule et la couleur ocre des ongles n'ont pas encore franchi la Méditerranée; mais, en fait de mode, nous sommes habitués à tant d'excentricités, qu'il ne faut désespérer de rien.

Enfin, la femme introduite dans la chambre nuptiale, où le mari, le père et quelques amis l'attendaient, est bientôt conduite, après quelques cérémonies d'usage, au lit placé sur une estrade à l'extrémité de la chambre, et caché par des rideaux le plus ordinairement en soie rouge. La toilette de la femme terminée, la matrone qui y a présidé se retire et est bientôt remplacée par le mari.

Pendant tout ce temps, les femmes, qui sont dans la cour et dans les autres pièces de la maison, ne cessent de chanter et de pousser de temps en temps leurs *you, you*; les hommes fument et savourent avec calme le parfum du café, en lançant dans l'espace, et avec le calme oriental, la fumée de nicotine du chibouk ou du narguilé. Lorsque le mariage se fait en haut lieu, la mariée est conduite au harem, où elle attend son époux. Celui-ci, après un souper plus ou moins brillant en compagnie de ses amis, se rend au harem, où ses invités l'accompagnent jusqu'à la porte et se séparent, en lui souhaitant que la vue de son épouse lui soit agréable. Les musiciens, les chanteurs et les danseurs à bayadères, s'installent dans les cours et continuent quelquefois pendant plusieurs jours, nuit et jour, leur bruyante harmonie; durant tout ce temps, les tables restent chargées.

Dès qu'on est averti, dans le harem, de l'approche de l'époux, les femmes recouvrent la figure de la mariée ; car le mari seulement a le droit de lever son voile ; c'est pour elle l'instant le plus critique : cette première impression doit décider de son sort ; car, si elle a le malheur de ne point lui plaire, il sort aussitôt sans dire mot, et l'on comprend ce que cela signifie. Alors, ce sont des pleurs et des cris poussés par la jeune mariée, qui doit être reconduite immédiatement chez ses parents ; mais l'époux ne peut rien réclamer de ce qu'il lui a donné.

Si la jeune fille est assez heureuse pour plaire à l'époux, il s'assied auprès d'elle et lui prodigue des paroles d'amour ; puis il remercie les femmes qui l'ont accompagnée ; celles-ci se retirent bientôt, excepté une ou deux matrones qui restent pour présider à la toilette de nuit de l'épouse, préparer le lit, et aussi, dit-on, pour aider le mari à vaincre la pudicité de sa femme, laquelle craindrait d'être accusée de libertinage, si elle n'opposait aux vœux de son mari une sérieuse résistance.

Enfin, l'acte principal s'accomplit !... C'est ici que se passe le fait le plus curieux des mœurs musulmanes, non seulement en Afrique, mais encore dans tous les pays soumis à l'islamisme.

On m'a raconté que, pendant l'acte capital, une matrone, cachée derrière les rideaux, en arrête l'accomplissement par un moyen saisissant qui doit être peu agréable aux deux intéressés. L'homme se redresse tout à coup, et aussitôt la matrone arrache de dessous la femme le linge qu'elle y avait placé pour y recevoir la preuve évidente de sa virginité.

La matrone s'éloigne de suite des époux et n'a rien de plus pressé que d'étaler, d'une manière triomphale, aux yeux des parents qui le contemplent avec orgueil, ce stigmate irrécusable de la virginité de leur fille ; ceux-ci poussent aussitôt des *you you* de joie qui, entendus dans la maison, sont répétés par toute la nombreuse assistance.

Le linge est aussitôt promené et présenté à tout le monde. Pendant que dure cette exposition, il fait beau entendre le cri des *you, you;* le chant des bayadères, et surtout la musique faisant assaut pour célébrer l'allégresse générale.

Deux fois, j'ai été témoin de pareilles exhibitions que, pour bien des raisons, on a bien fait de rayer de nos mœurs.

Le lendemain, cette relique est promenée en ville et présentée aux amis. J'ai eu le plaisir de recevoir deux fois dans ma chambre la visite de deux matrones qui ont étalé sur le sol le linge ainsi taché par de nouveaux mariés, dont je connaissais à peine le nom.

La fête se termine par une soirée à laquelle sont conviés les parents et quelques amis, et par les danses que nous aurons l'occasion de décrire, en parlant de la cérémonie de la circoncision.

En Afrique, l'homme est considéré par la femme comme une majesté, en face de toutes choses ; la nature ne l'a-t-elle pas ainsi élevé ?

Partant de ce principe, il est naturellement admis et accepté que lorsqu'il s'est uni, ou mieux, lorsqu'on l'a allié malhabilement, ou contrairement à son caractère, avec une femme qui lui est physiquement et moralement inférieure et antipathique, la loi lui laisse deux portes pour sortir de cette situation peu agréable, dans laquelle sont pourtant condamnés à jamais chez nous les conjoints.

Ces deux portes, que la loi musulmane réserve à l'homme, sont d'abord le divorce, quand la femme lui est trop antipathique et qu'elle ne saurait lui donner des enfants; puis, la polygamie, quand elle est trop laide, ou trop vieille, et que, malgré quelques sentiments de répulsion, il veut la garder, ne serait-ce que pour veiller aux soins des enfants ou du ménage, s'il lui a reconnu de bonnes qualités à cet endroit.

Si, chez nous, le divorce est interdit, n'existe-t-il pas en fait et sur une échelle sinon aussi grande, du moins peut-être plus scandaleuse que chez l'Arabe ? Tandis qu'en France des considérations aussi matérielles que morales l'ont repoussé, en Afrique, ce sont des considérations d'ordre, de morale et de bien-être qui semblent l'avoir maintenu.

Du reste, il n'y a pas que l'homme qui puisse demander le divorce; la femme, malgré son infériorité dans la société musulmane, peut être autorisée à le provoquer; et il faut que le législateur ait trouvé dans la vie en commun des motifs bien graves pour avoir élevé la femme, dans ce cas seulement, au niveau de l'homme, et pour lui avoir donné la faculté de demander le divorce, lorsqu'elle peut invoquer des raisons suffisantes pour le motiver.

Voici comment on procède à la demande en séparation :

Lorsque le mari ne veut plus de sa femme, il lui déclare qu'elle est libre de sa personne, et que leurs relations maritales cessent dès ce moment. Pour confirmer cette déclaration, on se transporte chez le cadi, ou bien ce magistrat va à la maison où la répudiation doit avoir lieu. Là, assisté de deux témoins, le cadi écrit la déclaration du mari, sans mentionner les motifs qu'il allègue. Néanmoins, le cadi les reçoit verbalement, et le plus ordinairement, ils roulent sur les défauts de la femme, sur ses plaintes incessantes, ses vociférations, ses murmures suggérés par la méchanceté, sa négligence ou sa dissipation des biens du ménage, sa conduite légère, son manque d'attention ou de soins à donner aux enfants, etc..... Combien de maris chez nous pourraient alléguer les mêmes raisons!.....

Tels sont les griefs principaux articulés par le mari contre sa femme. Mais il en est encore un, le plus puissant, le plus physiologique, le plus naturel, qui devrait être accepté par toutes les législations : c'est celui qui résulte de la cohabitation pendant plusieurs années, sans qu'il y ait eu d'enfants. Sur ce point, l'Arabe est inflexible; pour lui, le mobile principal du mariage est l'espoir de la paternité; l'amour qu'il a pour ses enfants ne peut lui permettre de cohabiter longtemps avec une femme qui ne lui en donne pas. A ce point de vue, je trouve que la loi musulmane devrait servir d'exemple à bien d'autres qui ont la prétention de la dominer.

Aussitôt que le cadi a reçu la déposition et écouté attentivement les époux, son premier devoir est de chercher à les réconcilier. Aussi, réprimandes, conseils, leçons de sagesse, rien n'est ménagé, quand il croit que les motifs ne sont pas suffisants et qu'il y a erreur, ou un simple mécontentement passager de la part des conjoints. Souvent même il réussit à rétablir la bonne entente et à la rendre plus intime. Mais quand tout est inutile, le premier devoir du cadi, s'il y a des enfants, est de prescrire au père et à la mère les mesures à prendre pour leur assurer une éducation et une existence conforme à celle de leur fortune, ou de l'un d'eux seulement, quand celui-ci consent et qu'il est le plus riche. Peu de jours après la séparation, la femme se fait examiner par une matrone, afin de constater si elle est ou non enceinte.

Dès que la séparation est prononcée, les deux époux peuvent se remarier; mais avant de prendre un nouveau mari, la femme se soumet à un nouvel examen, parce que si elle était grosse, le mariage serait retardé et l'enfant resterait à la charge du premier mari, à moins qu'il n'y ait prescription de terme.

Quant aux concubines, la séparation est plus facile: dès qu'un homme veut en renvoyer une, il va tout simplement en faire la déclaration au caïd, qui en prend acte et inscrit le nom de la femme, avec la somme qui devra lui être payée, tant qu'elle ne sera pas en possession d'un nouveau sultan. Les enfants, s'il y en a, sont, comme on sait, toujours légitimés et restent à la charge de l'homme.

Quant aux femmes qui se livrent à la prostitution, et le nombre en est grand, elles sont sous la direction et la surveillance d'un homme qui occupe une position élevée dans la hiérarchie sociale du pays: il est connu dans la ville sous le nom de *grand mesouar*.

En résumé, tout Arabe peut avoir des concubines;

mais comme c'est un plaisir qui coûte un peu cher, il ne peut en user qu'avec modération. Voici, à peu près, comment les choses se passent : Un homme est marié fort jeune à une jeune fille encore nubile, de dix à onze ans. Arrivée à l'âge où les femmes européennes excitent tous nos désirs, la femme arabe est déjà parvenue à une trop grande maturité. L'Arabe auquel sa religion permet de remplacer sa femme légitime par une concubine plus jeune, s'adresse au Kaïd-el-Dar; là, selon la somme dont il peut disposer, il obtient ce qu'il désire. Combien de Français voudraient être mahométans à ce prix et combien se mettent en contravention à cet endroit avec leur religion?..... La marchandise est toujours en rapport avec le prix convenu. Si, au bout de quelques années, l'Arabe conserve l'habitude de remplacer la femme âgée par une plus jeune et si ses facultés lui permettent de satisfaire ses désirs, il revient chez le Kaïd-el-Dar et, de même que nous allons faire escompter un billet chez un banquier, il fait inscrire sur le registre d'ordre la femme qu'il a l'intention de renvoyer, en lui assurant une pension convenable, qu'il s'engage à payer jusqu'à ce que cette femme ait trouvé un nouveau placement. Il formule en même temps la demande d'une autre femme, à moins que sa fortune ne lui permette de s'en procurer une, par une autre voie plus difficile et plus coûteuse ; et ainsi de suite tant qu'il conserve sa bourse en bon état. Comme je le disais tout à l'heure, l'Arabe comme l'Européen est obligé de payer ses plaisirs. Ceux mêmes que la religion lui permet, lui coûtent un peu cher ; car non seulement il paye la femme en la prenant, mais il est obligé de lui assurer une pension, sa vie durant, si celle-ci après sa répudiation ne trouve pas, pour raison d'âge ou tout autre motif, à se replacer.

Tel est le mécanisme ordinaire de l'état social musulman, au point de vue de la femme. Ces habitudes sont tellement inhérentes aux mœurs, elles satisfont si bien le goût et le caractère des habitants, qu'il me semble bien difficile de les supprimer. Est-ce que les peuples auxquels la loi et la religion interdisent de pareilles licences, ne cherchent pas à enfreindre trop souvent cette défense? Que feraient-ils donc s'ils y étaient autorisés eux aussi ?..... et on voudrait qu'un peuple qui en jouit, de par Mahomet, s'en abstînt ?.... quelle folie !.

LA CIRCONCISION

Tout le monde sait que la religion musulmane copiant la loi de Moïse, de même qu'elle a copié en d'autres points les préceptes de Évangile, prescrit de circoncire les enfants.

Comme la circoncision constitue, chez les Arabes, un acte éminemment religieux, cette cérémonie devient toujours l'occasion de fêtes auxquelles les femmes arabes, par exception, sont appelées à prendre une grande part.

C'est donc, seulement, à ce titre que j'ai cru devoir terminer cette notice sur la femme arabe par la description de cette opération, ainsi que de la cérémonie qui lui sert d'encadrement.

Une pareille fête devant être donnée dans une tribu de la plaine de la Mitidjah alors que j'étais campé à Birkadem avec le 67e de ligne, je fus, comme je l'ai dit, instamment invité à y assister. Bien que la tribu fût éloignée de plus de 8 kilomètres du camp, et que nos relations avec les indigènes fussent, à cette époque très bornées et peu confiantes, la curiosité l'emporta sur la crainte ; je promis de m'y rendre.

Le 15 septembre 1831, on voyait, dès six heures du soir, les Bédouins des tribus voisines se diriger à cheval, la plupart avec leurs femmes, du côté de la fête. A sept heures, accompagné du commandant Huchet, je me rendis, à cheval, au grand café de Birkadem, où quelques Arabes nous attendaient. Nous nous mîmes aussitôt en marche ; et, après avoir traversé des sentiers étroits, que les feuilles de cactus et d'aloès rendaient fort piquants, nous arrivâmes à neuf heures au rendez-vous général.

Déjà, Maures et Arabes étaient réunis par groupes de six à huit, dans un vaste jardin, s'abritant sous les arbres qui le décoraient. Ces groupes, au nombre de dix ou douze, étaient assis sur des nattes et autour d'une lampe en terre cuite, aussi primitive par sa forme que par l'éclairage qu'elle produisait. Quelques hommes chuchotaient tout bas ; la plupart gardaient le plus profond silence ; tous fumaient leur pipe au long tuyau et au bout de corail, d'ivoire ou de cerisier, selon le degré de leur fortune. Ce qui nous sembla bien étonnant, ce fut de voir une assemblée si nombreuse, réunie pour une fête, garder le silence comme si elle assistait à un enterrement : chaque invité n'était occupé qu'à alimenter son chibouk et à lancer avec plus ou moins d'abandon la fumée qui, en s'échappant de sa bouche, semblait entraîner avec elle toutes ses idées. Apercevant un groupe sous une tente en feuillage mieux confectionnée que les autres, je demandai si c'était là la place du cheik ; on me répondit que c'était celle des musiciens qu'on attendait d'Alger, et qu'il n'y avait pas de chef dans ces réunions.

Tous ces Arabes au costume primitif et biblique, réunis sous les arbres et éclairés par des lampes dont la lumière douteuse et rougeâtre donnait à leur figure sèche et barbue un aspect grave et sévère, rappelaient le tableau représentant *Jésus-Christ avec ses gardes au Jardin des oliviers*. L'illusion était d'autant plus grande, que les arbres de ce jardin étaient aussi des oliviers et des jujubiers. Pendant que mon imagination se plaisait à faire ce rapprochement, il se fit tout à coup un grand mouvement ; des cris d'allégresse et des *you, you, you* retentirent au loin et se répétèrent dans toute l'assemblée. Les musiciens d'Alger, impatiemment attendus, venaient de faire leur apparition. Ma rêverie cessa, et je m'aperçus que je n'étais ni avec Jésus-Christ, ni avec ses disciples, mais bien avec ceux de Mahomet. Les musiciens, au nombre de huit, s'avancèrent gravement, comme des personnages très importants, et allèrent se placer sous la tente en feuillage dont j'ai déjà parlé. On leur porta de l'eau pour se laver ; et bientôt un vase de couscoussou avec de la viande de mouton ; c'est le plat le plus recherché chez ce peuple. Les artistes se rangèrent en cercle autour du plat et mangèrent à la gamelle, comme nos soldats le faisaient autrefois, mais sans cuiller. Le repas terminé, ils reprirent leur place et fumèrent leur chibouk, pendant qu'on dressait devant eux une autre tente en toile largement ouverte, et garnie de tapis où ils vinrent se placer. Sur le devant, on égalisa légèrement le sol et on y plaça une natte en paille. Les Maures se régalaient du café préparé par un caouadji qui avait établi son usine au milieu du jardin. Les musiciens, à la sollicitation de tout le monde (ces messieurs ont partout le talent de se faire désirer), accordèrent leurs instruments, composés de deux violons, quatre mandolines, et deux tambours de basque et jouèrent un de leurs airs originaux, accompagnant une chanson dans laquelle ils félicitaient le maître de la maison de sa belle réunion.

Ce chant fini, on demanda les femmes : ce sont des bayadères qui jouissent seules du privilège de danser en public et sont payées par le maître : (on leur donne ordinairement de 30 à 40 francs chacune par soirée, et quelles soirées !) ; enfin, elles arrivèrent et allèrent s'asseoir au milieu des musiciens : c'étaient deux Mauresques jeunes et jolies, mais d'une pâleur qui témoignait qu'elles n'avaient pas ménagé les plaisirs de la déesse à laquelle elles s'étaient entièrement dévouées. On apporta une grosse pierre qu'on plaça dans la petite enceinte ménagée devant les musiciens, et on y colla un cierge, d'un mètre de long, autour duquel les hommes se groupèrent ; les femmes entonnèrent aussitôt une chanson que les musiciens accompagnèrent de leur voix et de leurs instruments un peu discordants, mais d'une originalité qui finit par vous captiver. Après le chant, une almée se leva pour commencer la danse : son costume était pareil à celui de toutes ces femmes ; un mouchoir en soie pour coiffure tombant en pointe sur la nuque ; ses cheveux ondulants en nappe sur la partie supérieure du visage, étaient fortement teints en noir ainsi que les sourcils et les cils ; un corset, ouvert par devant, garni de boutons dorés, soutenait deux seins dont la mollesse les faisait toujours s'échapper et les mettait en évidence aux yeux des spectateurs, qui attachent d'ailleurs peu d'importance à cette exhibition (les femmes les plus honnêtes ne se donnent pas la peine de les couvrir), une chemise, en mousseline claire, la couvrait depuis la ceinture jusqu'aux lombes ; de là partait une robe en soie rouge et bleue fixée au moyen d'une ceinture en fil doré trainant par derrière ; tandis que, ouverte en avant, elle laissait voir entièrement les jambes et les pieds. Tenant un foulard à chaque main, l'un jaune et l'autre noir, elle commença sa danse habituelle, en agitant en divers sens les foulards. De temps en temps, et lorsqu'elle voulait simuler certains gestes, elle saisissait les deux foulards par leurs extrémités et les plaçait horizontalement devant ses yeux ou sa bouche, comme si elle eût eu honte de ce qu'elle faisait.

Bientôt, un Maure entra dans l'enceinte, les mains munies de plusieurs pièces de monnaie ; la femme eut l'air de s'arrêter, excepté ses hanches, qui exécutaient toujours des mouvements circulaires en cadence ; elle releva la tête, qu'elle maintint dans cette position au moyen des deux foulards placés alors sous le menton. Le Maure, arrivant devant elle, lui colla une à une, sur les différentes parties du visage, des pièces en argent qu'il mouillait préalablement avec de la salive. L'habileté de la femme consiste alors à continuer ses contorsions du bassin, le plus de temps possible, sans faire tomber ces pièces. Cette opération se renouvelle un plus ou moins grand nombre de fois, selon la libéralité des hommes ; car, tous, Maures ou Bédouins, s'empressent d'aller successivement porter leur offrande à la belle almée: les uns préfèrent lui coller l'argent sur les joues ; d'autres sur le sein, et d'autres sur les bras ; ils font ainsi assaut de générosité : j'en ai vu qui collaient des pièces d'or. Il résulte de cette espèce de défi que le maître de la fête, qui reçoit l'argent, fait parfois d'assez bonnes affaires ; cette fête lui valut, m'a-t-on dit, deux cents francs en sus de la somme qu'il avait donnée aux musiciens et aux bayadères. Je collai à mon tour une jolie pièce sur le front de la belle, ce qui parut faire grand plaisir à l'assistance.

Alors commencèrent les libations à l'eau-de-vie de figues. Chacun m'offrait de cette liqueur, que j'acceptais souvent et que je faisais semblant de boire. Jamais je ne fumais ; cependant je ne cessai d'avoir une pipe non allumée à la bouche. Je causais ainsi de groupe en groupe avec l'aide d'un interprète en m'asseyant un peu chez tous, ou mieux, en m'accroupissant à la turque, position très-pénible au début, et à laquelle on s'habitue facilement. Subitement, la musique suspendit ses accords, et la femme ses contorsions : elle alla reprendre sa place à côté des musiciens, qui faisaient un fréquent usage de l'alcool offert en abondance. Pendant cette pause, je me promenai dans le jardin, autant pour me reposer que pour mettre un peu d'ordre dans mes idées, que la vue d'un tel spectacle rendait bien confuses. Tout à coup, j'entends une conversation et des rires aériens : je lève la tête, et j'aperçois sur la terrasse de la maison, une quarantaine de femmes qui, avec leur costume blanc, et leur visage voilé, éclairés imparfaitement par le reflet de la lune, avaient l'aspect de vrais fantômes ; elles étaient immobiles, et paraissaient entièrement absorbées par le plaisir que leur procurait la vue d'une semblable réunion.

En poursuivant ma promenade, j'aperçus, dominant l'assemblée, un groupe formé de quatre Bédouins placés sous un grenadier : trois d'entre eux étaient dans leur position accoutumée ; le quatrième en avait pris une si originale que je ne puis m'empêcher de dépeindre : il était assis par terre, les pieds rapprochés du bassin, les genoux relevés et presque au niveau de la tête ; son costume, composé d'un burnous déchiré, fixé en sautoir, laissait à nu un bras et la moitié de la poitrine ; sa tête était fraîchement rasée, à l'exception du toupet, par où Mahomet doit saisir ses croyants pour les transporter dans l'un des sept paradis ; il avait une figure cadavéreuse et décharnée ; une barbe noire et longue ondulant sur sa poitrine : des yeux grands et immobiles ; sa bouche entr'ouverte laissait voir deux rangées de dents blanches comme de l'albâtre et il tenait son cou allongé ; son bras gauche, entièrement nu, pendait nonchalamment sur le côté de la poitrine, tandis que le coude du bras droit s'appuyait sur le genou; l'avant-bras et la main, relevés en l'air, dépassaient de beaucoup sa tête. Telle était l'attitude de cet être, qui, faiblement éclairé par la lampe et par quelque rayon de la lune que le grenadier laissait pénétrer et qui répandait sur son corps une pâleur cadavérique, avait l'aspect d'un fantôme appartenant au royaume de Pluton ; il semblait descendu des enfers pour venir contempler et recruter de nouvelles victimes. La vue de cet individu produisit, chez moi, une vive émotion qui fut partagée par tous ceux à qui je le fis remarquer. Je le quittai lorsqu'on vint mettre de l'huile à la lampe, dont la lumière devenue plus vive, fit cesser toute illusion.

Je retournai, tout ému, du côté de l'assemblée : les musiciens avaient, depuis un instant, repris leurs airs, et l'autre almée sa danse avec toutes ses évolutions. Les libations commençaient à produire leurs effets. En ce moment, un homme qui paraissait en avoir usé amplement entra dans l'enceinte et se mit à danser avec la femme ; les contorsions de l'un imitant parfaitement celles de l'autre, donnèrent lieu à une scène des plus originales, mais dont la décence était exclue.

Je donnai quelques pièces de monnaie à un jeune Maure pour aller les coller sur le visage, le sein et le bras de la danseuse, après quoi je me joignis au commandant pour rejoindre notre camp ; il était minuit et demi. La fête devant durer toute la nuit, et l'opération de la circoncision ne devant être pratiquée que le lendemain, je priai un Arabe de venir me chercher à l'heure convenable.

Au lever du soleil, un cavalier arabe se présenta devant ma tente et m'annonça qu'il était temps de partir. A sept heures, j'étais déjà rendu à la tribu, qui présentait un spectacle saisissant. Pas un des convives de la veille n'avait quitté sa place: tous, plus ou moins saturés d'alcool et de nicotine, étaient endormis et couchés côte à côte ou les uns sur les autres, les femmes avec eux, les danseuses s'entend; car les autres avaient célébré ' ·te dans une petite masure qui pouvait à peine les contenir.

Peu à peu, la vie revint dans ce monde, que l'orgie avait plongé dans un sommeil léthargique; enfin, un enfant de dix ans annonça à haute voix que le tebib (ou l'opérateur) venait d'arriver d'Alger. A ce cri, tout le monde se lève: les groupes se réorganisent ; les bayadères reprennent leur place, prêtes à recommencer leurs ébats chorégraphiques. Tout à coup, le cri d'allégresse de *youyouyou* retentit : c'étaient les femmes qui, réunies sur la terrasse, annonçaient que l'opération allait se faire. A cet avertissement, je me dirigeai du côté de la maison ; un enfant et une femme, me voyant entrer, me demandèrent pourquoi j'étais venu, et qui me l'avait permis; quoique seul Français au milieu de toute cette foule, je pensai qu'il fallait payer d'audace ; je pris cet enfant par l'oreille et je lui dis que s'il ne cessait ses questions, je le ferais conduire à Alger par des soldats; effrayé de ma menace, il se tut et s'éloigna. Les musiciens et les deux bayadères entrèrent dans l'enceinte réservée au milieu de la petite cour où se trouvait le médecin qui disposait son appareil, consistant en un rasoir, un étui en argent et de la colophane. On porta l'enfant sur un petit palanquin ; aussitôt qu'il apparut, la musique joua et les femmes recommencèrent leur danse. L'enfant fut déposé sur un coussin à côté de la croisée ; le médecin, muni de son petit appareil, s'approcha avec son aide. Deux Maures saisirent alors un drap blanc, le tendirent entre l'enfant et les spectateurs, dérobant ainsi l'opération aux assistants. J'étais venu pour voir, et j'étais très contrarié de n'être pas au nombre de ceux qui voyaient. Je déclinai aussitôt ma qualité au *confrère;* et, sans lui donner le temps de me répondre, je me glissai derrière le drap ; je vis son embarras, mais il n'osa me dire de sortir. L'opération très adroitement et très rapidement faite, le tébid prononça quelques paroles, lut une prière, et un Maure l'annonça à haute voix. Aussitôt la musique, qui n'avait discontinué de jouer, suspendit ses accords, ou ses désaccords, et les femmes, qui n'avaient cessé de danser sortirent. Les hommes se mirent alors sur une file, passèrent les uns après les autres devant l'enfant ; et, pour leur prouver que l'opération avait été bien faite, l'aide leur en montrait le résultat dans une boîte ; chacun donnait, en passant, une pièce de monnaie à l'enfant. Lorsque tous eurent ainsi défilé, je fis comme eux, et je donnai une pièce de deux francs. L'enfant se mit à rire, me prit la main et la baisa ; pendant que je lui parlais, tous les hommes avaient quitté la chambre, et je ne m'aperçus pas que j'étais resté seul. Les femmes qui étaient sur la terrasse, voyant tous les hommes dehors, ne se doutaient pas qu'un Français était encore dedans.

Trois d'entre elles descendirent sans faire attention à moi ; et quoiqu'elles eussent le visage découvert, elles se précipitèrent sur l'enfant ; et, avant de le toucher, mais tenant leur visage collé au sien, elles se mirent à faire un accord parfait de *you-lou-lou-lou-lou-elou*, etc. Je regardai autour de moi, et étonné de mon isolement, je jugeai convenable de sortir ; un Arabe venait d'ailleurs me chercher. Tous les hommes me demandaient comment j'avais trouvé la fête ? — Superbe ! leur répondis-je. Ils me dirent qu'il y en aurait une autre dans huit jours, et m'invitèrent à m'y trouver ; je les remerciai et leur promis de n'y pas manquer. L'un d'eux me serra la main, et me témoigna son contentement de ce que j'avais, comme eux, donné de l'argent à l'enfant. Ainsi se termina cette fête de la circoncision, qui a laissé dans ma mémoire de si profonds et si bizarres souvenirs.

SACRIFICES HOROSCOPIQUES

Le 24 novembre 1830, en sortant de l'hôpital de la Salpêtrière où je faisais le service comme sous-aide major et en me promenant sur la plage, je rencontrai plusieurs femmes mauresques, avec un seul homme, suivies et précédées de cinq ou six négresses, probablement des esclaves. Celles qui précédaient le groupe portaient sur leurs têtes des chaufferettes qui laissaient échapper une fumée épaisse sentant l'encens. Celles qui suivaient portaient des paniers contenant des volatiles.

Étonné d'une pareille rencontre et intrigué du but que se proposait cette petite caravane, je la suivis de loin, en me dissimulant le plus possible. S'arrêtant de temps en temps, les femmes avaient l'air de réciter une prière qui se terminait par les cris joyeux de *you lou lou*. Après la troisième station, sur un signe d'une des négresses, toutes s'arrêtèrent et descendirent à travers les rochers, par un sentier très raide, sur une petite plage sablonneuse, où se trouvent, creusés naturellement dans le roc, trois petits bassins, dont un plus grand alimenté par une source d'eau douce très claire. La caravane était précédée par une femme dont la stature élevée, la bizarrerie du costume et l'air de supériorité qu'elle se donnait sur tout le monde, trahissait facilement ses qualités. Sur un signe de la pythonisse, car s'en était une, les esclaves déposèrent les volatiles sur le bord de la mer et les chaufferettes au bord de la fontaine principale. Sur un deuxième signe de la prêtresse, six femmes s'approchèrent de la fontaine; les autres restèrent à une assez grande distance, près des deux petits bassins. Après quelques prières suivies de *you lou lou*, l'homme fit du feu avec un briquet et alluma une douzaine de bougies qui furent fixées auprès de la fontaine. Cela fait, la pythonisse se plaça en face, s'inclina plusieurs fois en faisant une prière et en poussant des *you lou lou* toute seule. La prière finie, elle prit les bougies et les donna au Maure qui fut les placer auprès des trois fontaines, sur des parties de rochers faisant saillie. La prêtresse prit alors les deux chaufferettes, mit de l'encens dans l'une, de l'ambre dans l'autre et alla, aidée d'une esclave, lancer de la fumée de l'une et de l'autre, sur les trois pièces d'eau, toujours en priant. Plusieurs sortes de fleurs furent également jetées dans l'eau avec quelque cérémonial. Les chaufferettes, d'où s'échappait une fumée épaisse, furent ensuite placées sur le bord de la fontaine principale et les femmes se réunirent, par groupe de cinq, auprès de chaque bassin mettant à découvert leurs bras, leurs jambes, leur sein et leur visage.

Le Maure s'approcha d'abord de la fontaine principale avec un petit vase et une chaufferette où brulait de l'ambre ; et, après avoir reçu un baiser sur la main de la part de chaque femme, il puisa de l'eau avec le vase et en versa successivement sur la main de toutes les femmes qui se frottèrent alternativement les mains, les jambes, les bras, le sein et la figure. Celles-ci ne se doutaient certainement pas qu'elles étaient aperçues par un roumi, (chrétien) et moi, ne voulant et ne pouvant m'arracher à un spectacle si nouveau et si captivant pour un nouveau débarqué à Alger, j'avais pris toutes mes précautions pour bien voir et n'être point vu. J'étais, en effet, couché derrière un rocher sur lequel la mer déferlait, et sa forme abrupte ne pouvait donner aucun soupçon. Le lavabo terminé, le maure présenta la chaufferette, au-dessus de laquelle chaque femme posa sa figure pour en aspirer la fumée.

Le Maure alla ainsi devant les deux autres bassins, en y accomplissant le même cérémonial. Les ablutions étant finies, sur un signe et un *you lou lou* de la pythonisse, toutes les femmes se prosternèrent à genoux devant chaque fontaine, le corps incliné en avant et les mains croisées sur le dos, elles firent ainsi une assez longue prière ; puis elles baisèrent les bords de la fontaine, se levèrent et se prosternèrent trois fois, baisant chaque fois le rocher en poussant des cris et des *you lou lou* aussi perçants que leur gosier le permettait, et en regardant toujours la fontaine. Par leurs cris et par leur attitude, on eût dit qu'elles cherchaient à attirer l'attention des êtres dont elles venaient invoquer la protection. Un instant après, commença entre elles et la fontaine un dialogue très suivi qui prit le caractère d'une véritable conversation. Les femmes tantôt prosternées, les mains levées vers le ciel, tantôt posées sur le bord de la fontaine, appliquaient alors leur face contre l'eau, semblant y chercher quelqu'un ; puis ce furent de vraies menaces qu'elles exprimaient sur un ton de colère, en étendant leurs bras contractés du côté de la fontaine, ou bien elles dansaient, riaient et chantaient en même temps.

Pendant cette scène d'une si poignante originalité, qui dura environ un quart d'heure, tous les yeux restèrent fixés sur un point de la fontaine comme s'ils étaient attirés par une force attractive invisible. Enfin, après que chaque femme eut terminé ce pieux exercice, la prêtresse arriva, se plaça devant la fontaine et toutes les femmes recommencèrent ensemble un dialogue avec la fontaine, accompagné d'une foule de gesticulations. Il faisait beau voir alors la prêtresse faisant des contorsions épouvantables et vociférant les cris et les *you lou lou* les plus perçants ; c'était une vraie furie. Là se terminèrent les prières.

Le moment des sacrifices était arrivé. Je vis alors

toutes les femmes se réunir à l'écart. La prêtresse, restée seule, avec une femme, auprès de la fontaine, traça sur le sable, avec la main, un sillon limitant une aire circulaire de trois mètres environ de diamètre; elle se plaça au milieu, prit une chaufferette et lança la fumée autour de cette aire ; puis saisissant un grand couteau, enveloppé avec soin dans un mouchoir en soie, elle le passa sur la fumée de l'encens et le mit à côté d'elle. Le Maure prit alors deux poules, leur lava l'anus à l'eau de la mer et leur fit ensuite des aspersions sur la tête avec l'eau de chaque fontaine ; cela fait il les déposa à côté de la chaufferette, où elles restèrent quelques minutes pour recevoir la fumée de l'encens ou de l'ambre que la prêtresse leur envoyait avec la main, en proférant quelques paroles, après lesquelles elle fit signe aux jeunes femmes d'approcher et au Maure de prendre une poule et le couteau. Ainsi armé, le sacrificateur recula de quelques pas, coupa la trachée-artère du volatile, et l'abandonna ainsi à lui-même. La pythonisse se prosterna contre terre, fit signe à une autre femme de l'imiter ; étudiant avec soin les mouvements et les sauts de la victime, elle adressa, d'un ton solennel, des paroles accentuées à la jeune fille ou femme qui y répondit par les cris de *you lou lou* et fit place à une autre femme. La poule fut plumée dans l'endroit même où elle expira.

Le même cérémonial se renouvela pour chaque femme, puis la cérémonie finit. Les jeunes filles satisfaites, ou non, de l'horoscope que la prêtresse leur avait donné, se réunirent en masse autour de la fontaine principale, firent ou eurent l'air de faire une prière, et tout finit par des cris formidables de *you lou lou* plusieurs fois répétés.

La fête terminée, la pythonisse fit signe au Maure de lui montrer les victimes et de les porter chez elle, où elles furent probablement soumises à d'autres épreuves, sans assaisonnement d'encens ni d'ambre, et mangées ensuite, sans autre forme de procès. Résultat le plus pratique de la fête.

LA JEUNE DERVICHE DE MILAH

Lors de l'expédition de Sétif, en 1838, avec le général Galbois, nous dûmes passer et faire une halte de deux jours à la petite et si pittoresque ville de Milah ; avant d'entrer dans l'intérieur, le général reçut la visite du cheik qui vint le prévenir qu'une jeune fille derviche (sainte) se promenait toute la journée dans le costume d'Ève, sortant des côtes d'Adam. Tous les habitants ayant pour elle la plus grande vénération, il pria le général de la faire respecter par toute l'armée. Le général répondit aussitôt au désir du chef en faisant rédiger en sa présence un ordre du jour qui engageait les officiers et les soldats à avoir pour cette jeune fille le même respect que les habitants et à ne la déranger en rien dans ses habitudes, sous peine d'une punition sévère. Avant de lancer cette consigne, le général la fit traduire par le savant et spirituel interprète M. Urbain, qui la communiqua au cheik ; celui-ci, très satisfait, se retira après avoir baisé la main du général en signe de remerciement.

A peine entrés en ville, nous aperçûmes une jeune fille très bien faite, aux traits réguliers, ayant au plus de dix-sept à dix-huit ans, marchant d'un pas régulier et cadencé, droit devant elle, sans se soucier de ce qui se passait à côté. La peau était fortement bistrée, comme on doit le penser, par le contact incessant d'une atmosphère poudreuse et ensoleillée. Sa nourriture principale consistait à aller boire le sang des animaux qu'on tuait à l'abattoir. Je l'ai vue un matin se délecter de cet aliment chaud et liquide à mesure qu'il s'échappait de l'ouverture; elle le suçait si adroitement que son corps n'en recevait aucune éclaboussure. C'était son principal repas du matin; dans la journée elle mangeait de la viande crue et acceptait rarement les mets ordinaires que les habitants étaient heureux de lui offrir. Cette fille vint au campement et se promenait au milieu des soldats qui, fidèles à la consigne donnée, se dérangeaient respectueusement pour la laisser passer où elle voulait. Une fois, voyant les soldats accroupis autour de la gamelle, elle se plaça au milieu d'eux, s'accroupit à son tour, à l'ébahissement de tous les commensaux, et prit part à leur modeste festin. Je remarquai que les soldats se conduisaient à l'égard de ce singulier convive comme s'il eût été un simple invité, pour lequel ils eurent tous les égards que son sexe comportait. S'étant satisfaite, la jeune folle se leva et reprit tranquillement sa pérégrination dans le campement, au milieu de militaires, sans faire ni recevoir aucun signe quelconque de personne.

Je la suivais de loin ; car, étonné d'un pareil et si curieux spectacle, je voulais étudier les allures de cette jeune fille et saisir le plus possible ce qu'elle faisait et comment elle employait son temps. Je crus entrevoir qu'elle était prise de temps en temps d'accès extatiques. Voici ceux dont j'ai été témoin à distance. La première fois, elle s'arrêta et levant les bras et les mains en l'air, elle se mit à tourner comme un toton. Cet exercice dura quelques minutes seulement. Puis elle s'accroupit ; demeura quelques instants dans cette attitude et se releva pour reprendre son exercice ambulant. Tous les indigènes qui passaient à côté d'elle la saluaient respectueusement en portant la main droite contre la poitrine, sur la région du cœur.

Une autre fois, la suivant toujours à une distance respectueuse, n'ayant l'air de faire aucune attention à elle afin de ne pas éveiller la susceptibilité des indigènes, je la vis faire un signe à un Arabe bien costumé qui s'arrêta et attendit au milieu du chemin. Aussitôt qu'ils furent près l'un de l'autre, la femme s'accroupit. L'Arabe, la recouvrant de son burnous, s'accroupit à son tour. Ils restèrent ainsi, la tête de l'homme seule à découvert, quelques minutes dans cette position ; puis, *la prière finie*, ils se levèrent et reprirent chacun leur course sans s'adresser le moindre signe d'adieu.

M. Urbain, l'interprète, et ancien saint-simonien, à qui je racontai cet étrange épisode, me dit qu'il en avait observé, à peu près, de pareils quand il était au Caire.

Bien des personnes, en lisant ces détails, n'y verront, peut-être, que le côté plaisant des mœurs arabes ; mais, en y réfléchissant et en les étudiant sérieusement, comme je l'ai fait, les épisodes que j'ai racontés ici et ailleurs, justifient, mieux que tout ce que j'ai dit de ce peuple, chez lequel l'ignorance, et la superstition, *sa fille aînée*, lui font élever les fous et les folles à la hauteur de divinités qu'ils adorent...

Aussitôt après la prise d'Alger une circonstance assez futile faillit être la cause d'une révolution parmi les habitants. On sait que les femmes arabes ne sortent pas ; mais qu'il leur est permis, pour prendre l'air, d'aller passer quelques heures sur les terrasses, où elles se livrent à quelques ébats pour délier leurs jambes sans cesse croisées quand elles sont au harem. En entrant en ville, les soldats furent logés dans les casernes ou dans les forts environnants, tandis que les officiers, sans troupe, furent envoyés dans les maisons particulières qui avaient été abandonnées, et elles étaient nombreuses. Or, la ville d'Alger étant bâtie sur un plan incliné, les maisons se trouvent superposées en amphithéâtre ; cette disposition fait que les terrasses se dominant toutes les unes au-dessus des autres, on voit d'en haut tout ce qui se passe sur celles d'en bas. On devine déjà la distraction et le spectacle tout nouveau que présentait aux Français, l'aspect des femmes dont le costume, frais et léger, rivalisait avec la blancheur des murailles, se livrant à leurs ébats ordinaires. On aurait dit des farfadets ou mieux des houris descendant d'un des paradis de Mahomet, plutôt que des femmes sorties prosaïquement de l'intérieur de la maison. Mais pour jouir de ce spectacle si nouveau, si original et si fantastique, il fallait y mettre une grande discrétion ; car pour peu qu'elles aperçussent la tête d'un Européen dominant le parapet de la terrasse, elles disparaissaient comme un éclair. Les habitants émus de cet incident, adressèrent à ce sujet une réclamation qui fut transmise par l'autorité à tous les officiers. Mais on s'aperçut bientôt qu'il était difficile de s'opposer à une distraction à laquelle les chefs eux-mêmes avaient de la peine à résister. Seulement on y mit beaucoup plus de réserve ; et les propriétaires, susceptibles, choisirent, de préférence, pour faire prendre l'air à leur harem, les heures où les Français étaient le plus occupés en dehors de leur logis.

CHAPITRE V

LES ARABES

L'islamisme. — Sentiment filial de l'Arabe. — Un exemple de mœurs arabes. — Le caractère arabe. — Résistance des Arabes à tout changement. — Les Arabes Kabailes et les Maures. — Le sénatus-consulte du 25 avril 1863. — Les sectes religieuses et l'enseignement. — L'Arabe nomade et l'Arabe sédentaire. — Les fonctionnaires arabes.

L'histoire d'un peuple, en ce qui touche sa vie privée, ses mœurs et ses habitudes, est bien difficile à faire, à cause des difficultés sans nombre que rencontre l'historien pour pénétrer les mystères de la vie : le voile continuel qui, chez certains peuples, se trouve interposé entre les objets qu'il voudrait observer, ne lui permet de tracer que des tableaux souvent très infidèles.

Quelles que soient la bonne foi et la perspicacité de l'observateur, il n'est pas toujours assez convenablement placé pour s'initier aux habitudes de toutes les classes qu'il veut peindre. Placé trop haut, il ne sera en relation qu'avec la classe privilégiée, qui, même sans éducation, aura toujours ce poli et cette souplesse qu'on remarque ordinairement dans ses manières.

Trop bas placé, il sera exposé aux inconvénients contraires, et ne trouvera dans la classe inférieure que des êtres à facultés rétrécies se rapprochant trop de la brute.

En supposant même qu'un observateur fût assez heureux pour trouver ces deux positions sociales nivelées, toutes difficultés ne seraient pas vaincues, s'il ne pouvait les étudier dans tous les sens et dans toutes les conditions de la vie.

En Afrique, l'homme est rarement ce qu'il paraît, mais bien ce qu'il veut paraître ; et, pour le bien juger, il faut le considérer éloigné de toute influence politique où il est si rarement vrai, et uniquement sous l'influence de ses sentiments intimes qui font le plus bel ornement de l'homme civilisé ; mais tant que vous n'aurez pas mis l'Arabe en face des obligations qui naissent de pareils sentiments, vous n'aurez pas pu le connaître, et vous ne donnerez que de faux renseignements sur la nature de ses facultés et sur la confiance qu'on peut lui accorder.

Les relations toutes platoniques d'un voyageur avec un peuple ne sont pas toujours le moyen le plus sûr pour arriver à connaître ses sentiments intimes, surtout quand il s'agit du peuple arabe ; pour le juger, il faut avoir été en commerce d'affaires ou d'administration avec lui ; il faut, en un mot, s'être heurté à ses passions, à ses prétentions, à ses intérêts et avoir fouillé ses sentiments, jusqu'à la rencontre de quelque obstacle qui frôle le fanatisme musulman.

En général, l'Arabe haut placé et instruit est séduisant, et surtout fort galant ; en voici un exemple : Lors de la paix qui fut faite avec les Hadjoutes en 1834, le kaïd de cette tribu indocile et indépendante vint à Alger et fut invité à dîner par le général Voirol. Pendant le repas, le général lui demanda combien il avait de femmes. Le kaïd répondit qu'il en avait trois, mais que s'il en avait trouvé *une aussi accomplie* que Mme Voirol, il n'en aurait jamais eu d'autres. Qui le croirait ?...

Deux écrivains également recommandables par un grand talent d'observation, ont dépeint le caractère des Arabes d'une manière bien différente, et le lecteur qui ne connaît pas ce peuple, doit être bien embarrassé pour établir son jugement, à moins qu'il ne suppose un grand progrès dans les mœurs des Arabes, depuis Léon l'Africain jusqu'à l'année 1842.

Léon l'Africain, géographe arabe du XVIe siècle, visita, comme simple voyageur, toute l'Afrique septentrionale, et publia une description de l'Afrique qu'il traduisit lui-même en italien. Une traduction en français de cet ouvrage parut en 1836, dans le recueil des voyages de Temporal.

Voici comment Léon dépeint ses compatriotes :
« L'Arabe est un être sans mœurs, sans loi, sans religion ; le vol, la trahison, l'assassinat, rien ne lui coûte pour satisfaire son insatiable avidité. Abandonné sans aucun frein à toute la fougue de sa passion, dès qu'il est sorti de l'enfance, il se plonge dans la plus honteuse débauche ; rien n'égale sa profonde ignorance, si ce n'est son excessive cruauté. Rempli d'un féroce

orgueil, il oublie les services les plus signalés ; le souvenir d'une injure ne s'efface jamais de sa mémoire ; il se venge quand il peut. »

Si, à côté de ce portrait, nous plaçons celui d'un auteur moderne, qui a été plusieurs années en relations directes avec les indigènes de la province d'Alger, on se demandera quel est celui des deux historiens qui n'a pas vu les Arabes. En effet, ce denier peint leurs mœurs sous un aspect bien différent : « Leur vie errante et nomade est due surtout à leur amour passionné pour la liberté et l'indépendance. Ils sont doux pour leurs femmes, tendres pour leurs enfants, bienveillants pour leurs serviteurs et très polis entre eux ; moins avides d'argent qu'on ne pourrait croire, ils exercent avec grandeur d'âme les devoirs de l'hospitalité. Enfin leurs mœurs, dans le sens le plus restreint qu'on attache à ce mot, sont pleines de délicatesse et de décence ; ils rougissent souvent, comme des jeunes filles, à des conversations trop libres, etc., etc. »

Actuellement, auquel de ces deux portraits doit-on s'en rapporter ? Si on attache trop de confiance au premier, on osera à peine poser un pied sur la terre d'Afrique, de crainte de tomber dans un piège. Si l'on se fie au second, un voyageur n'aura qu'à placer la besace sur son dos, et croira ainsi pouvoir poursuivre le cours de ses observations jusqu'aux contrées les plus reculées. Sûr de trouver constamment l'hospitalité désintéressée de l'Arabe, il ne devra s'inquiéter de rien. Ah ! malheur au voyageur qui, trop confiant dans ces paroles, oserait s'aventurer de la sorte au milieu des peuplades de la Numidie et de l'ancienne Mauritanie!

il ne serait pas longtemps sans voir tomber le bandeau d'illusion que de tels écrits avaient placé devant ses yeux.

Pour nous, qui, pendant les douze premières années de la conquête n'avons pas quitté l'Algérie, et qui avons eu l'ocasion de voir l'Arabe des provinces d'Alger, d'Oran, de Tlemcen, de Bône et de Constantine, pour nous qui, par la nature de nos fonctions, avons peut-être vu l'habitant de l'Algérie dans cet état normal qu'il cache ou qu'il altère aussitôt qu'il est placé en face de quelqu'un qu'il suppose avoir des attaches politiques, nous ne craignons pas d'avancer que l'un des deux portraits est infidèle et que l'autre exagère la vérité. Mais celui des deux qui approche le plus de l'exactitude, c'est sans contredit celui de Léon l'Africain.

Voici maintenant comment le savant M. Renan, de l'Institut, juge les Arabes. « Tous ceux qui sont allés en Orient ou en Afrique, dit le savant professeur, (*Conférence sur l'Islamisme à la Sorbonne, 29 mars 1883.*) sont frappés de ce qu'a de totalement borné l'esprit d'un vrai croyant ; cette espèce de cercle de fer qui entoure sa tête, le rend absolument fermé à la science, incapable de rien apprendre ni de s'ouvrir à aucune idée nouvelle. A partir de son initiation religieuse, vers l'âge de dix à douze ans, l'enfant musulman, jusque-là éveillé, la figure intelligente et espiègle, devient tout à coup fanatique, plein d'une sotte fierté de posséder ce qu'il croit la vérité *absolue*, heureux comme d'un privilège de ce qui fait son infériorité. Ce fol orgueil est le vice radical du musulman; l'apparente simplicité de son culte lui inspire un profond mépris pour les autres religions; persuadé que Dieu donne la fortune et le pouvoir à qui bon lui semble, sans tenir compte de l'instruction ni du mérite personnel, le musulman a le plus grand mépris pour la science et pour tout ce qui constitue l'esprit européen.

L'Islam, dit encore M. Renan, en tuant la science, s'est tué lui-même et s'est condamné dans le monde à une complète infériorité; en voici un exemple :

Pendant son séjour à Mossoul, M. Lazare, le célèbre architecte, désira avoir quelques données sur la population de la ville, sur son commerce, ses traditions historiques, etc.; il s'adressa, à cet effet, au Cadi, qui lui fit une réponse dont nous détacherons le paragraphe suivant :

« O mon illustre ami, ô joie des vivants ! Ce que tu me demandes est à la fois inutile et nuisible : bien que tous mes jours se soient écoulés dans ce pays, je n'ai jamais songé à en compter les maisons, ni à m'informer du nombre des habitants; et, quant à ce que celui-ci met de marchandise sur ses mulets, celui-là autour de sa barque, en vérité, c'est une chose qui ne me regarde nullement. Pour l'histoire antérieure de cette cité, Dieu seul la sait et seul il pourrait dire de combien d'erreurs ses habitants se sont abusés avant la conquête de l'Islamisme. Il serait dangereux à nous de vouloir les connaître, *allah! aalam!*

« O mon ami, si tu veux être heureux, écrie-toi : *Lehé, Lehé, Lallah!* Dieu seul est grand ! ne fais pas de mal et alors tu ne craindras ni les hommes ni la mort, car ton heure viendra. »

L'ISLAMISME

L'établissement de la religion musulmane, cette religion qui étouffe l'intelligence d'un peuple d'ailleurs si intelligent, est un des phénomènes moraux les plus extraordinaires qui aient jamais paru dans les annales des nations.

L'Asie, à cette époque, malgré les bouleversements qui l'agitaient, n'était nullement disposée à abjurer la croyance chrétienne qu'elle avait reçue de ses pères, et qui est encore respectée et adorée des nations modernes. Plusieurs parties de l'Europe avaient adopté le catholicisme comme étant bien supérieur au paganisme qui l'avait précédé. Mais cette doctrine religieuse, qui avait pris naissance en Asie, non loin de la contrée où six cents ans plus tard le mahométisme devait éclore de son sein tourmenté et déchiré, semblait être trop spiritualiste pour s'inculquer aux populations des pays ensoleillés, où les passions ardentes jouent un si grand rôle.

Mahomet, qui se disait l'envoyé de Dieu, avait été instruit dans les croyances juives et chrétiennes, telles qu'elles étaient apprises et répandues, depuis des siècles, chez les populations habitant l'Arabie. En homme habile, il persuada que la doctrine qu'il prêchait lui était dictée par Dieu lui-même et qu'elle était un perfectionnement de celle que Moïse et Jésus avaient reçu mission d'enseigner. Mahomet fut admirablement secondé dans son œuvre par deux événements qu'il sut mettre à profit. Le premier fut la persécution que Titus et Adrien exercèrent sur les chrétiens, qui furent contraints de subir le supplice, ou de s'exiler dans des pays hors des limites romaines ; c'est ainsi qu'un grand nombre passèrent en Arabie, où échappant à Charybde et rencontrant Scylla, ils furent obligés d'embrasser la doctrine de Mahomet. Le deuxième événement fut le riche héritage que fit Mahomet de la veuve Kadidja, sa parente, laquelle en l'épousant le mit à la tête d'une immense fortune. Devenu ainsi riche et indépendant il put, par des largesses efficaces, se faire des séides. Toujours est-il que c'est à partir de ce moment qu'il conçut le projet de régénérer les croyances religieuses de ses compatriotes. Chose curieuse, ses plus grands ennemis furent des membres de sa famille, qui le traitèrent de fourbe et d'imposteur et l'obligèrent à les fuir. Les chefs des Koraïchites appartenant à sa propre tribu le condamnèrent même à mort par un arrêt unanime. Prévenu de cet arrêt, il eut le temps de s'échapper et sa fuite a été immortalisée par ses sectateurs qui, considérant cette fuite miraculeuse comme une manifestation de la puissance divine, en ont daté leur ère appelée hégire, de l'arabe *Lidjras (fuite)*.

A notre tour, s'il nous est permis de dépeindre le caractère de l'Arabe, voici ce que nous dirons, en parlant seulement bien entendu de l'Arabe proprement dit.

L'Arabe, vu dans l'isolement et loin de toute influence étrangère, paraît fier et a une démarche assurée ; ses regards toujours vifs semblent dédaigner tout ce qui l'entoure. Si quelqu'un passe à côté de lui, rarement il se dérange, pour lui laisser la bonne voie. Mais se trouve-t-il en présence d'une personne que les circonstances le forcent à craindre, il devient bas et rampant, et il n'est pas d'humiliations auxquelles il ne se soumette pour implorer son indulgence.

Est-il, au contraire, le plus fort, il n'est pas de moyens dont il n'use envers le faible pour lui témoigner sa force, trop heureux, lorsqu'il ne lui montre pas sa cruauté. Les exemples fournis par la plupart des prisonniers qui sont tombés au pouvoir des Arabes, soit depuis 1830, soit avant cette époque, en sont une preuve convaincante. M. Defrance, qui a toujours vécu en Algérie, même parmi les Arabes les plus avancés en civilisation, et quelques autres personnes dont je raconterai plus tard l'histoire, sont des exemples frappants qui viennent à l'appui de l'opinion que nous ne craignons pas d'émettre sur les indigènes nomades de la Barbarie.

Veut-on considérer l'Arabe sous l'influence de ce sentiment intime qu'un service rendu fait naître, et qui est le plus bel apanage d'un cœur noble et généreux. Là, l'Arabe sera dans une position délicate, car, si son cœur est parfois accessible à la reconnaissance, l'ingratitude l'emporte presque toujours.

A-t-il besoin de quelqu'un, il n'est pas de démarches ni de prières qu'il ne fasse pour obtenir ce qu'il désire; souvent même il prend un ton très compatissant pour toucher le cœur de celui dont il implore le secours. Le service rendu, si par votre position vous n'êtes pas capable de lui inspirer quelques craintes, il ne pense plus à ce que vous avez fait pour lui.

L'Arabe est-il plus vrai dans ses relations politiques? Si on veut se donner la peine, comme je l'ai fait, de compter le nombre de cheiks et autres chefs de tribus de l'Algérie qui ont fait leur soumission au gouvernement français, on verra, en consultant le *Moniteur algérien* depuis son origine, que le nombre des soumissions est au moins aussi grand, s'il ne le dépasse, que le chiffre des tribus elles-mêmes. Comment faire coïncider ce grand nombre de soumissions avec le peu de tribus qui nous sont restées fidèles ?

Dans l'intérieur de sa cabane, ou sous la tente, l'Arabe est absolument despote et éminemment paresseux. Une fois son cheval soigné et ses armes suspendues à côté de lui, il se couche nonchalamment, ne s'occupe plus qu'à manger, boire, fumer et dormir. Femmes, enfants et serviteurs, s'il en a, sont des satellites sans cesse en mouvement pour veiller à ses besoins; et si la femme, qui est bien la bête de somme du ménage, a négligé d'apporter assez d'eau ou de bois, qu'elle va chercher quelquefois fort loin, l'Arabe n'est pas aussi doux à son égard qu'on veut bien le faire croire. Couché plusieurs fois à côté des tentes, où plusieurs familles bédouines se trouvaient réunies, j'ai pu deux fois m'assurer de ce que j'avance. Dans l'une, la femme n'avait pas apporté assez de bois, tandis que dans l'autre elle n'avait pris que de la mauvaise herbe pour le cheval. Dans l'un et l'autre cas, je fus témoin d'une scène un peu orageuse pour la femme, et elle l'eût été encore davantage, si je ne me fusse trouvé là.

J'ai vu très souvent l'Arabe, avec sa pipe chargée de tabac, assis à peu de distance du feu, déranger sa femme, occupée à autre chose, pour lui apporter un charbon qu'il aurait pu prendre en se baissant.

SENTIMENT FILIAL DE L'ARABE

Mais pour ses enfants, l'Arabe est vraiment admirable ; tout ce qu'il a d'aimant et d'agréable, il le reporte sur eux. Rarement il les maltraite et on est étonné de le voir, sous une écorce aussi dure, prodiguer des caresses qui m'ont quelquefois fait venir aux yeux une larme de plaisir. Sous ce rapport, j'ai vu l'Arabe, depuis la province de Tlemcen jusqu'à celles de la Calle et de Constantine, être le même partout.

J'en rapporterai un exemple, qui restera longtemps gravé dans ma mémoire, et dont j'ai été témoin au camp de Brédéah, sous la tente de Mustapha-Ben-Ismaël, pendant l'expédition du général Bugeaud dans la province d'Oran, en 1837.

Le général Leydet, avec lequel j'avais dîné ce jour-là, nous invita, après le repas, à aller faire une visite au général Mustapha. Ce chef indigène, dont le dévouement était complet à la cause des Français, et dont les sages conseils, vainement donnés en maintes circonstances au gouvernement, lui ont valu l'estime et la considération de tous ceux qui l'ont connu, était assis dans sa tente, entouré de quelques chefs Douërs. A notre aspect, sa figure vénérable et si expressive témoigna le plus grand contentement. Des coussins nous furent aussitôt apportés, et bientôt nous formâmes un cercle assez nombreux autour du valeureux chef. Nous causions de l'expédition, dont le départ était fixé au lendemain, lorsque son petit-fils, âgé de dix ans, vint en courant se placer devant lui. Mustapha, dont les yeux, en regardant ce charmant enfant, exprimaient la plus vive tendresse, lui fit signe d'approcher, et d'un bond l'enfant alla se mettre sur ses genoux. Jamais l'amour filial n'a présenté un tableau plus digne de commander l'admiration qu'au moment où l'enfant, caressant la barbe blanche et ondulée de son grand-père, était enlacé par les bras vigoureux du respectable vieillard. Mais ce tableau devint d'une expression on ne peut plus touchante, lorsque l'enfant, promenant ses doigts délicats sur le visage de son père, lui demanda s'il lui permettrait de le suivre à l'expédition et de faire le coup de feu. Mustapha, que ces questions émurent de plaisir, posa un baiser de protection sur le front du juvénile solliciteur et le fixa un instant d'un œil approbateur. L'enfant, qui ne put contenir sa joie, rendit ce baiser en le déposant sur les mains de son grand-père en signe de contentement et disparut. Mustapha cherchait à cacher l'émotion que cette scène venait de lui faire éprouver, mais une grosse larme, qui roulait dans chacun de ses yeux, trahissait fidèlement tout le trouble de sa sensibilité.

Le lendemain et les jours suivants, nous vîmes le jeune Ali-Mustapha armé d'un petit fusil et faisant caracoler son joli cheval noir à côté de son grand-père.

L'avarice est inhérente au caractère arabe, et le besoin de thésauriser est celui sur lequel il concentre toutes ses actions. Il est curieux de lui voir examiner l'argent qu'il a reçu en échange de ses denrées, après un marché. Il le compte toujours huit à dix fois avant de l'envelopper dans un chiffon ; et il est probable qu'il le compte de nouveau lorsque, arrivé chez lui, il lui fait un dernier adieu, en le mettant sous terre. Si les payements qu'il a reçus ont été faits en petites pièces, on le voit courir de tous côtés demander des douros en échange, afin d'avoir plus de difficulté pour les dépenser et plus de facilité pour l'enfouir. Il aime mieux perdre quelques centimes sur les petites pièces, que de les emporter. Les juifs, cette race toujours à l'affût de tous les moyens de gagner de l'argent, sont ceux auxquels il s'adresse pour cet échange.

UN EXEMPLE DE MŒURS ARABES

Les mœurs de l'Arabe, au lieu d'être pleines de délicatesse et de décence, sont d'une dissolution dont on se ferait difficilement une idée en France. Leurs réunions, qu'ils appellent fêtes de tribu et qui correspondent à nos fêtes de village, sont l'occasion d'un dévergondage tel qu'on serait loin d'en trouver un pareil dans les lieux de débauche de notre capitale.

Toutes leurs cérémonies joyeuses sont accompagnées de danses d'un cynisme révoltant, et les enfants ne sont même pas bannis de ces scènes impudiques. Le spectacle de Garagousse qu'on donne dans toutes les villes musulmanes, pendant la fête du Ramadan, et qui n'est guère fréquenté que par des enfants, est une preuve frappante, sinon de l'immoralité des jeunes spectateurs, du moins du libertinage qu'on expose à leurs yeux. On ne craint même pas de mêler les scènes les plus scandaleuses à certaines cérémonies imposées par la religion. Dans celle de la circoncision, entre autres, les Arabes de la montagne et de la plaine ont l'air d'offrir des libations à Bacchus et aux bacchantes, plutôt que de remercier le législateur des maux dont il les a délivrés, en imposant comme un principe religieux une opération si salutaire aux habitants des pays chauds.

Dans la cérémonie qui précède et que j'ai vu célébrer dans l'une des tribus qui avoisinent la Ferme-Modèle, quatre filles de débauche, qu'on avait fait venir d'Alger, étaient les héroïnes de la fête, et elles étaient chargées, avec leurs danses obscènes, de récréer un enfant de sept ou huit ans. Est-ce là de la moralité?

Trouve-t-on là cette gravité de mœurs et ce respect des choses saintes, qu'un auteur très moderne veut que nous puisions chez les Arabes, en échange de cet amour insatiable du perfectionnement que nous pourrons leur donner, s'ils sont jamais susceptibles d'en comprendre les heureux effets? Je crois que nous gagnerons davantage en nous conduisant plus généreusement à leur égard; n'exigeons rien de l'Arabe, et tâchons, s'il est possible, de lui apprendre quelque chose qui puisse diminuer son fanatisme, nous aurons alors beaucoup fait; car c'est là la barrière puissante, qui le sépare de nos institutions et qui le rendra longtemps encore sourd à nos paroles. C'est sur cet obstacle que tous les efforts doivent être dirigés; c'est lui qu'on doit battre en brèche par tous les moyens qui sont de nature à capter l'imagination des indigènes. Après avoir dompté l'Arabe guerrier par la force : c'est, en effet, sur l'imagination des masses qu'il faut agir, par des procédés autres que ceux qui ne peuvent inspirer que de la crainte.

Mais, en vérité, laissons l'Arabe avec son fanatisme, ses préjugés, ses mœurs plus ou moins dépravées, son avarice, son égoïsme, sa méfiance et ses vertus, s'il en a, sans chercher à lui emprunter des exemples qui puissent nous être utiles. Nous avons en France assez d'hommes qui prêchent une saine morale et assez d'exemples de vertu et de sagesse, pour puiser à ces sources abondantes des principes qu'on chercherait en vain dans toutes les contrées des anciens Numides.

On ne saurait se flatter d'atteindre ce peuple et de pacifier entièrement le pays, même par une victoire décisive. Il ne faut rien espérer avant d'avoir assuré la sécurité indispensable aux travaux agricoles, et plus large sera le cercle de nos opérations militaires, plus efficaces seront les moyens protecteurs que le gouvernement devra employer, pour vaincre les obstacles que nous aurons à surmonter. L'exemple du passé nous donne trop lieu le droit de tenir ce langage, pour que nous puissions redouter de n'être pas cru dans notre affirmation.

Le système qui voudrait l'établissement d'une force française sur tous les points occupés par les indigènes ne saurait être pratiqué longtemps ; car les résultats les plus certains seraient des pertes sans profit pour l'armée et des dépenses excessives pour le trésor.

Toutefois, si nous étions appelés à manifester notre pensée, nous nous permettrions de la résumer de la manière suivante : 1° Faire peser la force et la puissance de nos armes partout où besoin sera, puisque la force peut seule en imposer à ce peuple ; 2° tracer ensuite, autant que les circonstances le permettront, les limites de notre occupation dans les trois provinces, et les défendre par une combinaison de moyens que nous laissons aux personnes plus compétentes que nous le soin de déterminer; 3° placer sur plusieurs points une colonne mobile, destinée à se transporter partout où l'ennemi ferait quelques tentatives de rébellion.

LE CARACTÈRE ARABE

Le caractère arabe ne saurait être défini d'après les règles qui appartiennent au caractère européen. C'est une vérité d'observation qu'on ne peut négliger et qui donne le secret de bien des mécomptes, en même temps qu'elle explique assez bien, à notre avis, l'insuccès des divers essais de colonisation qui ont été tentés jusqu'ici. Nous regardons comme démontré qu'on n'obtiendra jamais rien des Arabes, si on ne s'attache avant tout à les façonner à l'esprit de sociabilité, pour lequel ils éprouvent une répugnance presque invincible. Habitués qu'ils sont à vivre dans l'affranchissement de toute espèce de lien, ils ne peuvent supporter aucune obligation de dépendance ; le seul joug sous lequel ils courbent la tête est celui de la nécessité. Si, par hasard, ils cessent de pouvoir se suffire à eux-mêmes, ils ont recours à la force pour se procurer ce qui peut leur convenir ; et c'est alors qu'il devient facile d'apprécier et de saisir tous les vices de leur mauvais naturel. Suivez les mouvements de ces hommes parfois courageux et toujours cruels, et voyez-les s'avancer et agir. Si les adversaires auxquels ils s'adressent sont moins puissants et plus faibles qu'eux, ils ne demandent pas, ils exigent et ils prennent. Malheur à ceux qui oseraient en ce cas leur opposer de la résistance ! Au contraire, si la fortune leur fait rencontrer des ennemis en état de se défendre avec avantage contre leurs coups, comme ils sont humbles ! Ils ne menacent pas, ils prient ; leur voix est celle du servilisme porté à un degré qui peut à peine se concevoir. L'Arabe a une double face et un double langage ; autant il est superbe et vain, quand le triomphe ne lui paraît pas douteux, autant il se montre bas et rampant, quand il croit s'exposer au danger d'une défaite. Il fait briller le fer et donne la mort sans hésitation dans le premier cas ; dans le second, il ne marche même pas, il se traîne, en baisant les pieds et en implorant l'humanité et la pitié de son adversaire.

L'Arabe semble occuper une place exceptionnelle dans l'échelle des êtres humains ; on doit croire qu'il n'éprouve aucun désir d'introduire le moindre perfectionnement dans ses mœurs, et que son unique souci est de vivre de la même manière qu'il a toujours vécu. Il a été pendant trop de siècles ignorant et barbare, pour qu'on puisse aisément admettre qu'il consentira à être autre chose, et espérer pour lui un meilleur avenir. L'Arabe est pareil à un enfant rebelle, dont la correction est abandonnée à l'influence des années. Il est trop incapable de briser par ses propres forces les liens du fanatisme qui l'enlacent pour sortir de l'état d'engourdissement invétéré où il est né et où il aspire à mourir. Il lui faut un secours que le temps, ce puissant auxiliaire de toutes les réformes humaines, peut seul produire (1).

Une volonté persévérante est par-dessus tout nécessaire au peuple qui se dévoue à l'œuvre de la régénération des Arabes et qui s'impose la loi de les ramener à la raison par de nouvelles institutions. La France, qui s'est déjà acquis des droits immortels à la reconnaissance de toutes les nations, en faisant disparaître à jamais la piraterie des plages algériennes, saura persévérer assez de temps pour terminer l'œuvre si glorieusement commencée.

Si les moyens, mis par nous en usage auprès des Arabes, n'ont pas obtenu jusqu'à ce jour le résultat qu'on en espérait, pourquoi tarderions-nous davantage à reconnaître que nous nous sommes trompés sur la route que nous devions suivre? Loin de moi l'intention de jeter le moindre blâme sur les motifs

---

1. Quelques personnes trouveront peut-être notre jugement sur les Arabes trop sévère et un peu exagéré. Nous croyons que l'Arabe en général est bien tel que nous venons de le dépeindre; et si nous n'avions par devers nous des milliers d'actes dont nous avons été témoin, nous appuierions notre conviction sur le genre de mort des beys qu'on trouvera indiqué à la fin de ce chapitre. Nous y renvoyons le lecteur pour son édification.

qui ont pu diriger les actes du souverain pouvoir en Algérie; mais il me sera permis de dire qu'en général nous avons encouru le reproche d'avoir agi avec trop de philanthropie et de douceur (1). Ces moyens termes dont se sert un professeur pour ramener dans la bonne voie un élève qui s'en est momentanément écarté, doivent être proscrits désormais comme ayant été reconnus stériles envers les Arabes. C'est un malheur que nous devons tous déplorer, mais ce n'est cependant que l'expression de la vérité.

Nous dirons donc tout ce que nous pensons à l'égard des Arabes ; assurément nous avons besoin de beaucoup d'indulgence, et nous osons espérer qu'elle ne nous fera pas défaut, en considération des motifs qui nous animent. Mais nous croyons devoir à notre pays la révélation de ce que nous avons pu saisir du caractère des Arabes pendant le long séjour que nous avons fait en Algérie. Nous croyons servir la cause de nos compatriotes, devenus colons africains, en rendant compte de nos impressions particulières et en publiant

1. Si quelques arabophiles veulent opposer à cette doctrine les quelques actes de rigueur commis envers les Arabes, nous répondrons que ce sont de ces épisodes malheureux que la guerre autorise et qui doivent trouver leur justification dans les pièges auxquels les Arabes ont attiré tant de fois nos soldats, en trompant la loyauté de nos officiers. Qui ne conserve un douloureux souvenir du guet-apens de Bougie, en 1831, où un commandant fut si lâchement assassiné ? de celui de Medjezamar, en 1838, où 59 hommes tombèrent sous le fer de ceux-là mêmes qui les avaient conviés à venir chez eux, et de tant d'autres que nous laissons pour ne parler que de celui où 400 de nos braves furent, en 1845, horriblement et traîtreusement massacrés ?..

13.

les observations que nous avons recueillies, à la suite des expéditions nombreuses auxquelles nous avons pris part et qui nous ont mis en mesure de parcourir toutes les provinces de l'ancienne régence. Eh bien! nous n'hésitons pas à faire cette profession de foi sincère, profession de foi dégagée de tout intérêt personnel : c'est qu'en l'état actuel des choses, avec les usages, les mœurs et les préjugés enracinés des divers habitants du sol que nous avons conquis, nous avons beaucoup à redouter et très peu à espérer.

RÉSISTANCE DES ARABES A TOUT CHANGEMENT

Cette classe d'hommes ne veut entendre parler à aucun prix du bienfait de nos institutions; et, si quelques-uns d'entre eux ont cherché parfois à avoir des relations avec les Français, ils n'y ont jamais été conduits que par la crainte ou par l'appât d'un bénéfice pécuniaire, et jamais ils n'ont eu ni n'auront pour mobile, le désir d'une alliance réelle. Ils ont toujours accueilli, comme une marque de faiblesse ou d'impuissance, nos moyens conciliateurs et nos prévenances. Ne cessons donc jamais de nous montrer devant eux le front ceint de la couronne de la toute-puissance; que l'image de notre force apparaisse aux regards des Arabes partout et sous toutes les formes; pour le surplus, attendons avec patience et résignation et laissons-les eux-mêmes venir implorer notre protection.

Du moment où, tenus ainsi à distance, ils s'aperce

vront que nous avons résolu de ne nous occuper d'eux que pour repousser par des barrières de fer leurs tentatives d'invasion et leurs attaques, l'esprit de désordre ne pourra manquer de fermenter parmi leurs tribus, et de leur désunion il naîtra pour nous infailliblement un nouvel ordre de choses. Les faibles, se rappelant la justice et la sincérité qui président aux décisions de notre gouvernement, en reconnaîtront mieux les avantages et seront plus disposés à se soumettre aux conditions de notre protection. Nous interviendrons pour les défendre chaque fois que les circonstances l'exigeront ; mais il faut leur dicter des lois qu'ils seront obligés de suivre.

Alors commencera véritablement l'ère de la domination réelle de la colonisation française en Afrique et de la régénération de ce pays. Nous avons su emporter d'assaut la ville d'Alger et celle de Constantine, mais, pour la gloire de nos gouverneurs et de notre nation, nous avons un autre siège à faire, qui est d'une nature bien plus difficile, et d'où dépend l'avenir de notre établissement. Pour celui-ci, il n'est pas nécessaire d'avoir recours à l'artillerie ; ce qu'il nous faut, c'est une grande fermeté de caractère appuyée sur des institutions sagement élaborées et surtout, autant que possible, appropriées au caractère des Arabes. La colonisation, ou la fusion des Français avec les indigènes, est un rêve que personne ne fait même plus en Algérie ; on y est convaincu que le mélange de deux populations, si opposées et si disparates par les besoins et les sentiments, ne saurait jamais se réaliser. Chaque fois qu'une pareille combinaison sera tentée, il surgira, à des époques indéterminées, des événements qui en rendront les résultats très inconstants et l'insuccès presque inévitable.

La question de l'Algérie a fait pourtant de grands progrès en France depuis quelques années, comme on peut en juger par ce qui se passe aux Chambres et dans toutes les conversations particulières. Il y a peu de temps on mettait encore en question l'occupation restreinte ou l'abandon de l'Algérie; aujourd'hui il n'y a plus un Français qui voulût proposer l'évacuation de cette belle conquête, pour laquelle la France a fait déjà tant de sacrifices. C'est là un progrès réel et qu'il est important de constater.

Les changements qui se sont opérés en Algérie, depuis quelques années surtout, méritent bien les suffrages de l'opinion publique. Il faut être arrivé dans ce pays en 1830 pour apprécier toutes les phases de progrès qu'il a parcourues. C'est en établissant des points de comparaison qu'il est aisé de s'assurer des efforts que l'armée et les colons ont dû faire pour opérer une pareille transformation. J'entends tous les jours encore répéter que les anciens conquérants de l'Afrique ont fait des choses magnifiques et que nous ne serons jamais capables de les imiter. On peut répondre que les Romains ont dominé ce pays pendant dix siècles, que nous n'y sommes que depuis cinquante-trois ans, et qu'il est bien démontré que les vainqueurs du monde n'ont pas fait autant que nous dans le même laps de temps. Mais il ne faut pas se dissimuler que la domination de l'Algérie a été et est encore une œuvre longue et difficile ; car, outre la résistance opiniâtre des Arabes, il faut encore lutter contre un ennemi non moins redoutable, l'influence du climat.

Deux systèmes, dont l'origine remonte aux premières années de l'occupation, dérivent d'une divergence d'opinion, même entre les hommes qui ont longtemps habité l'Algérie.

Les uns croient les Arabes susceptibles de se façonner à nos institutions et de devenir, à la religion près, des citoyens français ; les autres, et ce sont les plus nombreux, sont convaincus, au contraire, de l'impossibilité d'opérer une pareille fusion, et pensent que les progrès de la colonie devront se faire sans la participation directe des indigènes. Ces deux opinions ont divisé les esprits en deux camps, et ceux-ci seraient encore enclins à prolonger la lutte, si les résultats obtenus n'avaient fini par convaincre les plus opposants.

LES ARABES KABAÏLES ET LES MAURES

Voici ce qu'on lit dans le livre si remarquable du savant naturaliste, M. de Tchihatcheff, membre correspondant de l'Institut :

« L'Algérie contient des éléments divers de population.

« Les Arabes de la Kabaïlie ou Kabaïles, habitant la plaine et les montagnes, forment au moins les 20/30 de la population. Quelques milliers de Maures, habitant les villes, composent le dernier 30e. Les juifs et les nègres, habitant également les villes, ne sont qu'un accessoire.

« Si le Maure n'est pas intellectuellement au-dessus de l'Arabe, il possède cependant une civilisation matérielle que l'Arabe a constamment repoussée, regardant celle-ci comme une chaîne qui entraverait son indépendance. Le Maure, en général, possède une maison de campagne qu'il habite l'été et souvent toute l'année. Il y promène son *farniente* et y savoure le repos oriental, dans un jardin où tout est gai et où l'air embaumé par le parfum des roses et surtout du jasmin entretient les sens dans une douce rêverie, que le ciel bleu et le soleil du midi peuvent seuls produire.

« Mais, à côté de cet homme, qui vit dans l'aisance et qui est proprement mis, se trouve l'Arabe, couvrant sa nudité de haillons et qui, au lieu d'un palais, habite une sale tente ou une misérable cabane (*gourbi*), dans laquelle vivent pêle-mêle hommes, femmes et enfants et même les bestiaux. Souvent cet Arabe qui paraît et qui simule avec intention la pauvreté, est plus riche que le Maure son voisin au costume luxueux.

« On pourrait croire que l'Arabe en guenilles à quelques considérations ou condescendance envers le Maure richement costumé, il n'en est rien ; l'Arabe en haillons passant à côté d'un Maure le regarde avec mépris, comme il regarderait un esclave.

« Le Kabaïle a de même un caractère bien tranché et d'une férocité qui ne laisse rien à désirer. Mais il a pour lui d'être sédentaire, attaché à la propriété qu'il cultive avec soin et une certaine intelligence. »

Il est juste cependant de dire qu'un grand progrès

s'est accompli, et nous avons été heureux de le constater nous-même, pendant notre dernier voyage en Algérie, en 1881. Ce changement, qu'un vieux Algérien pouvait surtout apprécier, marque un acheminement bien favorable et bien encourageant pour l'avenir de cette colonie si voisine de la mère patrie. Ce progrès consiste surtout dans la sécurité individuelle qui règne sur les routes et qui permet aux colons de vaquer librement à leurs affaires. Aussi, depuis que la zone militaire a été reculée jusqu'à Biskra et Laghouat, cavaliers et piétons peuvent-ils voyager en pleine assurance. Les communications jusqu'à Géryville, dans la province d'Oran, ne sont même nullement troublées par les indigènes de cette contrée. J'avoue qu'en traversant ces immenses solitudes qui précèdent Biskra, ce désert au sol si mouvant, sans route indiquée et où la voiture s'ensable presque jusqu'au moyeu, on ne peut se défendre d'une certaine inquiétude, surtout pendant la nuit; et pourtant on n'a eu jusqu'à présent aucune attaque sérieuse à réprimer. C'est là un réel progrès chez les Arabes et d'un très heureux augure pour les nouveaux habitants.

L'état familial de l'Arabe est resté identiquement le même. Cette immuabilité était à prévoir, quand l'Arabe posait si soigneusement, comme condition de sa soumission, le maintien du statut musulman. Mariages, divorces, successions, transactions, tout l'état civil et familial en un mot, est resté stationnaire. Tout au plus l'Arabe vient-il quelquefois demander à nos tribunaux une impartialité et des lumières qu'il n'est pas toujours sûr de rencontrer chez ses magistrats indigènes. Il n'y a pas à récriminer contre cette immobilité. Elle est le fait de convictions religieuses qui confondent la vie civile avec les prescriptions de la loi du Coran. Elle est le fait aussi de l'arrêt de développement d'une race, qui ne saurait se plier à une vie nouvelle.

Chez les musulmans, le Coran est tout, politique, finances, administration, principe de conduite, prière, etc. L'homme de génie qui a créé cette œuvre, s'est attaché à tout régler et à tout prévoir ; et il faut que son esprit ait porté bien juste, puisque rien n'a été changé dans les règles qu'il a tracées, il y a treize siècles, et que ses prescriptions sont observées par tant de populations occupant diverses parties du globe.

Les conditions politiques de la vie arabe ont un peu changé, en ce sens que la paix s'est faite entre les tribus régentées de haut par l'autorité française. Mais c'est une paix de compression et non d'adhésion ; les tribus restent tout aussi hostiles entre elles qu'autrefois ; elles sont toujours prêtes à se piller, à se battre ; et si ce n'était le *quos ego* de nos armes, nous verrions les provinces livrées à leurs anciens désordres.

On peut donc dire que l'Arabe en lui-même n'a pas changé, ni vis-à-vis de l'Arabe, ni vis-à-vis de nous. En effet, malgré cinquante années d'une administration juste, intègre et intelligente, l'Arabe nous déteste et nous méprise, autant qu'il a jamais détesté et méprisé le giaour, le roumi. Encore aujourd'hui, ce nom dans sa bouche est une insulte.

LE SÉNATUS-CONSULTE DU 25 AVRIL 1863

Le Sénatus-consulte de 1863 eût pu être pour les indigènes un grand bienfait, ils n'en ont compris ou voulu comprendre ni le sens ni la portée ; ils n'y ont vu qu'une concession faite par la faiblesse ou la crainte du vainqueur. La générosité est, en effet, comme nous l'avons déjà dit, un sentiment qui tient une faible place dans l'âme d'un Arabe ; et il est convaincu que celui qui cède le redoute. Aussi le sénatus-consulte a-t-il été aussitôt suivi de la formidable insurrection de 1864. Six ans plus tard, quand la France fut à deux doigts de sa perte et que l'Arabe crut avoir quelques chances de nous jeter à la mer, il entreprit une insurrection générale et il la renouvellera toutes les fois que nos embarras lui donneront le même espoir.

A ce propos, voici ce que nous dit un jour un Arabe haut placé, parlant bien le français et l'italien, en se promenant avec nous dans le port d'Alger, en 1840. « Après la conquête vous deviez vous en retourner, et nous faire payer les frais de la guerre. En occupant le pays, vous avez bouleversé notre état social et brisé nos fortunes, etc. Et tu veux que nous vous aimions ? Mais si j'étais le plus fort je vous jetterais tous à l'eau et toi le premier, ajouta-t-il en riant, *mais des lèvres seulement.* »

L'Empereur lui aussi, séduit par les acclamations ardentes et hautaines à la fois des Arabes, qui savent si bien manifester des sentiments qu'ils ont intérêt à paraître éprouver ; séduit encore plus par les qualités militaires, les brillants dehors et la courtisanerie raffinée des grands chefs indigènes, l'Empereur se trompa sur la valeur du peuple arabe ; et la promulgation du Sénatus-consulte fut une grande erreur qui retarda beaucoup les progrès de la colonisation, en affaiblissant la confiance des émigrants. Aussi qu'arrive-t-il maintenant ? C'est que l'administration est encore obligée de prendre des ouvriers arabes pour suppléer au manque des bras nécessaires.

Les partisans du Sénatus-consulte sont encore nombreux et ils font l'apologie des qualités généreuses des Arabes, pour demander en leur faveur de nouvelles concessions administratives. Celles-ci, si elles étaient accordées, deviendraient, à n'en pas douter, la ruine de la colonie.

L'Arabe est si bien imbu de ces idées que, pour lui, la donation que nous lui avons faite en 1863 est une marque de faiblesse, une preuve de la crainte que nous éprouvons de la race indigène. Nous avons essayé, dit-il, de lui donner ce qui n'est pas à nous, ce qui est à l'Islam, ce que Dieu enlèvera sous peu de nos mains impies. Aussi, n'a-t-il jamais hésité à se soulever contre nous, toutes les fois qu'il a pensé avoir chance de nous renverser, et c'est pour nous remercier de notre générosité qu'il a exécuté la formidable insurrection de 1870. Ces insurrections sont toujours d'ailleurs l'œuvre des confréries ou associations religieuses qui sont très puissantes dans le pays, comme elles le sont un peu partout. Le sujet est assez intéressant pour que nous croyons devoir lui consacrer quelques détails que nous empruntons en grande partie au colonel Noëllat. Cet officier a longtemps habité l'Algérie et y a rempli des fonction qui lui ont permis d'étudier de près les mœurs et les habitudes des indigènes.

LES SECTES RELIGIEUSES ET L'ENSEIGNEMENT

Le nombre des sectes algériennes est de cinq ou six ; il est inutile d'en faire ici la nomenclature et l'historique. Il suffira de faire connaître l'esprit de ces sectes en général, leur mode de recrutement, et leurs tendances.

« Elles ont redoublé de puissance, dit le colonel, depuis la conquête française. Le fait est fort naturel et s'est produit partout où le peuple a vu sa liberté et sa nationalité perdues par sa défaite. Ne pouvant lutter à ciel ouvert, il lutte par les sociétés secrètes.

« L'indigène suit maintenant aveuglément les ordres de ses M'Kaddem (frères prêcheurs) et il les consulte en tout ; le mot d'ordre qu'ils donnent vient de haut ; il est profondément médité, et peut s'énoncer comme suit : Résistance à la conquête française, en gardant la terre, en faisant le vide autour du vainqueur, et en fuyant son esprit comme la peste.

« Les chefs réels de ces sociétés secrètes résident à l'étranger, puissant moyen de soustraire ces associations à notre influence. Ainsi, le chef de l'ordre des Snoussa, Si-el-Mahdi-ben-si-Snoussi, réside au Djebel-Lakhdar (montagne verte) dans la Tripolitane. Il tient tout le sud algérien dans sa main et attend le moment favorable pour se jeter sur nous.

« Au-dessous des chefs réels, des grands maîtres qui nous sont souvent absolument inconnus, nous voyons des chefs provinciaux, sortes de délégués du maître, qui sont généralement à la tête des grandes zaouïas.

« Ces zaouïas, bien connues maintenant des touristes algériens, sont des moyens de propagande pour la secte religieuse. Elles tiennent du monastère d'autrefois, du séminaire d'aujourd'hui, de nos écoles de droit, de nos lycées et enfin de nos écoles primaires. Elles reçoivent, en effet, les enfants de six à dix ou douze ans, de toutes conditions, et leur enseignent la lecture, l'écriture, le Coran et un peu d'arithmétique. Pour l'immense majorité des enfants, ce maximum d'instruction est encore réduit, et se borne à épeler les lettres et à retenir quelques versets du Coran. »

Voici comment les écoles primaires sont composées ou mieux disposées. Ordinairement les chambres, toujours au rez-de-chaussée, sont petites et peu éclairées, le mobilier est encore plus simple puisqu'il n'y a ni chaises, ni bancs ; mais seulement quelques nattes en paille sur lesquelles maître et enfants sont accroupis.

Le maître est assis, les jambes croisées, adossé au mur. Les écoliers, dans la même attitude, forment un demi-cercle autour du maître. Le maître tient constamment une gaule mince et flexible, d'une longueur qui lui permet d'arriver à la hauteur des écoliers ; on peut se demander si la gaule a servi de modèle pour le placement des écoliers, ou si la distance du mur a été prise pour établir la longueur de la gaule; toujours est-il que le maître peut atteindre facilement tous les élèves avec sa baguette, sans se déranger ni faire aucun effort. Le plus ordinairement les écoliers n'ont pas de livre et ils tiennent presque toujours un rosaire arabe et répètent isolément ou en chœur, d'une voix aigre et nasillarde, les versets du Coran, qui sont la base de leur éducation humanitaire. On voit que la nature de leurs études n'est pas bien variée; mais il est nécessaire et on exige, non que le Coran soit complètement su, la vie d'un Arabe n'y suffirait pas, mais qu'on sache le plus de versets possible; car un écolier qui sait très bien vingt versets du Coran peut être bachelier ès lettres, en Islam, et celui qui en sait cinquante, bachelier ès sciences (*non reçu en Sorbonne*).

Enfin un homme qui en sait *cent* est un *Taleb*, ce qui veut dire un *savant*.

Quand un malin répond mal, qu'il commet une faute ou fait un geste qui ne convienne pas au maître, celui-ci lui allonge un coup de sa gaule sur la tête.

Il y a ensuite les écoles de hautes études et surtout de théologie, d'où sortent les missionnaires, qui sont constamment en tournée, pour prêcher dans toutes les tribus les maximes de l'Islamisme et la haine des catholiques.

Viennent ensuite les enfants un peu plus âgés et généralement plus fortunés, que leurs familles maintiennent à l'école jusque vers dix-sept ou dix-huit ans. On leur apprend, outre la lecture, l'écriture, le calcul et le Coran, des éléments d'astronomie, de littérature et de philosophie. On leur donne surtout d'excellentes leçons de dignité extérieure, de maintien et de précautions oratoires. Tous ceux qui ont beaucoup fréquenté l'Arabe savent combien il excelle en ces dernières connaissances.

C'est donc dans l'introduction de l'élément européen que nous devons chercher un contre-poids à l'élément arabe, pour assurer l'avenir de la colonisation. Ce fut justement l'idée contraire qu'appliqua l'Empire, en promulgant son sénatus-consulte de 1863. Il voulut s'attacher l'Arabe, en lui montrant que la terre arabe lui resterait, que nulle colonisation ne serait permise.

Ces décrets amenèrent dans la colonie de vives protestations qui ne furent pas écoutées, et il s'en suivit une sorte de découragement chez les colons. Ils sentaient que l'avenir était fermé, qu'ils n'avaient plus qu'à végéter. En effet, avec la législation de 1863, l'émigration était arrêtée net. De quoi les nouveaux arrivants auraient-ils pu vivre?

Enfin les Zaouïas, choisissent, parmi les enfants les plus intelligents, ceux dont elles feront des Talebs (savants); c'est parmi ces jeunes gens qu'elles recruteront leur personnel enseignant, tant dans la Zaouïa mère que dans les succursales où les tribus envoient leurs enfants. C'est aussi parmi ces Talebs que l'on choisira les membres actifs et les frères prêcheurs de la secte. On les munit d'un chapelet et d'un mot d'ordre ou talisman spécial qui les fasse reconnaître aux adeptes. Ils vont alors de tribu en tribu, groupant les populations autour d'eux, réchauffant le zèle musulman et prenant des notes sur chacun, sur ses aptitudes, son degré de dévouement, et le rôle à lui confier au moment d'une insurrection. Ces tournées durent souvent des années entières. A des époques à peu près fixes, en général après les récoltes, le chef provincial et quelquefois un de ses fils ou un autre délégué, se mettent aussi en route pour parcourir les tribus. Ils distribuent les chapelets, les insignes de réception dans l'ordre religieux, à ceux que les M'Kaddem (frères prêcheurs) ont signalés comme dignes de cet honneur. Ils réunissent dans chaque localité tous les adeptes (Khouans) anciens ou nouveaux, et se livrent aux pratiques de la piété musulmane. Ils reçoivent les Ziara (offrandes) des fidèles, consistant en céréales, huiles, beurres, laines, vêtements, couvertures, animaux, argent, etc... Ces dons sont naturellement plus abondants une fois les récoltes faites. Toutes ces aumônes sont envoyées au fur et à mesure à la Zaouïa.

Entre le M'Kaddem et le chef provincial, se placent des échelons hiérarchiques qui exigent de la part de l'adepte, pour être franchis, des services de longue durée et d'austères pratiques, qui ont de singulières ressemblances avec celles de la religion chrétienne. Ainsi, le M'Kaddem doit subir une retraite fort longue dans une des Zaouïas de son ordre. Ces retraites durent un, deux ou trois mois, quelquefois plus. Le postulant se livre au jeûne et aux macérations; souvent son esprit s'exalte et s'illumine. Il a des visions, il prophétise, et généralement ses prédictions débutent par l'annonce que l'infidèle va être vaincu et exterminé, et, bien entendu, les Français chassés de l'Algérie. Les chefs d'ordre recommandent de laisser toujours l'adepte arriver à cet illuminisme par le jeûne et la macération, de l'y maintenir le plus longtemps possible et d'ouvrir, aux moments où il prophétise, les portes du sanctuaire aux populations indigènes, afin de bien frapper les imaginations de celles-ci.

En voici un exemple dont j'ai été témoin à Blidah.

Blidah est devenue maintenant, pour les habitants d'Alger, un lieu de promenade, où le chemin de fer les transporte en trois heures; c'est aussi, après Alger, la ville que le touriste s'empresse de visiter, dès qu'il met le pied sur le sol algérien. Il est vrai que ce n'est plus la Blidah de 1830, qui semblait être sortie comme par enchantement au milieu de tentes et de huttes misérables, dont les accès étaient occupés par une splendide forêt d'orangers, des avenues ombragées et des groupes de jardins verdoyants. Maintenant les huttes ont été remplacées par de belles et élégantes maisons, des places bien ombragées et des bassins d'où jaillit un ruisseau d'eau claire, qui entretient une salutaire et agréable fraîcheur.

La population de Blidah est aujourd'hui de 15.000 âmes au moins. En résumé, Blidah par sa situation topographique, la richesse et la variété de sa végétation et l'abondance de ses eaux, est destinée à devenir ce qu'elle commence à être réellement, le *Buen retiro* de la province d'Alger, des touristes et des colons enrichis, comme elle l'était du temps des deys et de l'aristocratie mauresque; si l'attraction qu'exerce Blidah n'a reposé exclusivement jusqu'à ce jour que sur le splendide spectacle de la nature, le temps n'est pas éloigné où des villas élégantes, comme il y en a déjà quelques-unes, complèteront l'ensemble de cet admirable panorama.

Blidah renferme deux choses remarquables qui méritent d'être vues : d'abord un bois d'oliviers centenaires d'une grosseur étonnante ; le tronc de plusieurs arbres mesure jusqu'à 4 mètres 50 de circonférence. Ce bois, à cause de l'énormité des arbres et du voisinage du tombeau du marabout *Sidi-el-Kébir*, a pris le nom de Bois-Sacré. C'est là que se réunissent les pèlerins qui viennent, à certaine époque de l'année, rendre hommage au marabout si vénéré ; et c'est celui-ci qui a fait donner le nom de ville sainte à Blidah.

La fête la plus importante qui attire les croyants de toutes les régions de l'Afrique du nord, est celle du *Mauloud*, en commémoration du jour de la naissance du prophète.

La cérémonie à laquelle j'ai assisté avait lieu le soir, à la lumière des torches, et la foule arrivée de toute part était très compacte. Le jour sacré fut inauguré le matin par une procession qui, partant du cimetière, se rendit au bois sacré, où se trouve le tombeau du saint. Après quelques prières faites en chantant et en nasillant, le silence se fit et un marabout, qui s'était introduit dans le cénotaphe recouvrant le cercueil du saint, fit entendre des voix et des murmures confus, recueillis par les assistants comme autant d'échos vénérables répétant l'entretien du marabout vivant avec le *saint mort*. Pendant le silence gardé par le prédicateur, les assistants s'empressaient avec le plus grand respect d'aller déposer sur le cénotaphe l'obole destinée à son entretien et peut-être un peu plus à dédommager le pieux marabout des fatigues de la conversation sacrée qu'il venait de leur communiquer.

Le soir, la fête se termina à la lueur des flambeaux par une procession au cimetière, d'un effet excessivement pittoresque, qui se prolongea toute la nuit.

On me dit qu'elle devait se reproduire pendant une semaine dans toutes les villes musulmanes, à cause de la grande vénération qu'inspire la mémoire du *Marabout-el-Kébir* (Marabout le Grand).

Les Zaouïas avaient autrefois de nombreux biens, dits Habbous, provenant de donations dont les revenus leur étaient acquis pour toujours, mais qu'elles ne pouvaient vendre. Le Domaine français a fait pour ces biens de la religion ou du culte musulman ce qu'il a fait, en 1790, pour les biens du clergé : il se les est appropriés, mais à charge de fournir aux dépenses des Zaouïas et du culte. Il alloue, en effet, chaque année des subventions à ces établissements ; mais ces allocations sont peu de chose relativement à leurs revenus précédents.

Les Zaouïas et les fidèles ont regardé la confiscation des biens Habbous comme la pire des spoliations. La charité des populations est en somme la grosse source de revenu des établissements religieux.

Indépendamment des Zaouïas et de leur personnel, il y a dans les tribus certaines familles dites marabouts ; ce sont en général des descendants de quelque indigène réputé pour ses vertus et mort en état de sainteté. Les descendants se sont bien gardés de négliger une pareille parenté ; ils ont généralement continué le métier, qui est bon, et ont pris un caractère religieux. Quelquefois, une tribu entière est marabout.

Tels sont les principaux traits de l'organisation religieuse musulmane; nous devons la regarder comme dirigée surtout contre nous et la surveiller de près. Il paraît difficile de proscrire complètement ces associations. Nous leur donnerions ainsi une teinte de martyre qui redoublerait le nombre et le zèle de leurs prosélytes; d'ailleurs, il ne faut pas oublier que le christianisme et l'Europe comptent de nombreux résidents dans le pays musulman et que ceux-ci pourraient porter le poids des sévices exercés en Algérie contre les ordres religieux. Nous devons donc tolérer dans une certaine mesure les Zaouïas, leur enseignement et les aumônes ou Ziara, qui servent aux pauvres autant qu'au M'Kaddem; mais il faudrait s'efforcer de détruire, par tous les moyens, l'influence de ces sectes hostiles.

L'un des moyens les plus puissants est sans contredit l'instruction populaire donnée par nous aussi largement que possible. Ouvrons partout des écoles française d'instruction primaire et que nos maîtres d'école pénètrent jusque dans la tribu. Faisons de sérieux avantages à l'indigène qui a appris notre langue et que tous les emplois publics, si infimes qu'ils soient, ne puissent être donnés qu'à l'Arabe qui parle et écrit notre langue. Que les particuliers fassent œuvre de patriotisme, en n'employant que l'Arabe qui donne cette preuve de bon vouloir. L'instruction, si faible qu'elle soit, est le vrai dissolvant du fanatisme.

La Zaouïa a des adeptes (Khouans) dans l'Oued-R'ir, au Souf, où elle a élevé la magnifique succursale du Guemar, en Tunisie, où le Bey s'était affilié à l'ordre; et dans l'extrême sud, où elle régente les Troud, les Chamba, les Mekhadma, les Touaregs, etc. On cite des Zaouïas fort riches. La Zaouïa-mère a élevé une succursale à Timermassin, dans la haute vallée de l'Oued Mya, à mi-chemin du Djebel Hoggar, chez les Touaregs Hoggar. Elle a des richesses immenses qu'elle fait passer, dit-on, en Tunisie, et qui se chiffrent par une cinquantaine de millions. Elle a pour directeurs spirituels les El-aïd, saints marabouts qui ne s'occupent que de prières et d'éducation; pour directeur temporel elle a un des frères de mère des El-aïd, Si Maamar, de race nègre, qui est fort intelligent, et qui a su porter la Zaouïa et son ordre au comble de la prospérité.

Ces quatre confréries ont leurs alliances temporelles en harmonie avec l'esprit des populations qu'elles englobent. Timmermassin s'est inféodée aux ben Chenouf; Kheïran aux ben Naceur, suzerains du Djebel Cechar. Longtemps, Tolga suivit la fortune des ben-Gana et ne fit mine de se détacher d'eux qu'en voyant l'opinion algérienne poursuivre la ruine des grands chefs indigènes. Tenacin s'est alliée au vieux parti national représenté par Si Ali Bey, ce qui ne l'a pas empêché de faire bon ménage avec nous. On peut dire que Tolga et Kheïran, par leurs alliances politiques avec les ben Gana et leurs parents les ben Naceur, sont du parti français, ou tout au moins tellien; les Zaouïas de Timermassin et de Temaïn, alliées à Si-Ali-Bey et à ses amis les ben Chenouf, représentent le parti national autonome, le vieux parti qui résista si longtemps aux beys de Constantine, lorsqu'ils étaient puissants, et qui accueillit le dernier bey vaincu, espérant s'en faire un drapeau contre le Tell, c'est-à-dire contre nous.

Enfin, il est une autre secte, la plus secrète, la plus dangereuse, et peut-être la plus nombreuse de toutes celles qui ont pris racine en Algérie, la secte des Snoussia. Celle-ci a franchement pris pour mot d'ordre l'expulsion des Français du territoire musulman. Son fondateur, Si Snoussi, est d'origine marocaine. Après de nombreux voyages et essais, il fixa sa résidence au Djebel-Lakhdar, dans le pays de Benghasi en Tripolitaine. Il ouvrit une Zaouïa, prescrivit à ses adeptes des pratiques fort sévères et exigea d'eux une obéissance absolue, en ce qui concerne la guerre à faire aux Français.

Son ordre prospéra vite, grossi tout d'abord de tous les réfugiés algériens qui fuyaient devant la conquête française; puis des Mokaddem qui s'introduisirent en Algérie et firent de nombreux prosélytes. A la mort de Si-Snoussi, son fils Si-el-Mahdi-ben-Snoussi (l'envoyé de Dieu, fils de Si-Snoussi) prit la direction de l'ordre et le porta à un très haut degré de prospérité. C'est une confrérie dangereuse pour nous, qui mine secrètement notre organisation administrative et nous créera de grosses difficultés, au jour d'une insurrection générale.

Pour le musulman, Dieu peut tout, d'ailleurs, et le jour où il le voudra, une femme arabe chassera devant elle toute l'armée française et la jettera à la mer. Aussi n'est-ce pas dans les efforts humains qu'espère le vrai croyant, mais bien dans un miracle. C'est par des miracles de thaumaturge que le nouveau chérif accrédita sa mission ; ces mêmes miracles que Dieu lui permettait de faire pour dessiller les yeux et fondre les cœurs endurcis, Dieu les continuera contre les infidèles. Que les vrais croyants marchent, et tout le reste viendra !.. Ils n'ont pas de fusils, qu'ils prennent des bâtons ou une mâchoire d'âne ! Mais le Français a des fusils Gras ? Qu'on ne s'en inquiète pas, Dieu, qui a bien arrêté le soleil pour Josué, saura bien arrêter le fusil de l'infidèle.

Aussi, est-ce avec un enthousiasme de martyr que l'Arabe va au combat. S'il remporte un succès, Dieu est avec lui, palpable, présent, et la preuve c'est que voilà les cadavres des infidèles ; dans cette conviction, l'Arabe égorge avec volupté, il se grise de sang ; c'est l'antique sacrifice qui plaisait tant au Dieu d'Israël. Les sectes religieuses se multiplient, en retrempant le fanatisme dans ces réveils périodiques de l'idée musulmane.

On risque fort de se tromper lorsque, voyant l'Arabe faire une insurrection évidemment absurde et condamnée d'avance, on en cherche la raison dans de profondes déductions qui ne sont jamais entrées dans sa tête.

L'Arabe s'insurge, parce qu'un beau jour un vent de fanatisme le grise. Il est en ce moment le vaincu, mais ses sentiments de nationalité ne sont pas morts. Cette nationalité est à la fois très étroite et très vaste ; politiquement, elle s'arrête à la tribu ; religieusement, elle étreint le monde mulsuman tout entier. Jusqu'ici nous avons respecté, tant que nous l'avons pu, la tribu et le Coran, et nous avons bien fait ; mais, ce faisant, nous avons laissé debout tous les sentiments de la nationalité arabe. En évitant de les froisser, nous espérions éviter les insurrections ; mais, malgré tout, l'Arabe, même ainsi ménagé, se sent investi de plus en plus par l'infidèle. Sa liberté politique de tribu, nous la réduisons chaque jour davantage. Ses croyances, nous en rions, et l'Arabe nous reproche plus encore notre absence de religion convaincue qu'il ne nous reprocherait notre fanatisme. Aussi, le sentiment intérieur, toujours comprimé, se tend-il à l'excès dans son âme, et il éclate par à-coups, sans calculs, à la merci du moindre incident.

L'ARABE NOMADE ET L'ARABE SÉDENTAIRE

1° L'Arabe nomade est uniquement guerrier ; il aime la guerre et le bruit des combats, il se délecte à l'odeur de la poudre et les coups de fusil constituent sa principale distraction. La culture de la terre est trop prosaïque pour lui, il l'abandonne aux soins de la femme ; c'est la femme qui sème et récolte pendant que son maître galope et caracole sur son coursier plus ou moins ardent ; fanatique et superstitieux au suprême degré, esclave de sa religion, il se laisse facilement entraîner à la révolte contre nous, par le premier Hadji qui arrive d'un pèlerinage à la Mecque et vient lui prêcher la guerre Sainte, au nom du Grand-Prophète.

2° L'Arabe sédentaire, le Kabaïle, par exemple, a été notre plus cruel ennemi. Perché au sommet des montagnes comme un vautour, il croyait ses villages suffisamment défendus par l'absence de tout moyen de communication et par l'enceinte infranchissable d'une haie de cactus; il supposait, qu'à l'exemple des Turcs, nous n'oserions jamais tenter d'escalader ses montagnes abruptes défendues, d'ailleurs, par une population courageuse et se servant adroitement du fusil. Le Kabaïle est, en outre, industrieux et bon cultivateur; il est forgeron, maçon, taillandier, armurier, fabricant de monnaie, etc. Son intelligence étant appliquée à des travaux si utiles et si peu contemplatifs, il en résulte que le Kabaïle est moins superstitieux et moins accessible aux prédications révolutionnaires. S'il a pu l'être dès le début de la conquête, il est devenu plus prudent, sinon plus dévoué, depuis qu'il a eu la preuve que tous les obstacles derrière lesquels il se croyait *complètement* à l'abri de nos armes ont été franchis et que les routes qui traversent maintenant son magnifique pays, le met tout à fait à notre disposition.

Par toutes ces raisons, il peut être permis d'espérer que les Kabaïles, attachés à leur sol, aimant le travail, trouvant dans leurs relations avec nous un écoulement facile de leurs produits et un bénéfice rémunérateur, seront moins ou peu disposés à la révolte à condition qu'on respecte leur tranquillité. Quant à leur assimilation, il n'y faut pas songer, malgré l'espoir et même l'assurance qu'en donnent quelques publicistes éminents. Avec le temps, ils pourront, *peut-être*, devenir des auxilliaires dévoués à notre cause, mais seulement par intérêt personnel.

En résumé, il faut que la France s'habitue à voir guerroyer, plusieurs années encore, notre armée en Algérie ; car il se trouvera longtemps, à des époques plus ou moins éloignées ou rapprochées, un indigène fanatique qui, après avoir fait une ou deux et même trois fois le pèlerinage de la Mecque, reviendra, sous le nom d'*Hadji* et, se disant inspiré de l'Esprit de Mahomet, prêchera la Guerre sainte, pour chasser les Infidèles, au nom du Grand Prophète, qui leur réserve de si douces récompenses.

Du reste, l'Arabe veut rester immuable maintenant, comme il l'est demeuré sous les Romains et les Vandales ; il méprise nos institutions, et veut être pour nous ce qu'il a été pour les autres conquérants, un ennemi acharné. On sait que les fiers Romains, *deux siècles* après leur conquête, étaient encore obligés de repousser cet ennemi insaisissable qui s'appelait alors Numide, ce qui ne les a pas empêché de persévérer. Convaincus des ressources que ce pays leur promettait, ils y ont fait des dépenses considérables et créé des merveilles en tous genres ; et, en hommes positifs qu'ils étaient, ils se dirent que les avantages que Rome retirerait plus tard de cette possession, au double point de vue politique et commercial, valaient bien le sacrifice de quelques hommes et de quelques millions. Pourquoi la France ne ferait-elle pas comme Rome? les conditions sont à peu près les mêmes ; cependant peut-être plus difficiles, car nous avons eu plus des

Romains, un élément qui n'existait pas encore chez les Arabes : je veux parler de l'élément religieux, arme redoutable chez tous les peuples, arme si terrible et si acérée chez le fanatique habitant de l'Algérie et du Sahara algérien.

L'histoire nous apprend, il est vrai, que les Romains étaient peu indulgents à l'endroit des peuples conquis et que les moyens qu'ils employaient, pour les soumettre, étaient peu philanthropiques.

Il n'en est peut-être pas de même, à notre époque, avec les progrès de la civilisation et les moyens de pacification que l'instruction et l'éducation ont mis entre les mains des conquérants. La France, qui marche à la tête des nations les mieux dotées et les plus généreuses, saura, il faut l'espérer, user de toutes ses ressources pour atteindre un résultat plus prompt que les Romains, et accomplir sa mission si essentiellement humanitaire.

Afin d'appuyer l'opinion émise sur les Arabes, je vais citer quelques exemples qui témoigneront de la confiance qu'on doit accorder à cette population, au point de vue politique et administratif.

Sidi-Ben-Harah, après avoir fait sa soumission, resta quelques années notre allié et ami ; mais il accepta, en 1835, le Beylicat de Mélianah d'Abd-el-Kader et devint par la suite, notre cruel ennemi. C'était un homme d'une superbe prestance, instruit et intelligent ; il fut le conseiller le plus intime et le plus dévoué de l'Émir contre nous.

Benzamoun et *Boldani*, deux cheiks des Hatjouts, ont été quelquefois nos alliés et nos amis, mais plus souvent, nos plus cruels ennemis, mettant à feu et à sang la plaine de la Mitidja, égorgeant nos malheureux colons, n'épargnant ni les femmes, ni les enfants, et déployant, avec forfanterie, les burnous rouges qu'ils avaient reçus en investiture et en signe de leur soumission.

Mustapha-Ben-Mizrac, bey de Tireri, est celui que le Dey d'Alger avait signalé à Bourmont comme le plus fourbe des hommes. « Il viendra, avait ajouté Hussein-Dey, s'offrir et vous promettre d'être fidèle, mais il vous trahira à la première occasion. J'avais résolu, depuis quelque temps, de lui faire trancher la tête; votre arrivée l'a sauvé de ma colère. » Cette prédiction ne tarda pas à s'accomplir. A peine Alger pris, Mustapha vint se prosterner aux pieds du général Bourmont et lui fit le serment le plus solennel d'obéissance et de fidélité. Après cet engagement, il revint à son poste, à Médeah. Un mois plus tard environ, il engagea le général à faire une reconnaissance jusqu'à Blidah : « La présence de l'armée française aura, pour effet immédiat, disait-il à Bourmont, de faire naître la confiance et de hâter la soumission de toute la province. » D'autres notables du pays, surtout le nouvel aga *Haman-Ben-Secca*, qui proposait alors un arrangement particulier entre les Français et les Cheiks arabes de la province d'Alger, représentèrent, à Bourmont, que le Bey de Titeri, connu comme le plus fourbe des hommes, cherchait à l'attirer dans un piège. Ils lui firent observer qu'il serait bon de ne pas s'aventurer aussi loin d'Alger avant de s'être assuré des dispositions amicales des peuplades voisines. Mais le maréchal, ayant promis au Bey de Titeri d'aller examiner, par lui-même, l'état des choses, repoussa ces prudentes et sages observations. « J'ai promis, répondit-il, d'aller à Blidah, « je passerais pour avoir peur, si je ne tenais pas ma parole. »

Le maréchal, trop confiant, fit cette reconnaissance avec une faible escorte; et, à peine arrivé à Blidah, on ne trouva que des ennemis; l'aide de camp du général, M. de Trelan, y fut tué et le petit détachement, aux prises avec les Kabaïles, eut beaucoup de peine à rentrer à Alger. Le fidèle et si dévoué Bey avait fait entendre aux Kabaïles que le mouvement opéré sur Blidah par le général avait pour but de couper leurs communications, de les envelopper et de les détruire successivement.

Hussein-Dey, lui-même, est un exemple frappant de cette foi africaine; en effet, après avoir témoigné sa plus sincère reconnaissance au maréchal Bourmont, pour sa générosité à son égard, qu'il ne devait oublier de sa vie, il ajouta que, si jamais il se trouvait dans le besoin, c'était au roi de France qu'il s'adresserait.

Eh bien! deux années après ce serment si solennel, on arrêta à Bône vingt Arabes qu'on trouva porteurs de lettres de Hussein-Dey, à l'adresse de tous les chefs de tribus, les engageant à se mettre contre les *roumis*, tous ces mécréants que le Grand Prophète a en exécration. « Ils sont faibles, disait-il, il faut profiter de ce moment pour les chasser d'une terre qu'ils souillent depuis deux ans. Mahomet vous envoie des sabres, servez-vous-en, et ne les ôtez de leurs fourreaux que pour faire tomber la tête d'un Français.

Tels sont mes vœux, tels sont aussi ceux de Mahomet, qu'il vous transmet par mon organe. De douces et voluptueuses récompenses seront réservées à ceux qui mourront en défendant la bannière de l'Ilsman. Moi, j'en réserve de grandes à ceux qui m'aideront à *replanter*, sur la Casbah d'Alger, l'étendard de notre Grand Prophète... Dans peu je serai avec vous. »

En outre de ces exemples, pris parmi les chefs principaux, nous pourrions citer nombre de Cheiks qui, après avoir juré, par Mahomet, leur soumission et leur fidélité, étaient quelques mois après à la tête des combattants ennemis, étalant avec une certaine forfanterie le burnous rouge qu'ils avaient reçu comme gage de leur soumission.

A ces faits un peu anciens, je peux en ajouter deux tout récents dont j'ai été témoin, au mois d'avril 1881 ; ils viennent corroborer leurs aînés et donner l'assurance qu'ils se renouvelleront encore dans l'avenir.

Lors de mon passage à Guelma, au retour de Constantine, on arrêta le Kaïd, homme jeune, très considéré, auquel les services qu'il avait rendus à notre cause avaient mérité la croix de la Légion d'honneur. Eh bien ! malgré les preuves de dévouement qu'il avait dû donner pour mériter une si noble récompense, il avait tout oublié ou mieux tout renié, pour se mettre à la tête de l'insurrection dans cette contrée. Ayant été dénoncé, il fut arrêté le jour même de mon arrivée à Guelma, avec dix-sept de ses complices. Une perquisition dans son domicile fit découvrir une correspondance très compromettante et *des armes*.

A la même époque, et pour le même motif, on arrêta pas, mais on interna à Constantine, sous la plus grande surveillance, un gros bonnet indigène, que je ne veux pas nommer, et qui après avoir servi notre cause, avait mérité et obtenu la haute distinction de commandeur de la Légion d'honneur. C'est bien le cas de rappeler cet axiome vulgaire : On a beau chasser le naturel, il revient *tôt ou tard*.

LES FONCTIONNAIRES ARABES

Les principaux fonctionnaires de l'État chez les Arabes étaient :

L'Oukil-el-hardj (ministre de la marine), chargé de la comptabilité des munitions de guerre et du contrôle des travaux de l'arsenal.

Le Khasnadji (trésorier), qui réunissait tous les services financiers et surveillait la levée et la rentrée des impôts.

L'Agha (commandant des troupes), qui avait dans son département les affaires des outhans (districts de la plaine) et dont l'autorité s'étendait sur la province d'Alger tout entière. Sous ses ordres étaient placés les Kaïds ; il disposait de toutes les milices régulières, Spahis, Abids, etc., pour percevoir les impôts et maintenir les populations dans l'obéissance.

Le Kodja-el-khiel (inspecteur des haras), chargé de la régie des haouchs (biens ruraux appartenant au domaine), des ions, ventes, échanges, etc., auxquels cette r   donnait lieu.

Le Meckoubdji (chef des secrétaires), directeur de la correspondance politique. Il tenait le registre de la comptabilité de l'État, celui des règlements militaires et celui des milices, le plus important de tous.

Le Beit-el-mahldji (curateur aux successions vacantes), représentant-né de tous les héritiers absents. Il était chargé de l'ouverture des testaments, de tous les litiges que pouvait entraîner leur exécution dans les successions où le Beit-el-math était intéressé ; il avait à faire rentrer au domaine les successions vacantes, ou la partie des biens qui revenait à l'État dans les cas prévus par la loi musulmane.

Dans la ville, le chef de l'administration civile et municipale était le *Scheikh-el-belad*, appelé aussi *Scheikh-el-medinah* (chef ou gouverneur de la cité) ; seul chargé de la justice municipale et de la police, il avait sous ses ordres des *Naibs* (lieutenants), et des *amins* (chefs de corporations). Un second gouverneur, choisi parmi les premières familles, et descendant d'un marabout, portait le titre de *Naïd-el-aschraf* (chef des notables) : le devoir de ce fonctionnaire consistait, dans les circonstances importantes, à réunir autour de sa personne le *Scheikh-el-belad*, ainsi que les *amins* qui dépendaient de lui, afin de délibérer sur les mesures à prendre.

Ces divers agents réglaient les affaires de la ville, pourvoyaient aux dépenses, maintenaient l'ordre dans les différentes classes industrielles, surveillaient la police locale, la salubrité, les aqueducs, les établissements publics.

Les environs d'Alger, ou les fahs, étaient divisés en

sept outhans ; l'outhan était formé de plusieurs tribus qui elles-mêmes se subdivisaient en douars (réunion de plusieurs tentes). Toutes les affaires des outhans ressortissaient au tribunal de l'aga, qui pour les plus importantes prenait les ordres du dey. Les principaux chefs se nommaient Kaïds ou Kadis : les Kaïds (præfecti) étaient chargés de l'administration et des affaires politiques ; les Kadis (juges), de la justice. Après les Kaïds venaient les sheikhs (chefs), nommés par un ou plusieurs douars : la police de la tribu et le commandement des hommes armés, sous l'autorité des Kaïds, formaient leurs attributions. Entre le Kaïd et le Sheïkh se plaçait généralement un sheikh-el-schion (sheikh des shekihs) ; ce fonctionnaire était aux sheikhs ce qu'en France les maires sont aux adjoints. La nomination de ce sheikh supérieur appartenait à l'aga ; mais, avant de le proclamer, celui-ci devait consulter les sheikhs de l'outhan et en référer au pacha. Il en était de même pour les fonctions des Kaïds : l'aga désignait les candidats, le pacha seul leur donnait l'investiture.

CHAPITRE VI

BEYS DE CONSTANTINE

Notice historique sur les beys qui ont régné à Constantine depuis
l'an de l'hégire 1123 (1710) jusqu'en 1253 (1837).

Bien des personnes, connaissant l'ignorance des Arabes et leur indifférence à écrire les événements qui se passent chez eux, nous demanderont à quelles sources nous avons puisé les documents historiques qu'on va lire. Voici notre réponse: les habitants de Constantine diffèrent beaucoup, sous le rapport de l'instruction, de ceux d'Alger. Parmi eux, il s'en trouve quelques-uns qui ont une connaissance aussi parfaite de l'histoire de leur pays que le comporte leur mémoire ; car la plupart des faits, n'étant pas écrits, se transmettent tout simplement par la tradition. Toutefois, l'Arabe, étant naturellement enclin à l'exagération, il arrive souvent que les événements, après avoir passé plusieurs générations, finissent par être totalement transformés et paraissent incroyables, à raison des circonstances presque surnaturelles dont on se plaît à les entourer. Secondé par M. Rousseau, interprète très versé dans la langue du pays, nous avons extrait nos documens de récits que nous ont faits les Arabes les plus haut placés et les plus instruits de Constantine, et à leur tête nous placerons le grand Mufti ou chef de la religion; en indiquant cette source, c'est la seule garantie que nous puissions et que nous voulions donner notre récit.

1. HASSEN (Bey-Ben-Komiah).

Nommé au beylicat l'an de l'hégire 1123 (1710), a régné jusqu'en 1147 (1734). Durée du règne : 21 ans. — Mort naturelle.

Homme d'une probité remarquable. Ses principes austères et généreux, sa dévotion et surtout les aumônes qu'il répandait, le firent longtemps regretter.

2. HASSEN (Pacha-Bouchnak).

Nommé au beylicat l'an de l'hégire 1147 (1734), a régné jusqu'en 1165 (1752). Durée du règne: 18 ans. — Mort naturelle.

Les Arabes en disent beaucoup de bien; il fit exécuter religieusement les institutions émanées de son prédécesseur et, comme lui, il acquit des droits à la gratitude de ses coreligionnaires.

3. ZEIG-AINO (Yeux-Bleus).

Nommé au beylicat l'an de l'hégire 1165 (1752), a régné jusqu'en 1168 (1755). Durée du règne : 3 ans. — Assassiné par suite des intrigues du Bey de Tunis qu'il venait de destituer.

La guerre ayant éclaté entre Tunis et Constantine, en 1166, le bey Zeig-Aïno marcha avec une armée contre Tunis, dont il s'empara après un combat acharné, qu'il eut à soutenir contre les troupes tunisiennes, à quelques lieues de cette ville et après un siège de courte durée ; il y installa comme Bey Sidi-Ali, père d'Achmet-Pacha. Il eut pour lieutenant ou califat Sala-Bey, lequel, vingt ans après, fut lui-même nommé Bey.

4. ACHMET-BEY.

AÏEUL D'ADJI-ACHMET, DÉPOSSÉDÉ PAR LES FRANÇAIS EN 1837.

Nommé au beylicat l'an de l'hégire 1168 (1755), a régné jusqu'en 1184 (1771). Durée du règne : 16 ans. — Mort naturelle.

Homme courageux et intrépide, il détruisit en plusieurs rencontres les divers partis que le Bey de Tunis, détrôné par Zeig-Aïno, avait suscités contre lui. Il passe encore à Constantine pour un grand guerrier. La haute considération dont il avait joui, durant un règne de seize années, avait très favorablement disposé la population en faveur des siens. Son petit-fils, Adji-Achmet, devenu Bey, cinquante-huit ans après, dut en grande partie son élévation à cette heureuse disposition que lui avait ménagée son grand-père.

5. IBRAHIM-BEY.

Nommé au beylicat l'an de l'hégire 1184 (1771), a régné jusqu'en 1184 (1771). Durée du règne : 15 jours. — Mort assassiné par les siens.

Homme ambitieux et ignorant ; il ne fut pas plutôt nommé Bey qu'il tomba sous les coups de ceux-là mêmes qu'il avait soldés pour renverser son prédécesseur.

6. SALA-BEY.

Nommé au beylicat l'an de l'hégire 1184 (1771), a régné jusqu'en 1206 (1792). Durée du règne : 22 ans. — Il fut pendu par ordre du dey d'Alger.

Pendant qu'il occupait le califat sous Zeig-Aïno, il conquit l'estime de tous les habitants, tant de la ville que de la campagne. Aussi sa nomination, comme bey, fut-elle accueillie avec acclamation dans tout le pays. Son règne fut marqué par le rétablissement de la paix et de la tranquillité dans toute la province, par l'achèvement de plusieurs travaux publics et surtout par la reconstruction du pont d'El-Cantara sur le triple rang d'arcades appartenant à l'ancien pont romain. Ce pont traverse le Rumel, à trois cents mètres au-dessus du niveau de l'eau; mais il eut la douleur de ne pouvoir le faire achever. Encore aujourd'hui dans toute la province de Constantine, on a la plus grande vénération pour la mémoire de ce Bey. La confiance générale dont il jouissait le rendit suspect au Dey d'Alger, qui le fit assassiner.

7. HUSSEIN-BEY.
FILS DE HASSAM, PACHA LOCHALY.

Nommé au beylicat l'an de l'hégire 1206 (1792), a régné jusqu'en 1208 (1794). Durée du règne : 2 ans. — Assassiné par ordre du Pacha d'Alger.

Homme faible et méchant qui, par ses exactions, se fit beaucoup d'ennemis dans les tribus des montagnes. Il eut cependant le bon esprit de faire terminer les travaux du pont que son prédécesseur avait poussés si activement.

8. MUSTAPHA-BEY-ACASNADJI.

Nommé au beylicat l'an de l'hégire 1208 (1794), a régné jusqu'en 1211 (1797). Durée du règne : 3 ans. — Assassiné par ordre du Pacha d'Alger.

Hommes très dévot et instruit; comme il aimait beaucoup l'étude de la géographie, il recommandait aux enfants la lecture de l'histoire et des voyages. Il possédait une riche collection de manuscrits, dont une grande partie passa dans les mains de Ben-Aïssa, lieutenant d'Achmet. Ces manuscrits, trouvés chez Ben-Aïssa en 1837, ont été réunis avec soin par M. Berbrugger, bibliothécaire à Alger, et transportés, par lui, à la bibliothèque de cette ville.

9. HADJI-MUSTAPHA-ENGLISH.

Nommé au beylicat l'an de l'hégire 1211 (1797), a régné jusqu'en 1217 (1803). Durée du règne : 5 ans 4 mois. — Exilé par ordre du Dey d'Alger, d'abord à Médéah et ensuite à Tunis, où il fut empoisonné.

Il fut surnommé English, parce qu'ayant été fait prisonnier par un corsaire anglais, il était resté dix ou douze ans en Angleterre. Peu de temps après son retour de l'étranger, il fut nommé Bey par le parti qui avait renversé Mustapha. Il aimait beaucoup les femmes, et ce fut afin de se livrer au libertinage le plus effréné qu'il fit construire une jolie maison de campagne qu'on admire encore au milieu d'un des beaux jardins qui se trouvent sur la rive droite du Rumel, non loin de la fameuse cascade.

10. OSMAN-BEN-CAROULT.

Nommé au beylicat l'an de l'hégire 1217 (1803), a régné jusqu'en 1218 (1804). Durée du règne : 1 an. — Massacré par les Kabaïles.

Peu de temps après sa nomination au beylicat, il marcha sur Oran avec une forte armée et l'enleva aux Espagnols. Revenu à Constantine, il eut également à châtier quelques tribus kabaïles, voisines de Stora ; mais son camp, placé sur les bords de la rivière Zokora, fut surpris une nuit par les Kabaïles, qui ne firent aucun quartier et le massacrèrent lui-même impitoyablement. Il fut longtemps regretté du pays.

11. ABDALLAH-BEY.

Nommé au beylicat l'an de l'hégire 1218 (1804), a régné jusqu'en 1220 (1806). Durée du règne : 2 ans 1/2. — Assassiné.

Homme adonné à la boisson et à la débauche. Il fut généralement détesté. C'est tout ce que les Arabes ont retenu de son règne.

12. HUSSEIN-BEY-BEN-SALAH.

Nommé au beylicat l'an de l'hégire 1220 (1806), a régné jusqu'en 1221 (1807). Durée du règne : 6 mois. — Assassiné par ordre du dey d'Alger.

Lieutenant de Zeïg-Aïno, il se distingua pendant la guerre que ce bey soutint contre la province de Tunis, en 1166 (1753). Son courage et ses conseils surtout qui étaient toujours bien accueillis, lui acquirent bientôt l'estime et la confiance de tous, et en particulier de son chef Zeïg-Aïno. Ce fut Hussein qui dirigea les opérations du siège contre la ville de Tunis et elles furent couronnées d'un plein succès. Ben-Salah était un homme dont la capacité et la justice administrative ont laissé de profonds souvenirs dans toute la province de Constantine. C'est, dit-on, à ses généreuses et rares qualités qu'il dut la défaveur du despote d'Alger, lequel par jalousie le fit assassiner.

13. ALI-BEY.

Nommé au beylicat l'an de l'hégire 1221 (1807), a régné jusqu'en 1222 (1803). Durée du règne : 1 an. — Assassiné par les siens.

Détesté des Turcs, qui l'assassinèrent au milieu d'une révolte suscitée par ses débordements.

14. BEY-HAMET-CHAOUII.

Nommé au beylicat l'an de l'hégire 1222 (1808), a régné jusqu'en 1222 (1808). Durée du règne : 15 jours. — Assassiné par les siens.

Chef de la conspiration qui avait assassiné Ali-Bey, il devint lui-même la victime de son parti. Instruit du danger qu'il courait, il chercha à l'éviter, en s'évadant de son palais par une ouverture qu'il eut le temps de faire pratiquer à un mur de derrière le Palais. Mais, découvert et atteint pendant sa fuite, il fut assassiné sur le bord du Rumel, au moment où il commençait à traverser cette rivière, tout près de la cascade.

15. AHMET-BEY-TOUBIAT (Boiteux).

Nommé au beylicat l'an de l'hégire 1222 (1808), a régné jusqu'en 1225 (1812). Durée du règne : 3 ans. — Assassiné par ordre du Dey d'Alger.

Homme ambitieux et très adroit ; il supportait mal le joug du despote d'Alger. C'est dans la prévision d'une rupture avec lui, qu'il sut, avec de l'argent, se ménager de nombreux et puissants alliés du côté du désert. Mais le Dey d'Alger, jaloux de l'influence qu'il exerçait sur ces contrées éloignées, le fit assassiner pendant qu'il se rendait à sa maison de campagne, sur les bords du Rumel.

16. MOHAMMET-D'HAAMAN-BEY.

Nommé au beylicat l'an de l'hégire 1225 (1812), a régné jusqu'en 1228 (1815). Durée du règne : 3 ans 4 mois. — Assassiné par un de ses amis.

Ami du précédent, il fut élevé au beylicat contre la volonté du Pacha d'Alger, par l'influence des Arabes de la montagne. Aussi put-il toujours compter sur la fidélité des tribus du désert. Mais le parti du Dey d'Alger, qui ne pouvait lui pardonner l'affection dont il était l'objet, le déclara rebelle à la cité guerrière. Mohammet ne tarda pas à être menacé de la même mort que son prédécesseur; prévenu par un de ses nombreux amis, il eut le temps d'aller chercher un refuge parmi les tribus qui lui étaient dévouées. Indigné de l'accueil rempli de bienveillance qu'il avait rencontré, le Dey d'Alger jura de ne lui accorder aucune trêve; après trois ou quatre ans, il parvint enfin à le faire assassiner à Messila, près du désert d'Angad. Un marabout a été élevé à l'endroit même où le meurtrier, un de ses amis, lui avait plongé le yatagan dans le cœur. Pas un Arabe ne passe devant ce monument funèbre sans faire une invocation au grand *Allah*, en mémoire de cet homme de bien.

17. MOHAMMET-CHAGAR-BEY.

PÈRE DE LA FEMME DE BRAHAM-BEY.
Nommé au beylicat l'an de l'hégire 1228 (1815), a régné jusqu'en 1231 (1817). Durée du règne : 3 ans. — Assassiné par ordre du Dey d'Alger.

Homme instruit et courageux, mais maladroit en politique. Il se brouilla avec tous les chefs des tribus.

18. KARA-MUSTAPHA.

Nommé au beylicat l'an de l'hégire 1231 (1817), a régné jusqu'en 1231 (1817). Durée du règne : 30 jours. — Assassiné par les siens.

Il fut envoyé à Constantine par le Dey d'Alger et assassiné par son ordre aussitôt après son arrivée. Le Dey le redoutait, à cause de sa fortune et de l'influence que ses belles qualités lui avaient méritée dans toute la Régence.

19. ACHMET (BEY-MAMELUCK).

Nommé au beylicat l'an de l'hégire 1232 (1818), a régné jusqu'en 1232 (1818). Durée du règne : 6 mois. — Destitué.

Homme instruit et courageux, il avait été mameluck sous Hamout-Babach, Bey de Tunis, qui avait en lui une grande confiance. Devenu amoureux d'une femme du Bey, et son intrigue ayant été dénoncée, il dut, afin d'échapper à une mort certaine, chercher un moyen de fuir. Il s'habilla en femme bédouine, parvint avec ce déguisement à sortir de la ville et prit aussitôt la route de Constantine. Arrivé à l'ancienne Cirta, il se présenta au califat qui accepta avec d'autant plus d'empressement ses offres de services que sa réputation de bravoure l'avait déjà précédé. Ses talents lui ayant acquis la considération générale, il devint successivement cadi-Kaïd-el-beled, et premier chaous. Dans un voyage qu'il fit à Alger pour représenter la province de Constantine, il fut nommé Bey en remplacement de Kara-Mustapha qui venait d'être assassiné. Puis, ayant mécontenté le Dey d'Alger, en n'exécutant pas un ordre qu'il en avait reçu, il fut destitué et rappelé dans cette ville.

20. MOHAMET-BEY-MÉLIH,

DIT AZAZ ET BOUCHE-TABIA.

Nommé au beylicat l'an de l'hégire 1232 (1818), a régné jusqu'en 1231 (1820). Durée du règne : 2 ans. — Destitué.

C'était un homme vieux, grossier et barbare, faisant peu de cas de la vie des hommes, mais établissant une grande différence dans le mode de supplice qui devait être infligé à chaque condamné. Ainsi, croyant que les Arabes n'étaient pas dignes d'avoir la tête tranchée avec le yatagan, il avait ordonné qu'on se servît pour eux d'une hache, d'où lui est venu le nom de Bouche-Tabia. Le Dey d'Alger, auquel il était devenu suspect, le destitua et le retint prisonnier, pendant un voyage qu'il dut faire à Alger pour lui offrir son tribut annuel. Revenu à Constantine durant le règne d'Achmet, il ne quitta cette ville que lors de la chute du Bey en 1837. Il était, en 1839, oukil d'Abd-el-Kader.

21. IBRAHIM-BEY-GARBY (EX-BEY DE MÉDÉAH).

Nommé au beylicat l'an de l'hégire 1234 (1820), a régné jusqu'en 1235 (1821). Durée du règne : 1 an. — Assassiné par ordre du Dey d'Alger.

Ayant dans maintes circonstances épousé chaudement la défense des intérêts du sultan d'Alger contre les tribus malveillantes qui refusaient de payer l'impôt ou achoure, Ibrahim jouissait auprès de ce dey d'une si grande confiance, qu'elle lui valut plus tard la nomination de Bey, en remplacement de son prédécesseur, qui avait été destitué. Mais la reconnaissance étant un sentiment qui s'éteint vite dans le cœur des Arabes, Ibrahim ne tarda pas à oublier le protecteur auquel il devait sa fortune et il se posa bientôt comme son ennemi. Ses coupables desseins furent démasqués, et comme la vengeance de l'Arabe est aussi expéditive que sa reconnaissance est rare, Ibrahim ne tarda pas à devenir la victime de celui qu'il avait trahi.

22. ACHMET (Bey-Mameluck).

DEUXIÈME FOIS.

Nommé au beylicat l'an de l'hégire 1235 (1821), a régné jusqu'en 1237 (1823). Durée du règne : 2 ans 1/2. — Assassiné par les siens.

Grâce à la sagesse qu'il avait déployée, à l'époque de la première partie de son règne qui avait duré six mois, Achmet-Mameluck avait de nombreux partisans, tant dans la ville de Constantine que parmi les Arabes de la campagne. Aussi son administration était-elle beaucoup regrettée. A la mort de son prédécesseur, une députation de la ville partit pour Alger, chargée de riches présents, afin de solliciter sa réélection. Le dey, soit qu'il fût séduit par la munificence des présents, soit qu'il fût disposé à faire un acte de justice aussi louable qu'il était rare, accueillit favorablement cette demande ; et, pour la deuxième fois, Achmet-Mameluck fut nommé Bey de Constantine, au grand contentement de toute la province. Il eut pour califat Adji-Achmet, qui fut dey cinq ans plus tard. Celui-ci, dominé par l'ambition d'arriver au pouvoir, conspira contre son chef avec l'intention de le chasser, et sa tête fut mise à prix par le bey Mameluck. Mais Achmet, qui comptait déjà un grand parti dans la province, put se sauver pendant la nuit ; il se rendit à Alger où le Dey, dont il s'attira la faveur par d'importants cadeaux, le compta bientôt au nombre de ses favoris. Tout semblait cependant promettre au Bey Mameluck une longue possession du pouvoir, lorsqu'un Tunisien, que le hasard amena à Constantine, le reconnut et le signala comme chrétien. Il n'en fallut pas davantage pour rendre le courage à ses ennemis qui réussirent à le faire assassiner dans son palais. Il était né à Porto-Ferraro, province de Livourne, par conséquent dans un pays chrétien. (*Voir son premier règne*, n° 10.)

23. IBRAHIM-BEY.

Nommé au beylicat l'an de l'hégire 1237 (1823), a régné jusqu'en 1240 (1825). Durée du règne : 2 ans 8 mois. — Destitué.

Turc d'origine, Ibrahim-Bey, doué d'un esprit naturel et de sentiments généreux, fut assez adroit pour se faire un grand parti parmi les tribus du sud-est de Constantine et notamment celle des Haractads. Grand ami d'Adji-Achmet qui était à Alger, il entretenait avec lui de fréquentes relations pendant le règne de son prédécesseur ; nommé bey par l'influence des Arabes que soutenait près du Dey d'Alger l'ancien califat Achmet, il fut bientôt détesté des siens et des Koulouglis qui, après deux ans de règne, réussirent à l'éloigner. Il était brave et soutint courageusement les différentes luttes que les Turcs lui suscitèrent, tant à la ville qu'à la campagne ; nous le verrons bientôt jouer un rôle important pendant le règne d'Achmet. Après sa destitution, il se réfugia au milieu de quelques tribus amies, du côté de Tunis.

24. MOHAMMET-BEY-MAMANLI.

Nommé au beylicat l'an de l'hégire 1240 (1825), a régné jusqu'en 1242 (1827). Durée du règne : 2 ans. — Assassiné par ordre du Dey d'Alger.

En apprenant la destitution d'Ibrahim-Bey, Achmet, qui était toujours à Alger, ne manqua pas d'intriguer et de soulever en sa faveur le parti kabaïle, en prodiguant l'or. Une lutte sanglante s'engagea à cette occasion entre ce parti et les Turcs : mais ceux-ci, ayant eu le dessus, proclamèrent Mohammet Bey. Mohammet, à peine nommé, fit trancher la tête à plusieurs Kabaïles. Les plus influents, effrayés, quittèrent la ville pour se réfugier dans leurs montagnes, afin de se soustraire à la vengeance que le parti Turc fomentait depuis longtemps contre eux. Mohammet était un homme capable et instruit ; la justice qui présidait à tous les actes de son administration lui aurait acquis sans doute la confiance même du parti qui lui avait été le plus opposé, s'il n'eût eu pour ennemi et pour adversaire un homme aussi riche et aussi influent que Adji-Achmet ; celui-ci, à force d'intrigues, finit par le faire assassiner par ordre du Dey d'Alger. D'autres versions prétendent qu'il avait pu échapper à son assassin et qu'il se serait enfui du côté de Milianah. Mohammet était très vénéré comme marabout, mais passait pour un faible politique.

25. ADJI-ACHMET-BEY.

Nommé au beylicat l'an de l'hégire 1242 (1827), a régné jusqu'en 1253 (1837). Durée du règne : 11 ans. — Dépossédé par les Français en 1837.

Parti d'Alger peu de jours après les émissaires qui devaient assassiner Mamanli-Bey, Adji-Achmet arriva à temps à Constantine pour se faire proclamer Bey par le parti kabaïle, qui, cette fois, l'emporta sur les Turcs et les Koulouglis. Ceux-ci, voyant leur cause perdue et craignant avec raison les représailles du parti opposé, s'exilèrent de Constantine pour se réfugier à Bône, Alger et Tunis. La plupart de ceux qui avaient espéré dans la clémence du nouveau Bey furent victimes de leur bonne foi: car leur tête ne tarda pas à tomber en exécution des ordres d'Adji-Achmet. Comprimés par la terreur et témoins des condamnations capitales que le Bey ordonnait sur de simples soupçons, les Turcs durent se résigner à leur sort. Tous, à cette époque, eussent quitté Constantine, si des intérêts matériels ne les avaient attachés au sol de cette province. Ils ne pouvaient d'ailleurs, quoique Turcs, prévoir jusqu'où s'étendraient la barbarie et la cruauté de ce nouveau tyran. Achmet ne s'est maintenu au pouvoir que par un régime permanent d'intimidation sur le parti turc, le seul qu'il eût à redouter. Supposait-il qu'un chef de tribu avait des relations avec les Turcs, le fer, aussitôt levé, s'appesantissait sur sa tête. Turcs et Arabes s'accordent à dire que plus de trois mille personnes ont été sacrifiées aux ombrageuses fantaisies de ce monstre, durant les onze années de son règne.

La grande influence d'Adji-Achmet lui venait de sa mère, qui appartenait à une famille de marabout du côté du désert, la plus riche et la plus puissante de cette contrée. Les Arabes lui étaient tout dévoués ; c'est à cause de ce dévouement, et dans la crainte d'être assassiné par quelque Turc que, pendant les deux sièges de Constantine par les Français, Achmet avait abandonné la défense de la ville à un de ses lieutenants, pour prendre le commandement des cavaliers arabes. On raconte à Constantine que, dès sa naissance, le parti turc, dans la prévision des dangers qui pourraient résulter de son avènement au beylicat, avait osé demander au Dey d'Alger de l'immoler ; mais sa mère qui l'aimait passionnément, ayant été avertie de cette infâme conspiration contre un être encore si inoffensif, l'enveloppa dans une peau de tigre, chargea ce précieux fardeau sur ses épaules, sortit un soir de Constantine par la porte d'El-Cantara et parvint ainsi à soustraire le jeune Achmet à la haine de ses ennemis. Plus tard, n'osant le confier à qui que ce soit, elle le transporta jusque dans son pays natal, éloigné de Constantine de plus de cinquante lieues.

Achmet, élevé par sa mère au milieu des Kabaïles, ou d'Arabes, ne manqua pas d'être instruit de ce trait particulier de sa vie ; aussi en conçut-il, de bonne heure, une haine implacable contre les hommes qui avaient résolu de le faire périr aussi cruellement. Cette circonstance, jointe aux autres moyens que sa mère sut mettre en œuvre, intéressa, en faveur du jeune Achmet, toutes les tribus environnantes. D'un autre côté, il est probable que les chefs avaient été mis, toujours par l'influence de sa mère, dans l'obligation de jurer plus d'une fois de le venger quand le temps serait venu. Comme tous les fils de marabouts qui veulent hériter du titre de leur père, Achmet entreprit le voyage de la Mecque et revint avec le surnom d'Adji ou Pèlerin. Ce fut peu de temps après son retour qu'il alla à Constantine avec sa mère et qu'il fut nommé califat du bey Mameluck, en 1821.

Achmet-Bey n'était pas d'une haute stature; sa taille était au-dessous de la moyenne; mais il était d'une constitution robuste, ses yeux étaient petits et noirs, sa barbe noire et épaisse tombait ondoyante sur sa poitrine; cruel à l'excès, il mettait une sorte de raffinerie à faire immoler en sa présence et souvent pendant ses repas ceux qu'il avait voués impitoyablement à la mort. Il recherchait la volupté jusque dans les excès de la débauche la plus éhontée; et une plume honnête ne saurait, sans se salir, reproduire les traits obscènes dont le bassin carré du palais et les chambres qui l'entourent ont été les tristes témoins; la vie de Sardanapale ne pourrait soutenir le parallèle avec celle de Bey-Achmet. Comme il aimait également les femmes, l'argent et les chevaux, il y avait presque un égal danger pour les habitants à posséder l'un ou l'autre de ces objets. Il faisait saisir la nuit ceux dont il avait juré la perte; et, après les avoir fait étrangler, il s'appropriait avec cynisme leur femme ou leur argent, en faisant confisquer leurs biens. En exécration à tous, il a dû sa conservation au pouvoir, malgré les réclamations générales, à un parti de séïdes qu'il entretenait auprès du Dey d'Alger. Il comblait celui-ci de présents et lui payait régulièrement le tribut; il agissait de même auprès du sultan à qui il envoyait, dans les moments dont il savait calculer l'opportunité, des gages plus ou moins précieux de sa sujétion.

D'un orgueil qui passe toute expression, il portait la jalousie jusqu'à punir sévèrement celui de ses gens qui avait le bonheur de jouir d'une santé meilleure que la sienne, ou dont le courage avait mérité des éloges de la part des siens. Un fait bien authentique vient à l'appui de ce que nous avançons : à peine parvenu au beylicat, il destitua le cheik de la ville de Bône et donna le commandement de ce poste important à Ibrahim, ex-Bey de Constantine, qu'il rappela des tribus auprès desquelles il s'était retiré, lors de sa chute en 1821. Les Arabes n'élevèrent aucun murmure ; mais les Turcs, qui avaient protesté contre cette nomination, furent proscrits pour ce fait et se réfugièrent dans la casbah de Bône. Ibrahim ayant su, par une politique adroite, fomenter des troubles au sein de la garnison de cette ville, en devint le maître presque sans coup férir. Ce fait d'armes, ayant été raconté avec enthousiasme par le parti Kabyle de la ville de Constantine, résonna mal à l'oreille inquiète de Bey-Achmet, qui, pour une action si glorieuse, n'osa pas destituer Ibrahim ; mais il fit courir le bruit qu'il ameutait la province contre lui et envoya aussitôt pour le combattre une armée sous les ordres d'Adji-

Amar-Ben-Zacouta. Le siège de Bône fut commencé et dura trois mois sans résultat ; le Bey, impatient de cette lenteur dont il imputait la faute à Ben-Zacouta, remplaça ce dernier par Sidi-Ali-Ben-Aïssa. Ce nouveau général eut recours à la ruse et parvint, à force d'argent, à séduire une partie de la population kabyle qui se souleva contre Ibrahim ; puis, il profita d'une nuit très obscure pour pratiquer un trou à la muraille de la ville et y entra avec ses soldats. Malheureusement pour lui il ne put saisir Ibrahim ; celui-ci, prévenu à temps, put se réfugier dans la casbah, où il fit cause commune avec les Turcs, qui, la veille étaient encore ses ennemis.

Le général de Rovigo, gouverneur, instruit de ces événements, s'était empressé d'envoyer d'Alger, sur un bateau à vapeur, le capitaine d'artillerie d'Armandy et le fameux Youssouf des chasseurs algériens, avec mission d'aider les assiégés et de les encourager à la résistance jusqu'à l'arrivée de nouveaux renforts.

Ibrahim se maintint jusqu'au 26 au soir dans la citadelle ; mais désespérant d'être secouru, il en sortit furtivement.

En apprenant cet incident fâcheux, les deux capitaines formèrent le courageux projet d'aller, pendant la nuit, occuper la Casbah et d'y remplacer Ibrahim avec une trentaine de marins ; ils réussirent, et le lendemain, le pavillon français flottait sur la Casbah, à la grande surprise des assiégeants et des assiégés.

Pendant les premiers jours, les turcos obéirent aux deux capitaines dans l'espoir d'être bientôt soutenus par une force imposante ; mais voyant leur espérance trompée, ils se mutinèrent et résolurent de les tuer. Youssouf déconcerta le complot.

Instruit de ce qui se tramait, il fit rassembler les principaux meneurs et leur annonça, qu'à leur tête, il allait faire une sortie contre les troupes de Ben-Aïssa.

« Mais c'est à la mort que tu cours, malheureux! lui dit son compagnon d'armes, le capitaine d'Armandy.

— C'est possible, lui répondit le brave Youssouf, mais qu'importe, si je te sauve et si je donne la casbah aux Français! »

A ces mots, il ordonne d'abaisser le pont-levis et sort avec ses turcos, la tête haute, le visage calme et serein. Lorsqu'il eut franchi les glacis, il se retourna vers ses soldats et les regardant d'un air sévère : « Je sais, dit-il, que vous avez résolu de me tuer ; je connais aussi vos projets sur la casbah ; eh bien ! voici le moment propice de mettre votre projet à exécution : frappez, je vous attends. »

Son sang-froid impose aux conjurés ; ils restent stupéfaits. L'intrépide Youssouf profite de leur trouble et reprend : « Eh quoi ? Jacoub, toi le grand meneur, tu restes impassible ; tu ne donnes pas à tes camarades le signal de l'attaque ? Puisqu'il en est ainsi, c'est moi qui vais commencer. » Et d'un coup de pistolet, il lui brise la tête.

L'un des conjurés porte la main à la poignée de son sabre, mais Youssouf le devançant, lui plonge son yatagan dans le cœur.

« Maintenant, à l'ennemi ! » s'écrie-t-il.

Tous ces hommes qui, naguère, se disposaient à

l'assassiner, le suivent sans murmurer ; et tous, à ses côtés font des prodiges de valeur, voulant lui prouver que s'ils ont été un instant égarés, ils ont désormais à cœur de se montrer dignes d'un si vaillant capitaine. Deux heures après, Youssouf rentrait chargé des dépouilles de l'ennemi et recevait les étreintes fraternelles du capitaine d'Armandy.

Telle a été, du reste, jusqu'en 1837, la condition critique de nos généraux en chef de la Régence ; ils se sont trouvés constamment en face d'un ennemi nombreux, avec des forces toujours insuffisantes, malgré les réclamations incessantes qu'ils adressaient à qui de droit.

Pour la première fois alors, les couleurs nationales, flottant sur cette partie de la ville, annoncèrent à la province la domination française ; l'effet en fut prodigieux ! Les Bédouins, qui avaient été victimes de plusieurs razzias que Ben-Aïssa avait fait exécuter pendant le blocus de cette ville, furent rassurés à la vue d'un pavillon autre que le sien, et se prononcèrent vivement contre le lieutenant d'Achmet. Tandis qu'Ibrahim, qui s'était évadé de la casbah à l'aide d'une corde, trouva chez eux une généreuse hospitalité, Ben-Aïssa, effrayé et prenant à peine le temps de rassembler son corps d'armée, dont les Arabes désertaient en foule, se sauva en toute hâte vers Constantine. D'un autre côté, les Turcs, qu'on avait fait sortir de la casbah pendant la nuit, afin d'en ménager l'entrée aux matelots de la corvette française, furent bien surpris de ne plus trouver un seul combattant dans la ville de Bône que l'armée de Ben-Aïssa avait complètement abandonnée, et qui fût bien certainement démeurée au pouvoir d'Achmet, jusque-là du moins, si Ibrahim en eût conservé le commandement.

Quant à Bey-Achmet, on sait qu'après sa chute il alla habiter la tribu où il comptait de nombreux parents, du côté des Monts-Aurès, à cinquante lieues au sud de Constantine.

Ainsi, sur les vingt-cinq derniers Beys qui ont régné à Constantine, *trois* sont morts naturellement, quatre ont été destitués, et dix-huit *ont été assassinés*!... c'est-à-dire 72 pour 100. Un pareil résultat dépeint beaucoup mieux que tout ce que nous avons dit le caractère et les mœurs des habitants de l'ancienne Régence.

A cette liste si significative, je veux joindre quelques détails sur certains Deys d'Alger dont le règne et la fin tragique ajouteront un argument de plus en faveur des idées que j'ai émises plus haut sur le caractère des indigènes.

Les Berbères et les Kabyles étaient souvent en guerre contre les Turcs. Ceux-ci et les janissaires, toujours mécontents de leurs chefs, fomentaient des conspirations incessantes, pour les déposséder et les changer, quand ils n'osaient ou qu'ils ne pouvaient les assassiner par le fer et le plus souvent au moyen du funeste lacet.

Voici quelques exemples frappants de cet état moral et de la pureté des mœurs des gouverneurs et des gouvernés de ce pays. Nous bornerons ces quelques citations à l'époque la plus récente.

Sous le premier Empire, le fameux Mustapha, qui se disait l'ami intime de Bonaparte, fut assassiné par ses janissaires qui le firent remplacer par Achmet. Celui-ci, après un règne de trois ans seulement, fut dépossédé et le nouveau Dey qui le remplaça fut décapité, le jour même de son élection. Achmet, appelé avec instance à prendre de nouveau les rênes de l'Etat, n'osa pas persister dans son refus, de crainte de subir le sort de son prédécesseur, sans même monter sur l'estrade du pouvoir : il eût aussi bien fait, car deux ou trois mois après, il dut soumettre son cou au fatal lacet.

Aly Codja, qui lui succéda, fut tué ou assassiné dans une guerre contre Tunis.

Hadji, qui vint après, ne se maintint deux ou trois ans que par d'atroces cruautés et mourut empoisonné par son cuisinier, soldé, à cet effet, par les janissaires, qui nommèrent Omar leur aga. Celui-ci eut la prudence de refuser et il fit bien ; car il céda ce poste si périlleux au vieux chaous Mohomet, ami des janissaires, qui répondirent à cette amitié en le faisant assassiner quatorze jours après.

Son rival et son successeur, Ali-Kadja, avait un caractère impitoyable ; et sachant qu'il ne pouvait se maintenir au pouvoir que par la frayeur, il eut l'air de ne se plaire que dans les exécutions : Schaler raconte que les consuls étrangers, qui se rendaient auprès de lui dans les cérémonies officielles, ne parvenaient à la salle d'audience qu'après avoir marché auprès d'une vingtaine de cadavres. Aussi cruel que voluptueux, il fit, dit-on, tomber plus de quinze cents têtes pendant les quelques mois que dura son règne. Connaissant les janissaires et leur esprit de révolte, il voulut se soustraire, le plus possible, à leurs complots, et fit transporter son trésor à la Casbah, où il s'établit en permanence. Mais à peine était-il entré que les janissaires voulurent s'opposer à une installation qui semblait le mettre à l'abri de leur caprice. ALI-KADJA, prévoyant ce qui lui était réservé, évita le lacet en les faisant tous impitoyablement mitrailler.

HUSSEIM DEY, que nous avons détrôné, lui aussi, peu de temps après son élévation, faillit être assassiné, pendant une sortie qu'il fit, en allant visiter les travaux de défense qu'il faisait exécuter au môle. Aussi, depuis ce jour, il prit le parti de se cloîtrer à la Casbah, d'où il n'est sorti que peu de fois, pendant son règne de douze ou treize ans ; et sa dernière sortie fut pour quitter, *tout à fait*, la Casbah et Alger, en 1830, après la conquête.

CHAPITRE VII

LA SOCIÉTÉ CIVILE A ALGER

La formation de la société civile à Alger, aussitôt après la conquête, a présenté un aspect très original ; pour rendre compte de tous les incidents et de toutes les péripéties qui ont émaillé les diverses phases de ses premières années, il faudrait une plume plus autorisée que la mienne. Je vais cependant essayer d'en esquisser quelques tableaux.

On comprendra facilement combien ont dû être bigarrés les éléments de la société civile, dans un pays nouvellement conquis et habité par une population si opposée à la nôtre par son origine, ses mœurs, ses usages, sa politique, et surtout par sa religion ; cette population nous est si complètement hostile, qu'on ne peut espérer avec elle aucun des rapports sociaux, qui sont le mérite des nations civilisées et instruites. Ces réflexions préliminaires s'appliquent spécialement aux pays mahométans, où les femmes sont condamnées à rester cloîtrées, ou à ne paraître dehors que sous la forme de momies vivantes bien empaquetées (1); si au moins l'enveloppe disait quelque chose ? mais qu'on se figure un paquet de linge informe, plus ou moins propre et le plus souvent déguenillé, marchant seul, comme s'il était mu par un mécanisme à ressort; il est bien entendu que je ne fais ces réflexions sur la femme qu'au point de vue purement esthétique et social.

Lorsqu'un de ces spectres paraissait dans les rues officiers et soldats s'arrêtaient pour contempler ce mannequin ambulant. Mais la pensée seule qu'il y avait là-dessous une femme suffisait pour produire une agréable sensation : à ce propos, je me rappelle une petite anecdote. Un jour, après dîner, en sortant par la porte Bab-azoun, pour faire une promenade avec deux camarades, nous fûmes tous très agréablement surpris de voir un jeune couple, dont la femme était vêtue du costume arlésien si coquet et si bien porté ; en passant à côté d'elle, l'un de nous ne put retenir cette exclamation : « Oh! la belle Arlésienne! » A peine ces paroles furent-elles prononcées que la femme répondit aussitôt, en souriant : « Il n'y a pas qu'à Arles, messieurs, où il y ait de jolies femmes; il y en a aussi à Tarascon. » Un éclat de rire partit de part et d'autre et chacun continua sa promenade. Nous apprî-

1. Les femmes cloîtrées ne sont pas aussi à plaindre qu'on le suppose, surtout si les hommes remplissent ou peuvent remplir exactement à leur égard les devoirs que Mahomet leur impose et grâce à la liberté qui leur est donnée de quitter le harem si les obligations maritales ne sont pas suffisamment remplies.

mes alors la rivalité qui existait et qui existe encore, dit-on, un peu, entre les femmes des deux rives du Rhône, au point de vue de leur beauté proverbiale.

Jusqu'à la fin de 1831, les gouverneurs et autres fonctionnaires étaient venus seuls, sans leur famille, et il ne pouvait y avoir que des militaires à leur réception. M. l'intendant Bondurant, accompagné de la baronne, sa femme, fut le premier à ouvrir son hôtel. Chaque jeudi, il y avait réception officielle, et le lundi, seulement pour les intimes. Les femmes étaient encore rares et la qualité laissait à désirer. Mais, glissant sur les antécédents, on acceptait facilement celles qui étaient honorablement patronnées et présentées. Il faut avouer que la plupart portaient un nom qui commandait une certaine considération. C'étaient Mme de Le... Mme Leblanc de.... Madame de ci, de là, puis, n'étant pas trop jeunes, elles semblaient venir chercher, sous le beau soleil d'Afrique, quelques rayons réparateurs, ou seulement assez bienfaisants, pour prolonger leur humeur juvénile. Du reste, la gaieté qui présidait à ces réunions intimes ne laissait aucun doute sur l'heureuse influence du nouveau climat.

Présenté à M. l'intendant et à Mme Bondurant par le général baron de Feuchères, dont j'étais le médecin, et qui m'honorait, quoique bien jeune, de sa confiance et de son amitié, je devins l'hôte de toutes les réceptions que Mme Bondurant présidait avec une rare distinction et une grande simplicité de manières. Ce fut le premier noyau de la société algérienne, composée d'abord, et pendant plusieurs mois, de cinq dames seulement. Aussi, il fallait voir combien elles étaient choyées, adulées et entourées par les gros bonnets, les habits brodés et les épaulettes à graines d'épinards, avec ou sans étoiles! Pour moi, avec mes deux amis, de la Roche, capitaine d'état-major et aide de camp du général de Feuchères, et Manuel, son officier d'ordonnance, nous nous tenions modestement à l'extrémité opposée du salon, causant, riant aussi, et faisant surtout nos petites observations sur le groupe respectable de l'autre bout ; en somme, c'étaient des soirées très agréables, où le temps s'écoulait vite, en face d'une table d'écarté, à petit jeu, et la causette devenant de plus en plus intime. Quelques jeunes officiers, habitués aussi de la maison, auraient mieux aimé danser ; mais les deux éléments principaux, le piano et les danseuses, faisaient encore défaut. Peu à peu, cependant, et à chaque arrivage, le cercle des dames s'augmentait.

A ce propos, il se produisit un petit scandale qui amusa beaucoup la colonie, du moins la nôtre. Un très haut fonctionnaire, que je ne puis nommer, avait ouvert son hôtel où les honneurs étaient faits d'une manière fort gracieuse par une jeune dame, la marquise de... Un beau matin, un bâtiment venant de France, jeta l'ancre dans le port, amenant la vraie, la légitime maîtresse de la maison. Celle-ci, apprenant que les honneurs de chez elle étaient faits par une autre, signifia, à qui de droit, qu'elle ne débarquerait qu'après le départ de sa rivale.

Cette dernière s'exécuta ou fut exécutée et s'embarqua le matin même. Aussitôt, la vraie descendit à terre ; mais à peine eut-elle le temps de prendre possession de son hôtel que l'autre quitta le bateau et revint aussi à terre..... tableau!... Le plus piquant de l'événement se passa dans une petite soirée intime que la maîtresse de maison donna peu de jours après son arrivée. Tout à coup, sa rivale, Mme de G., fit son entrée dans le salon, d'une manière aussi pimpante qu'autrefois. On conçoit la stupéfaction générale causée par une si audacieuse apparition. A l'attitude de la maîtresse légitime et aux premières paroles qui sortirent de sa bouche, les assistants, dont je faisais partie, prévirent une tempête, et s'empressèrent de sortir. La scène fut en effet orageuse. Le lendemain, Mme la marquise qui avait déjà perdu son titre, fut, ainsi que sa suivante, bel et bien embarquée et prit, le jour même, la direction de la France. Le vide qu'elles laissèrent dans les réunions habituelles fut très remarqué, car elles en étaient deux des plus beaux fleurons.

Peu à peu, de nouveaux arrivages dotèrent la colonie de cinq dames pas trop jeunes, mais agréables, et on se demandait discrètement si leurs noms étaient bien orthodoxes. Mais bah! tout le monde glissait là-dessus. On avait envie de s'amuser et surtout de danser. On était trop heureux de réunir les éléments d'un quadrille, d'une valse et surtout d'un galop; car alors le galop était en grande faveur; et pourvu qu'on pût saisir au vol un comparse, on s'inquiétait peu de sa qualité et de sa provenance. Je me rappelle toujours le premier quadrille qui fut dansé chez Mme B... et la joie des danseuses, qui n'étant plus de la première jeunesse, ne paraissaient pas les moins heureuses de renouveler et d'offrir encore *in extremis* cet agréable et innocent sacrifice à Terpsichore.

L'arrivée de quelques fonctionnaires, avec leurs compagnes légitimes, vint peu à peu grossir le nombre du beau sexe, et il fut possible, enfin, de donner des soirées dansantes. Cela dura ainsi quelque temps, et tout le monde s'amusait à qui mieux mieux. Dans les réunions plus intimes, le jeu d'écarté étant un peu monotone, une grande dame proposa, comme sujet de distraction et d'un passe-temps plus animé, de jouer aux petits jeux, dits jeux innocents. Mon ami, le capitaine Manuel, l'enfant gâté de ces réunions, fut spécialement chargé d'en dresser le programme. Pour mieux répondre à ce gracieux témoignage de confiance, il s'était procuré un traité, *ad hoc*, où il faisait un choix. Ses programmes amusaient beaucoup le général de Feuchères, surtout lorsqu'au dessert, il nous racontait les jeux qu'il avait préparés et qu'il devait soumettre à la sanction de l'aimable aréopage. Entre tous les jeux, celui qui obtenait le plus de succès, c'était le « petit furet des bois, mesdames ». Impossible de donner une idée de la joie, des rires de bon aloi, auxquels donnait lieu ce jeu vraiment innocent. Qu'on se figure une grande duchesse, une baronne, ou toute autre dame, que bien des années séparaient de l'époque où elles avaient joué, pour la première fois, à ces jeux enfantins, mises en pénitence au milieu du cercle et cherchant le furet. Eh bien ! tout le monde oubliant la date de sa naissance, ses qualités, etc., etc., s'abandonnait, loin de la France, à défaut d'autres distractions, à ces joyeux et innocents amusements qui durèrent trop peu de temps pour les privilégiés qui y prenaient une part active. Ils commencèrent à se disloquer, lorsqu'on sut réellement que certaines personnes du beau sexe qui étaient si bien accueillies et qui faisaient si bien les grandes dames, un peu mieux même que celles qui l'étaient réellement, laissaient à désirer au point de vue de la légitimité; on s'en doutait bien, mais de même qu'une chaîne exige un certain nombre de chaînons, pour remplir l'usage qu'on en veut faire, de même on tolérait ici les quelques membres qui n'étaient pas les moins agréables de ces réunions. Le moment arriva pourtant où les chuchotements remplissant l'atmosphère, les femmes s'éloignèrent, les réunions intimes cessèrent, et les jeux innocents nous firent leurs adieux. Ce fut pour les habitués une bien grande privation; du reste, une indisposition de Mme la baronne B... arriva fort à propos pour expliquer et justifier la remise de ses réceptions. Il était temps ; car il se produisit des événements curieux et sérieux qu'il est inutile de raconter, et qui firent pas mal de scandale dans la colonie.

Quelques mois après, la duchesse de Rovigo et la baronne Bondurant rouvrirent leurs salons. Mais alors, grâce à la création d'un tribunal et au plus de stabilité que présentait la colonie, la société acquit aussi un caractère plus orthodoxe. Seulement les habitués se demandaient encore si mesdames une telle, et une telle étaient vraiment les *vraies*. Je me rappelle qu'à une soirée chez le gouverneur, ayant remarqué une dame d'une mise élégante, mais excentrique, je demandai à M. D., S. intendant, homme facétieux, plaisant et aimant à s'occuper des nouvelles venues, quelle était cette femme à la mise si excentrique? « Cher ami, me répondit-il en riant de tout cœur, c'est ma femme. Elle est arrivée avant-hier seulement avec nos deux filles, que vous voyez danser. Je vais vous présenter à elle, car vous serez des nôtres à l'avenir, comme vous êtes le mien depuis que je vous connais. »

Il y avait depuis bien des années, une société européenne résidant à Alger; elle était formée par le personnel des consulats et appartenait en grande partie à cette nation si cosmopolite, dont on retrouve les représentants sur tous les points du globe. La société anglaise était représentée à Alger : 1° par son consul général, de Saint-John, avec quatre filles, toutes fort belles ; 2° par le vice-consul, M. Tulin, avec quatre ou cinq filles ; 3° par un médecin anglais, le Dr Bowen, avec cinq filles; toutes aussi aimables que jolies ; 4° enfin par le consul général de Naples, le chevalier de Giraldi, avec ses trois filles, rivalisant avec succès par leur beauté et leur amabilité avec les originaires des bords de la Tamise. Toutes ces familles furent longues à se mêler aux premières arrivées de notre pays ; elles voulurent attendre ; et, comme de raison, voir venir : elles savaient probablement que l'orthodoxie des premières venues laissait un peu à désirer.

L'aimable consul de Naples, dont je devins le médecin, m'avoua que c'était là, la raison qui le retenait chez lui. Quant à sir Saint-John, il partageait l'animosité que l'Angleterre avait manifestée contre l'expédition d'Alger, et que le succès n'avait point fait disparaître. Puis le consul avait été très froissé de ce que le maréchal

Bourmont n'avait pas accueilli favorablement la demande qu'il lui avait faite, aussitôt après la prise d'Alger, d'autoriser le Dey à se retirer en Angleterre. Cette proposition n'ayant pu être faite que d'après le désir exprimé par son gouvernement, le consul dut, après avoir transmis la réponse négative du maréchal, attendre de nouvelles instructions pour connaître le mode de conduite qu'il devait garder à notre égard.

Mon confrère Bowen, lui, n'attendit pas ; il fut le premier à ouvrir sa maison, d'abord à quelques médecins dont je faisais partie. Nous passions chez lui de très agréables soirées, qui, pour nous, furent de trop courte durée. Ces réunions peu à peu furent recherchées des gros bonnets et des épaulettes à graines d'épinard avec ou sans étoiles, *surtout avec*, qui s'y trouvèrent bientôt en majorité. Nous, prudents subalternes, nous comprîmes que la partie n'était pas égale ; et, d'un commun accord, nous nous excusâmes ; bien nous fîmes, car un congé bienveillant, mais en règle, nous était destiné. Ces réunions prirent alors un caractère sérieux et eurent surtout un résultat plus sérieux encore. On va en juger. L'une des demoiselles Bowen s'est mariée avec un consul général, et les autres avec des généraux et un fonctionnaire fort aimable de mes amis.

La bouderie ou tout autre sentiment cessant, lorsque les consulats donnèrent en plein dans les salons avec leurs seize jeunes filles, toutes distinguées et aussi aimables que belles, les réunions n'eurent rien à envier à celles de la métropole. Les maîtresses de maisons furent enchantées ; il me semble voir encore la duchesse de Rovigo, faisant d'un air satisfait, ses compliments aux danseurs des nouvelles et si agréables recrues qui leur arrivaient.

ARRIVÉE D'UNE SINGULIÈRE CARGAISON

Le trois janvier 1832 une petite tartane entra dans le port, où elle vint jeter l'ancre et s'amarra aussi près que possible de la Douane. Dès son arrivée, on vit tout le pont se couvrir d'un essaim de jeunes femmes qui venaient des îles Baléares à Alger, pour rejoindre leurs soi-disant compatriotes mahonnais, tous maraîchers, et se dévouer, comme eux, à la culture des légumes, ainsi qu'aux progrès de la colonie naissante.

Le capitaine du port, surpris d'un chargement si singulier et si imprévu, et ne sachant où déposer les colis dont il se composait, fit part de son embarras au chef de la police, M. Martin. Celui-ci tout aussi embarrassé, eut l'idée, après maintes réflexions, de faire demander aux maraîchers des îles Baléares s'ils pourraient utiliser, loger et nourrir ces nouvelles et jeunes recrues, Les maraîchers crurent qu'on se moquait d'eux et répondirent, en riant, que ces recrues ne venaient pas pour cultiver les légumes, mais bien plutôt pour les manger et les faire manger à une sauce plus ou moins piquante à leur clientèle. Dans cet embarras, l'idée vint à la police de n'accorder la descente de chaque colis qu'à la condition préalable de lui trouver un protecteur. Cette idée s'étant répandue dans la nombreuse assistance masculine qui encombrait le quai, les protecteurs affluèrent et protestèrent de leur dévouement au colis qui leur incomberait. On vit alors chacun d'eux, après avoir donné son nom et sa demeure au commissaire, entrer sur le bateau et prendre ou choisir le sujet qui lui convenait. Mais, afin d'éviter le désordre qui se serait produit dans le choix de la marchandise, si les premiers protecteurs se fussent trouvés ensemble sur le bâtiment, M. Martin, chef de la police, eut l'heureuse idée de ne laisser monter les hommes qu'un à la fois et dans l'ordre de leur inscription. De cette manière l'opération se fit dans le plus grand ordre, mais non à la satisfaction des derniers inscrits.

L'opération terminée, le défilé commença. Chaque couple se rendait bras dessus bras dessous, aux applaudissements de la foule, à sa destination. Le plus comique fut de voir quelques zélés quitter le bâtiment *bredouille* : pas un colis n'avait été oublié, même au fond de la cale. Mais ils trouvèrent peut-être quelque compensation dans les applaudissements qu'on leur prodigua à leur sortie du bâtiment.

FÊTE DU ROI LOUIS-PHILIPPE

1ᵉʳ mai, fête *du roi Louis-Philippe*. A cette occasion le gouverneur, voulant donner une grande solennité à cette journée, désira être entouré de tous les chefs arabes : ordre leur fut donné de venir avec leurs attributs de commandement. Ceux de la Tribu des Beni-Moussa Bergara ayant répondu négativement, le gouverneur leur fit dire que s'ils ne se trouvaient au palais du gouvernement à telle heure, il les enverrait chercher de la manière qu'il l'avait fait pour la Tribu del Ouffla en en faisant pendre deux à la porte Bab-Azoun. Le même ordre et les mêmes menaces furent également adressés au Bey de Blidah, qui avait voulu se faire remplacer par son chérif. Quant au Bey de Médéah qui était dans le même cas, il lui fut répondu, ne pouvant aller le chercher, que l'usage et les convenances voulaient qu'il vînt lui-même pour faire acte de bonne courtoisie. Tous se rendirent à cet appel sachant que Rovigo ne plaisantait pas et qu'il était prudent de ne pas trop lui déplaire.

Annoncée par plusieurs salves d'artillerie, la fête du Roi fut célébrée avec une grande solennité. Le temps était superbe. Un bel autel flanqué de deux pyramides de tambours et surmonté d'une grande panoplie, au-dessus desquelles flottaient de nombreux drapeaux, fut dressé au milieu de la plaine de Mustapha; à onze heures, le canon annonce le départ du gouverneur, précédé d'un détachement de spahis en burnous rouge et suivi par tous les chefs arabes, en riche et très élégante tenue; les chevaux aux harnais étincelant d'or et d'argent, les longs fusils en l'air, la crosse appuyée sur le pommeau de la selle. De nombreuses oriflammes, aux couleurs variées, flottent au milieu de cette masse de burnous blancs comme neige et de turbans multicolores. Cet ensemble présentait un coup d'œil excessivement pittoresque. Un pareil spectacle s'épanouissant pour la première fois devant nous, et, à l'occasion d'une cérémonie religieuse, produisait un effet très émouvant. Si les Arabes ne pouvaient s'associer de cœur à cette fête, ils y trouvèrent une belle compensation dans l'accueil que l'armée et la population leur firent partout sur leur passage, et auquel ils furent d'ailleurs très sensibles. Le bey de Médéah, le plus influent et le plus récalcitrant de tous les chefs, assistait, le soir, au bal du gouverneur qui fut magnifique. Il répétait sans cesse combien il était content et satisfait d'y être venu; et qu'il n'oublierait jamais cette journée ! Il est fort possible qu'il en ait gardé le souvenir; mais ce qu'il n'aurait pas dû oublier, et ce qu'il oublia cependant, peu de temps après, c'était le serment de fidélité qu'il avait juré au gouverneur.

L'emplacement était à la hauteur de la cérémonie ; aucune cathédrale ne pouvait offrir un ordre architectural aussi majestueux. D'un côté la rade et la mer avec son immensité; de l'autre, le coteau de Mustapha déployant son aspect verdoyant et sa riche végétation de bananiers, d'orangers, de citronniers en fleurs, dont le parfum embaumait l'atmosphère. Au nord, la ville d'Alger avec ses minarets au haut desquels se déployaient les couleurs nationales; le port, aux nombreux bâtiments pavoisés ; et au sud les belles montagnes du Jurjura se découpant en mille pics dont les cimes saillantes, neigeuses et dentelées se confondaient avec un ciel azuré dont la pureté formait une voûte incomparable.

INCONVÉNIENTS DES ÉVACUATIONS SUR FRANCE
FORMATION D'UNE LÉGION SÉDENTAIRE
HYGIÈNE DE LA PLAINE.

Le maréchal Saint-Arnaud, à peine arrivé à Alger comme simple lieutenant, prit un vif intérêt à notre colonie naissante. A cette époque, 1839, j'étais sous presse pour un livre que le gouvernement me fit l'honneur d'imprimer à ses frais; il était intitulé *Géographie médicale d'Alger et de ses environs.* C'était le premier livre imprimé à Alger depuis bien des siècles. A peine paru, le sympathique et spirituel lieutenant s'empressa de le lire et vint aussitôt me faire compliment sur ce que je disais des évacuations trop fréquentes sur France.

Le futur ministre ne se doutait certainement pas alors qu'il serait appelé à apprécier cette mesure et à la proposer.

Malheureusement, la guerre de Crimée et la mort héroïque que le ministre y trouva n'en permirent pas l'application. Mais aussitôt qu'il promulgua cette mesure, je me permis de lui écrire la lettre suivante (1) :

1. Une autre réforme aussi hygiénique que sanitaire, que j'avais proposée le premier après en avoir fait faire l'essai à mes frais dans un régiment, le 54e de ligne, et à la grande satisfaction des soldats, la suppression de la gamelle en commun, remplacée par la petite gamelle, fut pourtant vivement blâmée par le général inspecteur, le duc de F. qui la défendit et me menaça même des arrêts si je recommençais. Mais à peine le général parti, les soldats en étant satisfaits, la reprirent entraînant d'autres compagnies à l'adopter

Monsieur le Ministre,

Permettez à un modeste chirurgien-major, de venir vous adresser des félicitations bien sincères sur la décision que vous venez de prendre ayant pour but de créer de nouveaux corps sédentaires en Algérie. Mon long séjour dans ce pays et l'étude spéciale que j'y ai faite de l'acclimatement des Européens m'autorisent à vous dire, Monsieur le Ministre, que cet acte de votre administration sera un des beaux fleurons de votre gloire militaire ; car les conséquences qui vont en résulter pour le trésor, pour la prospérité de la colonie et surtout pour l'état sanitaire de l'armée, sont inappréciables.

Contrairement à plusieurs de nos confrères et à quelques publicistes, j'avais depuis longtemps fait ressortir les avantages, pour notre armée, de créer des légions sédentaires et de diminuer ainsi le roulement continuel des troupes, cause incessante de mortalité qui vient favoriser celles inhérentes au sol et qui ont sévi si cruellement sur nos soldats.

Si je me permets, Monsieur le Ministre, de vous parler d'une opinion ancienne émise par moi, il y a trois ans, c'est uniquement pour vous exprimer combien la mesure que vous venez de prendre s'appuie sur les règles imprescriptibles de l'hygiène et surtout

---

Cette réforme fut pourtant une des premières réformes que le ministre Saint-Arnaud fit adopter en arrivant au ministère.

l'influence du climat de l'Algérie sur ses nouveaux habitants. Il y a longtemps que je livre des assauts scientifiques en faveur de cette opinion et je ne puis céder au besoin de vous exprimer combien je suis heureux que vos études sur l'Algérie, pendant le long et si glorieux séjour que vous y avez fait, vous aient conduit aussi à la solution de cette grande et si simple vérité, à savoir, qu'une armée acclimatée est moins accessible aux influences climatériques qu'une armée nouvellement débarquée.

Je suis avec un profond respect, etc.

Aussitôt qu'il eut promulgué ces deux mesures, le maréchal me répétait de son air gracieux : « Eh bien ! Bonnafont, êtes-vous content? »

Voici ce que je disais à cette époque dans l'ouvrage précité : Le principe fondamental de toute colonie, occupée militairement, est la conservation du corps d'armée qui la protège ; le principe fondamental d'une colonie destinée à devenir un point de centre pour le commerce et les spéculations, doit être aussi la conservation de la santé des colons appelés à enrichir le sol de leurs travaux : ce double but est celui que cherchent à atteindre le législateur, l'homme de guerre et le savant, chacun suivant des progressions relatives.

Après avoir successivement parlé des améliorations apportées par l'administration aux points où l'armée campe, après avoir signalé à l'autorité et aux particuliers intéressés, quelques-uns des moyens propres à

---

1. *Géographie médicale d'Alger*, etc., 1839.

assainir certaines localités encore dangereuses et leur avoir prescrit partie des règles hygiéniques à opposer aux influences funestes de la terre et du climat, nous croyons devoir développer dans un cadre plus large, des idées que nous regardions, à la place qu'elles occupent, comme seulement émises ; aussi bien, d'ailleurs, ces idées fourniront ici matière à de nouvelles observations et serviront peut-être un jour à parfaire des systèmes, qui ne sont maintenant que des projets, et à la réalisation desquels nous serions heureux d'avoir pu contribuer.

Une observation constante a démontré que les affections morbides, endémiques dans les contrées insalubres, sévissent avec moins de force sur les indigènes que sur les habitants étrangers nouvellement transplantés.

Il est aussi démontré que, dans ce cas, les derniers périssent en grand nombre, tandis que les indigènes sont à peine affectés. Ce phénomène ne peut dépendre que de l'habitude, laquelle a rendu les organes des personnes acclimatées pour ainsi dire inaccessibles à l'action des miasmes délétères ; les étrangers, au contraire, sont d'autant plus rapidement et plus violemment affectés, que le climat d'où ils sortent était moins analogue à celui du pays qu'ils viennent habiter. Aussi la nouvelle population d'Alger, qui vient en grande partie du Nord de l'Europe, a-t-elle plus à craindre de l'influence de ce climat et des émanations de la plaine, que les personnes du Midi, habituées à vivre sous un ciel qui diffère moins que celui du Nord, du climat de la régence.

S'il faut donc à l'économie un espace de temps plus ou moins long pour qu'elle puisse acquérir les dispositions organiques qui, en la rendant semblable à celle des indigènes, permettront à l'étranger de vivre avec sécurité dans les contrées insalubres, celui-ci devra prendre d'autant plus de précautions, qu'il arrivera d'un climat différent de celui de la contrée qu'il voudra habiter.

Or, il n'y a qu'un pas de cette donnée à la solution d'une question qui intéresse particulièrement l'armée et le gouvernement, et dont les conséquences seraient : 1° de diminuer considérablement les chances de maladies dans l'armée ; 2° de produire une grande économie à l'Etat, en réduisant le nombre des journées d'hôpital ; 3° de conserver un plus grand nombre d'hommes valides sous les armes.

Et d'abord, il faut pour atteindre le premier but, *il faut avoir constamment une armée acclimatée* qui sera, par conséquent, moins sensible à l'action des influences atmosphériques. Il importe alors de ne pas changer aussi souvent les régiments ; car, si les principes que nous venons d'exposer sont vrais, on trouvera naturellement dans ce *roulement continuel des troupes* les causes incessantes des maladies qui les déciment. En effet, à peine nos soldats commencent-ils a être acclimatés qu'ils sont immédiatement remplacés par des troupes neuves, venant de France et portant avec elles cette susceptibilité organique qui les expose à toutes les maladies dont étaient à peine affranchis ceux qui les ont précédés.

S'il est impossible de former un corps d'armée sédentaire assez considérable pour suffire aux besoins du pays, il serait avantageux peut-être de constituer dans chaque province un corps de troupes, auquel on donnerait le nom de légion d'Alger, d'Oran, de Constantine, etc., etc., suivant les localités où elle ferait le service, affectée spécialement à la province où elle aurait été formée. Ces légions se recruteraient de volontaires pris dans les régiments désignés pour rentrer en France; lesquels offriraient, on le conçoit, les garanties d'acclimatement qu'on ne saurait trouver ailleurs. Ces légions, dont le nombre et la force seraient calculés suivant les besoins de chaque localité, pourraient être employées de préférence à la défense du pays, et, conjointement avec les colons ou avec les Arabes, aux travaux, soit de défrichement, soit de fortifications, de dessèchement ou autres, qui feraient entrevoir pour la santé d'individus non acclimatés des influences climatériques plus ou moins funestes. Mais par cela même que ces corps auraient la plus rude part dans les travaux de la colonie, il faudrait leur accorder des avantages capables d'encourager officiers et soldats à y rester et à les supporter.

La formation de pareils corps diminuerait beaucoup les embarras et surtout les frais dont le gouvernement est chargé au départ et à l'arrivée des régiments. Ces milices localisées épargneraient à l'état des dépenses accessoires, et pour ne parler que des avantages matériels qu'elles pourraient procurer aux différents points sur lesquels elles feraient le service, ces milices, devenues indigènes, protégeraient les colons et les propriétés, et parviendraient sans doute à inspirer aux propriétaires assez de confiance pour les déterminer à défricher et à coloniser des lieux qui restent incultes.

Ces considérations sont les mêmes que celles que présenta plus tard le maréchal Bugeaud à la Chambre des députés pour motiver son projet d'organiser des corps d'armée sédentaires qui se seraient recrutés, en grande partie, par des volontaires venant de toute l'armée ; et, en homme pratique et habile agronome, il aurait voulu donner à ces légions, à l'exemple des Romains, des concessions de terrains avec tous les moyens nécessaires pour en opérer le défrichement et la mise en culture. Le terrain ainsi cultivé serait devenu la propriété des militaires, officiers et soldats, qui, après leur congé ou la mise à la retraite, auraient désiré rester au pays.

Cette mesure, essentiellement colonisatrice, eût eu les avantages suivants : 1° d'assainir le sol en le défrichant, et d'améliorer l'état sanitaire de l'armée, si compromis à cette époque ; 2° de produire, par la culture, des ressources culinaires précieuses, comme le régiment des zouaves l'a fait au camp de Couba sous les ordres du général Lamoricière, alors son colonel ; 3° de donner un salutaire exemple et même des leçons d'agronomie aux nouveaux colons, nouvellement débarqués, dont la plupart n'y entendait pas grand'chose.

La motion de Bugeaud fut repoussée, comme tant d'autres, par la Chambre.

Voici quelques documents que nous empruntons à MM. Foley et Martin qui viennent corroborer ce principe : ils portent sur 1.220 décès qui ont eu lieu à l'hôpital du Dey sur un même effectif.

1. Morts dans la première année : 647 hommes, après une moyenne de séjour de cinq mois dix jours;

2. Morts dans la deuxième année, 326 hommes, après une moyenne de séjour de un an sept mois et dix jours :

3. Morts dans la troisième année, 247 hommes, après une moyenne de séjour de trois ans, sept mois et vingt-deux jours.

Ce qui revient à dire que sur 1.220 militaires décédés dans cet hôpital, et pris au hazard, les trois quarts n'ont pas dépassé dix-sept mois de séjour en Algérie.

Statistique des militaires malades, évacués de la province d'Alger sur France de 1840 à 1847.

1840	4.885	1844	550
1841	4.805	1845	255
1842	2.573	1846	306
1843	967	1847	51

Ainsi, en huit ans, les évacuations sont tombées de près de 500 à 51 seulement.

Admettons qu'on est plus sobre d'évacuation aujourd'hui qu'aux premiers temps de l'occupation; une énorme diminution n'en restera pas moins incontestable.

Cette opinion n'est pas seulement la nôtre, si nous l'avons émise le premier, elle a été fortement appuyée depuis par des collègues fort recommandables qui, comme nous, ont séjourné plusieurs années en Algérie et ont pu étudier le caractère et les causes des maladies qui s'y développent. Nous citerons Saigot, Gœdorps, Haspel, Catteloup, Martin, Foley et surtout F. Jacquot, lequel dans un remarquable mémoire, inséré dans le *Spectateur militaire*, a soutenu ce principe avec infiniment d'esprit et de talent ; et actuellement M. Bertherand, ayant longtemps habité l'Algérie, en qualité de médecin en chef de l'armée, défend si bien les intérêts de notre colonie dans son intéressant journal *la Gazette médicale de l'Algérie*. Tous admettent l'acclimatement comme chose démontrée. Or, en présence de ces preuves, il nous est bien permis de répéter ce que dit Boudin lui-même dans sa *Géographie médicale*, page 55 : « La statistique de l'opinion a bien aussi sa valeur. »

Utilité et améliorations pour l'armée et les colons, tels sont les deux mobiles qui nous ont engagé à émettre ce projet.

L'application du système des localités, dont nous regardons les effets comme seuls moyens de colonisation, ne se rattache pas exclusivement à l'armée : Placer les hommes sous les conditions atmosphériques propres à leur laisser la liberté de vivre sainement ; leur fournir les remèdes hygiéniques capables de rétablir l'équilibre sanitaire dans leur organisme, en tant que cet organisme est ou devient affecté par suite de l'influence climatérique ; prémunir, par une thérapeutique éprouvée, leur inexpérience contre des chances maladives dont ils ignorent souvent les causes, voilà de nouveaux points sur lesquels doit s'arrêter l'attention du médecin. Le but de la médecine, et c'est son plus bel apanage, est de faire vivre l'homme partout; et pour y arriver, le praticien corrigera ici le sol; là, le climat, en donnant à l'homme, appelé à vivre sur ce sol, ou sous ce climat, les moyens de correction qui lui manquent.

CHAPITRE VII

SUR L'ACCLIMATEMENT

Preuves de l'acclimatement des Européens en Algérie.

L'Algérie, cette conquête si humanitaire, sera à jamais un des plus beaux fleurons de l'histoire de France, et fera le plus grand honneur au gouvernement qui l'a dirigée et accomplie avec succès. Grâce à cette héroïque expédition, Alger, ce refuge de pirates, ne vit plus que dans les souvenirs. Son despotique gouvernement fait place insensiblement à des institutions plus libres, à des lois plus sages, et la France, en opérant ce grand changement sur la côte d'Afrique, s'est acquis des droits immortels à la reconnaissance de toutes les nations. Quel est, en effet, le plus léger navire qui, en traversant ces parages, ne se rappelle pas les dangers qu'il aurait courus avant cette conquête et ne bénit pas la puissance qui l'a mis à l'abri de ces anciens écumeurs de mer ?

Malgré les cinquante années d'occupation européenne, ce pays laisse encore des doutes dans bien des esprits, au point de vue de son acclimatement et de sa salubrité ; pourtant tous ceux qui, à un titre quelconque, ont habité, ou seulement visité ce beau pays, il y a plusieurs années, prendraient la peine d'aller le parcourir maintenant, ils seraient bien surpris des changements moraux et matériels qu'il a subis et dont les heureux résultats ne peuvent laisser aucun doute sur son avenir ; et pour ne parler que de la question d'hygiène, la seule que nous nous croyons apte à juger, les plus ardents antagonistes seraient bien obligés de faire quelques concessions, si, en parcourant des lieux naguère marécageux et très insalubres, ils y rencontraient maintenant une belle et fructueuse végétation avec des habitants y jouissant du bien-être et de la santé. C'est là un fait qu'il n'est permis à personne de contester, et qui doit être pris en sérieuse considération par ceux dont la position est susceptible d'exercer une influence plus ou moins favorable sur les destinées de cette colonie ; heureusement, les faits déjà accomplis, ont reçu la sanction du temps et sont devenus de trop forts arguments, en faveur de cette colonie naissante, pour que l'opinion publique puisse maintenant en être ébranlée.

Rapporter ces faits ; comparer l'état sanitaire de l'Algérie actuelle avec celui de l'Algérie de 1830 à 1882 ; préciser les transformations salutaires que ce pays a subies sur plusieurs points, jadis inhabitables, et dire surtout comment ces changements ont eu lieu, telles sont les questions qui constitueront notre réponse aux arguments désespérants que quelques publicistes ont jetés, et jettent encore, maladroitement sur l'avenir de cette colonie. Nos contradicteurs, discutent plusieurs points essentiels sur lesquels nous n'essayerons pas de les suivre, déclinant pour la plupart notre incompétence. Mais il n'en est pas de même de celui qui, par son importance, les domine tous, ou du moins sans lequel la conquête d'un pays ne peut être qu'éphémère et la colonisation impossible. Tout le monde a compris que nous voulons parler de l'acclimatement.

Bien des personnes ne le croient pas possible, et ils appuient leur opinion de celles d'hommes très recommandables, de médecins même qui, tous, ont habité à divers titres l'Algérie.

Pour eux le doute n'est pas permis; l'Algérie a été et sera constamment un pays inhabitable pour des Européens. Mais, pour porter un pronostic si fâcheux sur une contrée où de si grands intérêts se trouvent engagés, il aurait fallu que la question de l'acclimatement eût été étudiée sous un point de vue qui paraît avoir échappé aux antagonistes de l'occupation. La salubrité d'un pays est une question complexe qui ne peut se résoudre par un simple alignement de chiffres, constatant le nombre des décès. La mortalité n'est qu'un résultat très souvent accidentel, produit par l'inertie, l'indolence des nouveaux habitants et plus encore par l'inobservance de quelques mesures hygiéniques qu'il suffirait de prendre pour rétablir l'équilibre normal.

D'après la statistique dressée par Boudin et insérée dans les *Annales d'hygiène publique et de médecine légale,* qui sert de base à tous les adversaires de l'acclimatement, il semblerait résulter que la mortalité en Algérie se maintient dans des chiffres effrayants laquelle, dans l'opinion de notre savant et regretté confrère, ferait supposer que le séjour prolongé dans ce pays serait fatal à tous les Européens. Certes, si on faisait abstraction du passé et de l'avenir, et que l'on se bornât à déduire des quelques faits qui se sont accomplis, dès le début de la conquête, sur des points récemment habités, on serait rigoureusement conduit à professer l'opinion de Boudin, de Vital et de quelques autres publicistes ; car les chiffres présentés par eux sont officiels et puisés à une source dont personne ne peut mettre en doute l'exactitude. Mais il faut prendre garde ; la statistique est un élément brut qui peut devenir la source d'erreurs d'autant plus graves, si on ne l'a analysée et soumise à la critique, que les erreurs chiffrées ont un faux vernis de vérité par lequel la masse se laisse trop facilement séduire. L'illustre Morgagni a frappé au coin de la plus haute raison cette maxime applicable, non seulement aux choses qui sont du ressort de sa profession, mais aussi à toutes les sciences :

Perpendendæ et non numerandæ observationes.

Si respectables que soient les arguments présentés en faveur de leur opinion, nous pensons que les chiffres constituent bien des faits irréfutables ; mais il s'agit d'apprécier surtout sous l'influence de quelles causes ces faits se sont accomplis. **En un mot il importe de démontrer si la mortalité, en Agérie, a été toujours dans des proportions aussi désastreuses sur les différents peuples européens qui l'ont occupée ; si elle n'a pas subi quelques améliorations, par suite des transformations salutaires survenues dans le sol, par sa mise en culture, et par les desséchements successifs qu'on y a opéré.** Eh bien! selon nous, et cela résulte des faits que nous avons observés sur les lieux mêmes, partout où le sol de l'Algérie a été suffisamment desséché et cultivé, la salubrité a suivi ces phases d'amélioration : et, n'était les influences qui viennent des contrées environnantes et non encore assainies, la population européenne n'aurait rien à envier au climat de la métropole. Les faits accomplis, jusqu'à ce jour, ne peuvent laisser aucun doute, même sur les esprits, trop nombreux encore en France, systématiquement endurcis contre une si belle colonie. C'est donc pour eux et pour l'édification des personnes qui prennent intérêt à notre nouvelle conquête, et de celles qui auraient l'intention d'aller se fixer dans ce pays, que nous allons jeter un coup d'œil rétrospectif sur son histoire, et chercher surtout à apprécier l'influence de son climat sur les peuples européens qui l'ont occupé pendant un espace de près de mille deux cents ans.

Si nous parvenons à prouver que l'empire romain a été représenté en Algérie pendant près de dix siècles par une population nombreuse qui y a créé un grand nombre de villes importantes; enrichi le sol de productions de toute nature et jouissant d'une santé qui n'est mise en doute par aucun auteur de cette époque, il nous sera facile d'arriver à cette conséquence que, au fur et à mesure que le sol de l'Algérie sera mis en l'état où il se trouvait, sous la domination romaine, les nouveaux Européens en retireront les mêmes avatanges et y jouiront des mêmes immunités climatériques.

Voici la formule qui doit présider à toute tentative de colonisation.

La science que doit avoir le fondateur d'une colonie, c'est de mouler l'homme sur le climat; c'est d'encadrer l'être organisé, l'individu, la famille, le peuple dans le cercle climatérique de la colonie. Pour y arriver le fondateur doit s'appuyer d'un bras sur l'épée qui la défendra, sur la législation qu'il respectera; et de l'autre, sur la médecine dont il écoutera les conseils : à droite, la Loi qui gouverne; à gauche, la Médecine qui guérit; et, en avant, l'Épée qui la protégera.

Un pays insalubre étant donné, ce qu'il importe avant tout d'examiner, c'est de s'assurer si son insalubrité tient à son climat; si elle est, en un mot, constitutionnelle, ou bien si elle est due à des transformations accidentelles du sol, susceptibles d'être modifiées par une administration sage, persévérante et surtout instruite.

Ayant étudié la climatologie de l'Algérie sous ce double rapport, nous ne pouvons accepter comme absolument exactes les considérations par lesquelles on adresse aux partisans de l'acclimatement le reproche de prendre l'état sanitaire par chaque province, en ajoutant qu'on l'expose à donner au public des notions erronées. Telle n'est pas notre manière de voir, et nous pensons au contraire que, pour édifier le public sur le degré de salubrité de l'Algérie, il importe de l'établir isolément; non seulement par chaque province, mais par des circonscriptions plus limitées, afin de signaler les points qui, étant insalubres, sont devenus très habitables par suite des travaux d'assainissement que le gouvernement ou les colons y ont fait exécuter. Cette manière de procéder nous paraît être la plus rationnelle pour faire apprécier tout ce qu'on peut attendre de l'avenir de certaines contrées, actuellement malsaines, qui ne demandent que d'être desséchées et assainies, par une agronomie intelligente, pour se couvrir d'une riche végétation. Si l'insalubrité de l'Algérie dépendait de son climat, de sa position géographique ou des conditions atmosphériques, nous serions complètement de l'avis de nos adversaires; et, comme eux, nous répéterions qu'il n'y a qu'une chose à faire pour un pays qui, jusqu'à présent, a coûté à la France tant de sacrifices en hommes et en argent, ce serait de l'abandonner.

Mais le sol de l'Algérie est-il placé dans des conditions aussi fâcheuses ? Il nous est facile de répondre négativement; et, afin d'étayer notre opinion, nous n'avons qu'à évoquer le témoignage du passé, et surtout des cinquante années de notre occupation. Rappelons d'abord la position géographique de l'Algérie

Les climats chauds de la terre sont compris entre les deux tropiques ou jusqu'au 30ᵉ degré de latitude, soit boréal, soit austral; tandis que le 31e degré, jusque vers le 55e. ou 60e des deux hémisphères, se trouvent dans les climats tempérés. Or, tout le pays de l'ancienne régence d'Alger, et une grande partie de celle du Maroc et de Tunis, étant situés entre le 30e et le 37e degré de latitude boréale, il en résulte que toutes ces contrées font partie de la zone dite tempérée.

Toutefois, les régions qui avoisinent les limites du Sud ont une température que l'influence des sables du désert et le déboisement doivent rendre d'autant plus chaudes; mais si ces contrées lointaines ne seront et ne peuvent être que des points d'occupation exceptionnels pour les Européens, d'un autre côté, nous voyons toute la partie septentrionale de l'Algérie baignée par la mer, laquelle envoie, jusqu'à la profondeur de plusieurs lieues, les effets bienfaisants de ses fraîches émanations ; en outre, la variété des directions des chaînes de montagnes qui divisent tout le pays en facilitant la formation des courants d'air, produisent les variations dans la température qui rend son action bien moins pénible et donne aux habitants plus de facilité pour se soustraire à ses influences. Si, à toutes ces causes favorables à l'acclimatement de l'Algérie, nous ajoutons celles, non moins avantageuses, qui résulteront de la culture des terres et surtout du reboisement de ce pays, il est impossible de ne pas voir l'avenir de cette contrée se dépouiller peu à peu de toutes les causes d'insalubrité qui l'infectent encore. La preuve en est déjà faite; car au fur et à mesure que le sol s'est couvert d'une riche et puissante végétation, on a vu la salubrité reparaître partout ; et, avec elle, les éléments qui peuvent rétablir dans ce pays son ancienne prospérité.

Telle est notre conviction sur l'avenir de cette colonie ; conviction qui se base sur l'étude approfondie que nous en avons faite ; et des résultats obtenus dans toutes les contrées qui jouissent maintenant des bénéfices d'un bon défrichement et d'une fructueuse culture ; et aussi sur ce qu'était cette immense riche contrée sous l'occupation des Romains et des Vandales.

DOCUMENTS HISTORIQUES SUR L'EXISTENCE D'UNE POPULATION CIVILE ROMAINE ET AGRICOLE EN ALGÉRIE.

Après avoir démontré par des faits récents et irrécusables la possibilité de l'acclimatement des Européens sous le climat de l'Algérie, il nous restera à prouver, afin de détruire, jusque dans ses fondations, l'édifice construit par nos adversaires, que ce pays n'a été réfractaire à aucun peuple qui est venu l'occuper. Ainsi, Romains, Vandales, Maures, Arabes, Turcs, y ont trouvé une riche et heureuse hospitalité. Si ces conquérants l'ont tour à tour abandonné, cela n'a tenu ni au climat, ni à l'infertilité de son sol ; mais bien à des événements inhérents aux révolutions qui ont agité, à certaines époques, les divers peuples, surtout ceux qui, doués d'une exubérance de force, cherchaient, dans les expéditions lointaines et dans les conquêtes, le moyen de l'utiliser au profit de leur pays.

Pour être aussi bref que possible, nous allons nous borner à de simples citations puisées dans les auteurs les plus authentiques.

Dans ces recherches, nous avons l'intention de réfuter deux arguments sérieux avancés d'abord par quelques auteurs, entre autres, Desjobert, Boudin, Vital, et tout récemment par quelques publicistes haut placés, à savoir :

1° Que l'Afrique n'a jamais été bien cultivée par les Romains ;

2° Que ce peuple conquérant n'a jamais été représenté dans ce pays que par ses légions militaires et nullement par une population *civile et agricole*.

Or, comme cette opinion est en contradiction manifeste avec tout ce que l'histoire nous apprend, il suffira de rapporter les faits principaux inhérents à cette époque déjà si reculée, pourtant si prospère et si instructive, pour démontrer combien elle n'est pas soutenable.

D'abord les Romains ont-ils occupé l'Afrique civilement, c'est-à-dire y avait-il, en outre des légions militaires, une population civile occupant les villes et une autre purement agricole et colonisatrice ?

Personne ne saurait douter de l'existence d'une population civile, puisque, dans chaque ville, il y avait une administration régulièrement constituée avec des administrateurs pour chaque chose et des fonctionnaires plus ou moins élevés, suivant l'importance des localités. Or, il est certain que, sous les Romains comme chez nous, ces centres administratifs agissaient sur des circonscriptions territoriales plus ou moins étendues. Jusque-là, il ne saurait y avoir de doute sur l'existence d'une population urbaine, même fort considérable, comme on le verra lorsque nous ferons la récapitulation des villes que le peuple conquérant avait édifiées ; mais la question paraît un peu plus difficile à juger, pour la population des campagnes, de laquelle les auteurs parlent peu, et que quelques publicistes prétendent avoir été composée uniquement d'indigènes. A défaut de documents étendus sur la matière, nous allons extraire des divers auteurs des citations dont le texte et l'esprit ne peuvent laisser aucun doute sur l'existence d'une population agricole.

Ainsi saint Augustin nous dit (page 51) : « La propriété romaine fut lente à s'établir en Afrique et les Romains attendaient prudemment que la conquête fût complète pour se substituer aux propriétaires du pays ; mais, une fois commencée, cette substitution fut rapide et la propriété s'organisa en Afrique comme elle était établie en Italie (1). »

Sous le règne de Néron, dix propriétaires de cette

---

1. Que l'on compare ce passage de saint Augustin avec les paroles si éminemment fausses et téméraires d'un ancien ministre de la guerre, sous Louis-Philippe, le général du génie Bernard : « L'ALGÉRIE EST UN ROCHER STÉRILE SUR LEQUEL IL FAUT TOUT APPORTER EXCEPTÉ L'AIR. » Quelle opinion devaient se faire les étrangers sur l'avenir de notre nouvelle colonie après ces paroles si décevantes prononcées par le chef suprême de l'administration civile et militaire?... Et quel bel encouragement pour les colons qui y étaient, et surtout pour ceux qui désiraient y transporter leurs espérances !... Qu'on s'étonne ensuite de la lenteur des progrès agricoles de cette colonie !

contrée étaient devenus si riches et si influents qu'il les fit mourir comme lui portant ombrage.

L'Afrique était en effet, à cette époque, le grenier de Rome, et ces personnages, par la haute position qu'ils occupaient, auraient pu facilement provoquer une révolution dans cette capitale du monde en retardant les arrivages de blé pour l'affamer.

Toutefois, cette constitution de la propriété ne s'entend que de l'intérieur des terres; car, sur la côte, Rome avait organisé de nombreuses colonies, soit agricoles, soit militaires, résultant de la concession faite pas les premiers empereurs, qui avaient tant d'anciens soldats à récompenser.

Du temps de Pline, la Numidie avait douze colonies romaines ou saliques; cinq numides et trente et une ville libres; les autres étaient soumises à un tribut. On se figure à peine combien de centres intérieurs de civilisation, d'entrepôts pour les échanges mutuels, s'étaient créés en Afrique.

Considérons maintenant la manière dont fut colonisée l'Afrique par les Romains, après leur occupation, et nous verrons que, tout en l'administrant militairement et civilement, ils ne négligeaient pas d'y faire fleurir l'agriculture qui, dans ce pays, extrêmement fertile, procurait aux citoyens Romains une fortune rapide, impossible à acquérir ailleurs.

Aussi les moins fortunés demandaient-ils à être transportés en Afrique et bénissaient-ils les hommes qui favorisaient cette migration.

Singulier rapprochement à travers les siècles! A Rome, comme chez nous, dans les jours de misère, suite inévitable de la guerre civile, les familles les plus pauvres n'avaient qu'un désir ; celui de s'expatrier pour aller chercher au loin une aisance qui les fuyait sur le sol natal.

Connaissant cette tendance, les tribuns s'en faisaient un instrument d'élévation pour eux-mêmes et d'abaissement pour leurs adversaires. Plutarque nous représente Caius Gracchus et Drusus se disputant la faveur du peuple par la promesse d'édits pour le repeuplement de plusieurs villes d'Italie, de Grèce et d'*Afrique*.

Caius Gracchus partit, en effet, pour Carthage *avec 6,000 familles auxquelles il distribua des terres qui devinrent leurs propriétés*. Plus tard, Appien dit de la façon la plus explicite que, après la guerre intestine, fruit de la rivalité de Pompée et de César, celui-ci transporta, *à leur demande*, dans la ville, 3,000 *citoyens*. « Quelques auteurs traduisent par 3.000 chefs de famille, c'est-à-dire 3,000 *ménages*, » qui lui demandaient des terres ; et ces terres, ils durent évidemment les cultiver eux-mêmes, car leur pauvreté ne leur permettait pas d'avoir des esclaves. Ils formaient donc une population, *non militaire, mais bien entièrement civile et agricole*. Le commerce et la culture de ces fertiles terres ne tarda pas à les enrichir. Aussi Carthage sortit bientôt de ses ruines et redevint rapidement florissante. Le célèbre géographe Strabon vient encore donner une nouvelle force cette opinion en nous montrant, dans le repeuplement de Carthage, une véritable colonisation ; car, d'après lui, César envoya dans cette ville tous les citoyens romains qui voulurent y aller; *et seulement quelques soldats.* Et encore, ces soldats, sous quel titre y allaient-ils ? C'était, personne n'en saurait douter, sous celui de *colons recevant des terres,* récompense de leurs services, et qui, pour les cultiver, de soldats devenaient commerçants et laboureurs.

Que l'on compare maintenant ce passage avec cette phrase de Boudin, laquelle a servi de texte à tous les arguments qu'on a produits contre la colonisation algérienne : « Que le Romain habitait le sol africain, non en cultivateur, mais en dominateur; il ne transportait pas sa famille, mais il transformait les Africains en citoyens romains (1). » Or, jamais l'Arabe ne s'est confondu avec le peuple conquérant. Ni Romains, ni Vandales, ni Turcs, malgré leurs efforts, n'ont pu atteindre cet heureux résultat; car l'Arabe, fier de sa race et de sa nationalité, a vécu toujours à côté, mais non avec ces divers peuples vainqueurs. Serons-nous plus heureux ?... Peut-être.

Boudin n'avance pas seulement que, en raison de l'insalubrité et de l'infertilité de l'Afrique, il est dangereux et inutile d'y former des établissements agricoles; il va plus loin ; et, à l'en croire, personne, en aucun temps, n'aurait cultivé ce pays qu'au point de vue de l'horticulture. Il appelle jardinage ces grandes et belles cultures dont Diodore de Sicile nous trace un si riche tableau ! *Jardinage* ! ces fertiles campagnes qui, peu d'années après la bataille de Zama, montraient aux ambassadeurs romains que leurs

---

1· *Colonisation française en Algérie,* p. 16 ; 1848.

ennemis étaient encore puissants et possédaient de nombreuses ressources territoriales et agricoles.

M. Yanosky, qui a écrit, conjointement avec Dureau de la Malle, l'histoire de Carthage dans l'*Univers pittoresque*, dit que les Carthaginois ne se portèrent pas exclusivement vers le commerce et l'industrie mais qu'ils façonnèrent de bonne heure les populations indigènes à l'agriculture, *et qu'ils se livraient eux-mêmes avec succès aux travaux des champs*. Le savant Heeren va même jusqu'à professer, dans son grand ouvrage sur la politique et le commerce des peuples de l'antiquité, que, chez les Carthaginois, l'amour de l'agriculture semble avoir dépassé leur passion pour le commerce.

Voici un fait caractéristique et qu'on a pourtant remarqué à peine. La ville de Carthage, chez laquelle le sentiment des arts et des lettres était infiniment moins développé que dans la Grèce et parmi les latins, Carthage ne cite qu'un philosophe et un livre, et ce livre c'est le grand *Traité d'agriculture* de Magon. Cet ouvrage fort étendu, divisé en vingt-huit parties, a eu l'honneur d'une traduction latine (D. Silvanus, à Rome); il a fait loi dans la matière; Caton, Columelle, Pline et beaucoup d'auteurs le citent avec éloge et s'appuient sur lui comme sur une imposante autorité. Carthage avait recouvré à un si haut point son ancienne splendeur que, lors de la prise de Rome, par Alaric, l'an 410 de Jésus-Christ, les habitants les plus riches abandonnèrent la capitale de l'ancien monde, pour aller chercher vers son ancienne rivale les plaisirs que Rome ne pouvait plus leur donner; mais ce n'est pas de Carthage seule qu'on peut vanter l'opulence ; l'Afrique tout entière ne lui cédait en rien sous ce rapport, et cela était si avéré que Salvien s'écrie : « Où y a-t-il des trésors plus grands que ceux des Africains ? Où trouver un commerce plus florissant et des magasins plus pleins ? » Le prophète Ezéchiel disait à Tyr : « Tu as rempli tes trésors d'or et d'argent par l'étendue de ton *commerce.* » Moi, je dirai de l'Afrique que son commerce l'enrichissait tellement que, non seulement ses trésors étaient pleins, mais qu'elle paraissait pouvoir remplir tous ceux de l'univers. » Les autres villes de l'Afrique, de même que Carthage, étaient occupées par des *concitoyens romains* qui s'y livraient au genre d'industrie en rapport avec la position et les coutumes commerciales du pays. Ainsi lorsque Caton se fut réfugié à Utique, après la mort de Pompée, il fortifia la ville ; il l'approvisionna ; il rassura les habitants terrifiés et choisit pour conseil : *Trois cents citoyens romains qui, pour trafic de marchandises et de banque, se tenaient en Afrique.*

Toutes ces preuves suffiraient certes pour établir, d'une manière évidente et incontestable, l'existence d'une population romaine civile et agricole, qui, ne s'occupait que de commerce et d'agriculture. Mais en traitant de l'administration des Vandales, nous comptons faire ressortir bien plus encore cette vérité. Le privilège que les Vandales accordèrent aux Romains de rester *possesseurs de leurs terres*, tout en les soumettant à un tribut ; l'expulsion de ceux qui refusaient la restitution des biens aux anciens propriétaires qui, ayant été chassés de l'Afrique, y rentraient avec l'intention de se soumettre à cet impôt, constituent autant de faits qui feront pénétrer cette conviction dans l'esprit de tous.

Les Vandales, auraient-ils pu agir ainsi, si l'occupation romaine avait été toute militaire? Nous ne le croyons pas ; des soldats, en effet, n'étant pas attachés au sol par la possession de vastes propriétés, seraient retournés dans la mère-patrie ; ou si quelques-uns d'entre eux étaient demeurés en Afrique, jamais les conquérants n'auraient songé à exiger d'eux des redevances d'esclaves et de bestiaux dont ces soldats n'auraient en aucun temps été possesseurs.

Mais avant d'exposer la législation des Vandales et es efforts que fit Genséric, leur roi, pour concilier les divers éléments qui composaient alors la population de l'Afrique, et opérer, pour ainsi dire, la fusion des occupants en un seul peuple, des nouveaux maîtres, des Romains qui venaient d'être subjugués et des Maures qui, toujours prêts à se soulever pour reconquérir leur indépendance, venaient de l'aider à vaincre leurs anciens dominateurs et n'attendaient qu'une occasion favorable pour l'abattre lui-même à son tour.

Nous allons effacer toute incertitude sur la fertilité de l'Afrique, par la citation d'un fait appartenant à une époque plus rapprochée de nous que ceux sur lesquels nous nous sommes appuyé jusqu'ici. En 534, lorsque Bélisaire eut vaincu Huméric, roi des Vandales, ses troupes s'emparèrent d'Adrumète et de Grasse, où ce roi avait un château magnifique, entouré de jardins délicieux et si abondants en arbres fruitiers, qu'après que les soldats eurent cueilli autant de fruits qu'ils voulurent, il ne paraissait pas qu'ils eussent *touché* aux arbres. Une pareille abondance semble prodigieuse, fabuleuse même ; et si les historiens les plus dignes de foi ne l'affirmaient, on serait tenté de n'y pas croire.

L'Afrique qui, depuis plusieurs siècles, reconnaissait les Romains pour maîtres, les vit se courber à leur tour sous le joug des Vandales, leurs vainqueurs. A peine ceux-ci eurent-ils conquis ce pays qu'ils voulurent profiter des richesses qu'il contenait ; aussi Marcus, *Histoire des Vandales*, nous dit-il, que les *anciens propriétaires des terres*, qui n'étaient pas assez vastes pour suffire à leur nourriture et à l'entretien des nouveaux maîtres, en furent expulsés, et qu'elles composèrent le lot des Vandales qui étaient libres (*ingenui*), mais non pas nobles (*nobiles*). C'est aussi d'après ce système, qu'Attila distribua aux siens les terres et les biens meubles qu'il enleva aux Romains.

Il nous reste à fixer le genre de servitude qui pesa dans la proconsulaire, *sur les propriétaires fonciers*, assez riches pour devenir, eux et leurs biens, le partage des enfants de Genséric et des Vandales du premier rang.

On trouve dans la vie de saint Frumence le passage suivant : « C'est que les Romains nobles ou riches, *propriétaires*, qui ne voulurent pas se soumettre à cet état de dépendance, furent libres de ne pas le faire ; mais on leur ôta tout ce qu'ils possédaient, et on les força de sortir de l'empire vandale, sauf à rendre à eux, ou à leurs héritiers, une partie *de leurs biens*, s'ils rentraient dans leur patrie et qu'ils ne se refusassent pas à vivre en vassaux des Vandales. »

Les Vandales nobles, préférant jouir d'une partie seulement des richesses des Romains, plutôt que d'avoir les embarras *de la propriété*, en s'emparant de la totalité, laissèrent, comme on le voit, les biens entre les mains de leurs premiers propriétaires, lesquels n'eurent d'autre charge que de fournir la taxe à laquelle ils avaient été assujettis et qui ne pouvait être altérée, quelque changement qu'il survînt dans la position des possesseurs.

La réponse que fit à sa femme Saturus, habitant de la proconsulaire, que Numéric, fils de Genséric, *dont il administrait les terres*, voulait forcer à se faire arien démontre que tout en n'étant, pour ainsi dire, que les intendants des Vandales, les Romains amassaient des richesses et avaient en leur possession des biens qui leur appartenaient en propre. « Aie pitié de toi et de moi, dit la femme de Saturus à son mari, aie pitié de nos enfants que tu vois là devant toi, ne fais pas qu'on les réduise en esclavage, eux que notre sang ennoblit ; ne me laisse pas, du vivant de mon mari, devenir l'épouse d'un homme de basse extraction et d'un état déshonorant. » Mais le mari lui répondit : « Qu'ils dégradent mes enfants, qu'ils me séparent de ma femme, qu'ils m'ôtent tous mes biens et toute ma *fortune*, Dieu a dit : « Si tu ne renonces pas à ta femme, à tes enfants *à tes champs* et à ta maison, tu n'es pas digne d'être mon disciple. »

Genséric qui, aux yeux de la plupart, passe pour un conquérant barbare et sans grandes capacités administratives, comprit cependant que, pour la stabilité de la domination vandale, il fallait que les races vaincues se confondissent avec celles qui les avaient subjuguées; aussi tous ses efforts tendirent-ils vers ce but. Mais les Maures, ennemis acharnés de tout peuple dont le joug s'étendait sur leur pays, rendirent ses projets inutiles ; et comme ils avaient secondé les Vandales contre les Romains, ils secondèrent de nouveau ces derniers, contre les Vandales.

Lorsqu'ils reconquirent l'Afrique, les Romains furent loin d'user de la modération que Genséric avait constamment montrée à leur égard. Ils déportèrent tous les Vandales qui s'y trouvaient en sequestrant toutes leurs richesses. Il est vrai, qu'en agissant ainsi, les Romains, à cause du peu de durée de la domination vandale, croyaient châtier des usurpateurs de leurs droits, ne se rappelant pas que leurs ancêtres et eux-mêmes n'avaient été, aux yeux de la première population, que des envahisseurs dont la force était la meilleure raison.

Tous les détails que les auteurs anciens vont nous donner sur la manière dont la population romaine fut traitée sous Genséric, contiennent autant de preuves de sa bonne administration ; et s'il diminua un peu les richesses des Romains pour subvenir à l'entretien de ses propres sujets, ce fut la nécessité qui le contraignit à cette mesure; car il n'avait aucun autre moyen de récompenser leurs services. On ne saurait donc concilier le texte de Procope avec celui des autres historiens, que nous venons d'énoncer plus haut, qu'en admettant que les *grandes familles romaines de la proconsulaire restèrent propriétaires de leurs terres* ; mais elles furent astreintes chacune à pourvoir à l'entretien d'une famille vandale en abandonnant à celle-ci une certaine partie du produit de leurs biens fonds. Des précautions furent prises en même temps pour que la quote-part des familles vandales ne fût sujette ni à être diminuée ni à perdre de ses garanties de stabilité par les changements survenant dans l'intérieur des familles romaines. Quant aux terres qui servaient à la nourriture des Romains et des Vandales, c'étaient *les premiers qui les faisaient valoir.* Toutes les personnes mentionnées par Victor Vitensis, pour avoir été revêtues, dans les grandes maisons vandales, de l'emploi *d'intendant ou administrateur de leurs biens* sont d'origine romaine ; et Victor de Cartenne raconte que les habitants riches de Maxula, ville de la proconsulaire placée non loin de la bourgade moderne Rhodes, furent forcés par les Vandales, à leur entrée dans cet endroit, de leur abandonner la troisième partie de leurs esclaves et la septième de leurs bestiaux.

Dans le code Justinien, on qualifie d'hommes dépendants d'un maître, des personnes bien plus indépendantes que les riches Romains de la proconsulaire. Procope pouvait donc très bien dire de ces derniers qu'ils devinrent les esclaves ou plutôt les censiers des Vandales. Mais ceux-ci devaient penser, au contraire, qu'ils traitaient la noblesse romaine de la proconsulaire aussi doucement que possible, vu que, tenir d'un autre un bénéfice à vie ou héréditaire, à des conditions comme celle en question, ce n'était pas une honte chez les anciennes nations germaniques.

Aussi, les Vandales furent-ils très sévères contre les nobles de la proconsulaire qui ne voulurent pas se soumettre à ces conditions, tout en essayant de rester dans le pays. Les uns furent condamnés à devenir véritablement esclaves, et on essaya de mettre les autres à la raison en les reléguant chez les Maures ; et s'ils continuaient de résister, on les jetait sur des vaisseaux à long cours et on les débarquait, hors de l'Afrique, sur le territoire romain ou dans les îles vandales.

Procope nous apprend lui-même que les *terres destinées à nourrir les grandes familles vandales* n'étaient point grevées d'impôts. Cela étant, on ne doit point s'étonner de trouver qu'il y avait tant de richesses chez les *nobles romains de cette province*.

Sous les Vandales, la population romaine fondait volontairement, ici des monastères, bâtissait là tantôt des églises, tantôt des demeures épiscopales, ou construisait des cirques et créait des chaires publiques pour l'enseignement des belles-lettres. Il est donc évident que c'était pour faire sa cour à Justinien que Procope raconte que les Vandales écrasaient les Romains d'impôts.

Ailleurs, le même historien nous dit que les exigences du fisc firent éclater une révolte parmi les habitants du pays et dans l'armée ; et il raconte ainsi les événements auxquels cette révolte donna lieu : « Pour ce qui est des propriétaires qui perdirent *tous leurs biens fonds* ensuite de la distribution des terres de la proconsulaire entre les Vandales, ceux d'entre eux qui faisaient partie de la curie de l'endroit où ils demeuraient, et c'était probablement le plus grand nombre, ne pouvaient, pour la plupart, regarder cette perte comme un grand malheur. La latitude qu'on leur laissait d'aller où bon leur semblait, et de se livrer au métier qui leur promettait le plus de chances de gain, avait plus d'attraits pour eux que *la possession des biens* qui les privait de cette liberté, et dont le rapport tournait plutôt au profit du fisc impérial et de la caisse municipale qu'au leur. »

Cette révolte ne fut certes pas la suite des vexations des vainqueurs, mais bien la conséquence de ce qu'ayant été maîtres, il paraissait odieux aux Romains de subir un joug, quelque doux qu'il fût. On voit là, en effet, *des familles romaines*, entourées d'une grande clientèle, commandant un grand nombre d'esclaves et de serfs, faisant instruire les enfants de la maison, dans les arts libéraux, par des professeurs particuliers et publics, et s'élevant dans leurs localités, par leurs richesses et les talents de leurs membres, aux premières places publiques.

Pour ce qui est des impôts mêmes, que les Romains des provinces du prince payaient à l'État, nous n'en savons autre chose, sinon que, au total, ils n'étaient pas aussi forts que du temps des empereurs romains.

Ce qui confirme cette opinion que les Romains occupaient presque tous les emplois publics, c'est que les receveurs d'impôts (*procuratores seu exactores*) que nous connaissons pour avoir exercé leurs fonctions dans les provinces du prince sont *tous des Romains*. Il en est de même des intendants et des fermiers des domaines royaux (*conductores seu conducentes prædio-*

rum regalium, seu possessionum domus regi) qui étaient situés dans cette partie de l'empire vandale, ainsi que de tous les autres fonctionnaires publics qui relevaient de l'administration centrale, et dont il est fait mention dans les auteurs anciens. Quant aux autres institutions d'origine romaine, les Vandales en conservèrent la majeure partie. Rien n'est donc plus facile que de répondre à cette question : A quel système de gouvernement les *Vandales soumirent-ils la population romaine de l'Afrique?* A celui-là même, sous lequel Constantin le Grand et ses successeurs l'avaient habituée à vivre ; le seul changement notable qui eût lieu à cet égard consistant en ce que, dans la proconsulaire, l'état de la fortune des anciens habitants ne resta pas tout à fait ce qu'il était auparavant, et que les Vandales se réservèrent, à eux seuls, la défense de l'empire et désarmèrent la population romaine.

Cette précaution des Vandales était sage, car si les Romains avaient plus tard formé un corps assez considérable dans l'armée, en s'alliant avec leurs *concitoyens qui occupaient les emplois civils,* ils eussent rapidement renversé ceux qui les avaient soumis et ressaisi leur ancienne autorité ; car, du temps de Justinien, il y avait encore dans cette nation 80.000 hommes capables de porter les armes. Ici, comme toujours, les Maures n'y prennent aucune part et s'abstiennent de participer à ce contingent.

Tout en ayant le goût des armes, le peuple vandale ne resta pas tout à fait étranger aux occupations *commerciales et industrielles* réservées aux Romains. Il s'entendait, tout aussi bien que les Langobards, au métier d'armurier ; mais les sculptures et les dessins qu'on voyait sur les sabres et sur les épées de cette nation étaient probablement exécutés par des individus du peuple vaincu ; les Vandales, ne dédaignaient pas de les admettre et de les employer dans leurs ateliers. Il existait donc une population romaine industrielle et qui datait certes d'une époque plus éloignée que la conquête vandale.

Un fait qui peut encore donner l'idée de l'éloignement que les indigènes éprouvaient pour les conquérants, c'est que quand la flotte vandale était de retour en Afrique, on apportait le butin et on le partageait en deux lots : l'un appartenait aux Vandales, l'autre revenait aux Maures. C'est ainsi que ces deux peuples qui n'ont jamais voulu se mêler l'un à l'autre, traitaient pourtant ensemble de nation à nation du temps de Genséric.

Bien que les Vandales fussent ariens, ils laissaient les catholiques libres d'exercer leur culte, et ne s'opposait en rien à ce qu'ils secourussent leurs coréligionnaires ; le passage suivant en fait foi : « Quant aux autres prisonniers, les habitants catholiques de Carthage et des environs se cotisèrent pour les racheter d'entre les mains des Maures et des Vandales. Déogratias, évêque de Carthage, vendit, à cet effet, les vases d'or et d'argent de son église ; il changea deux basiliques en hôpitaux pour recevoir les malades, auxquels il fit distribuer les médicaments que nécessitait leur état malheureux. La réputation de la puissance de Genséric s'accroissait chaque jour et il semblait nécessaire à ses ennemis de s'assurer de ses forces avant de l'attaquer. Aussi voyons-nous que Majorien, désirant au vrai reconnaître les forces des ennemis, la qualité du génie de Genséric et le dégré d'affection ou de haine existant entre les Vandales, les Maures, et *la population romaine de l'Afrique,* fit teindre en noir ses blonds cheveux, prit le titre d'ambassadeur de l'Empereur vers le prince vandale et se rendit en cette qualité à Carthage (1). »

Souvent des guerres éclataient entre les Maures et les Romains d'abord ; puis entre les premiers et les Vandales. Les Maures étaient d'ordinaire les agresseurs dans ces guerres, et ils les entreprirent dans les premiers temps pour devenir maîtres absolus des chaînes de montagnes et des plateaux ou vallées qu'elles renferment ; et, plus tard, pour s'enrichir par le pillage aux frais des habitants romains de la côte et *de l'intérieur du pays.*

Genséric, avec sa haute intelligence, comprit facilement que la tolérance religieuse devait faire partie de son système politique dans une contrée où tant de sectes diverses existaient. Il l'admit, en effet, en formant avec les empereurs grecs une alliance dont voici la teneur : « Les empereurs grecs laisseront les évêques ariens libres d'officier dans leurs églises comme bon leur semblera et en une telle langue qu'ils voudront ; les évêques catholiques auront le même droit dans toute l'étendue du royaume vandale ; mais si le gouvernement grec ne remplissait

---

1. Marius, *Histoire des Vandales.*

pas fidèlement ses engagements, le métropolitain de Carthage, les autres évêques orthodoxes et tout leur clergé seraient envoyés en exil chez les Maures (1). »

Procope (*Vandales*, II, 5 et 20.) nous apprend que « les Maures étaient en possession de la Mauritanie césarienne et de Sétifis lorsque Bélisaire arriva en Afrique. Il est probable que la majeure partie des Vandales, anciennement domiciliés dans la proconsulaire, se seraient réfugiés, après leur défaite, dans les montagnes de la Numidie au lieu de se laisser transporter par Bélisaire en Grèce et en Asie, si le plateau de la Numidie qui est situé entre le petit et le grand Atlas, n'avait été depuis longtemps détaché de leur empire par les Maures. »

Les Vandales, qui connaissaient l'antipathie de ces derniers, pensèrent, en effet, qu'une fois vaincus, ils ne trouveraient là qu'esclavage et oppression, et ils aimèrent mieux s'expatrier que d'essayer la générosité de ce peuple. Quarante-six évêques furent envoyés en Corse, trois cent deux restèrent en Afrique ; Eugène, le métropolitain de Carthage, était du nombre de ces derniers. On le relégua à Tamallenum (aujourd'hui Tamellem) dans la Bysacène. (*Not. episcop.* ap. Ruinart, page 140 ; Victor Vitensis, vol. II, 12.)

Les Romains furent loin d'être modérés dans leur victoire ; tous les Vandales furent chassés de l'Afrique, et leurs évêques, comme l'indique le passage précédent, ne furent pas plus respectés qu'eux. Le roi barbare s'était montré plus magnanime que la nation

---

1. Marius, *Histoire des Vandales.*

la plus puissante et la plus civilisée, en laissant aux citoyens romains les biens qu'il pouvait leur ôter et, à leurs évêques, la liberté de pratiquer et d'étendre leur culte. En donnant ici les causes de la disparition de la population romaine civile et agricole, dont nous avons prouvé l'existence un peu plus haut, nous abattons un des principaux étais qui servent à appuyer les arguments des auteurs modernes dont l'opinion est contraire à la nôtre.

Selon eux, en effet, rien ne saurait mieux démontrer la non-existence de cette population, que l'absence de toute ces traces qui, ordinairement, subsistent dans un pays longtemps après qu'un nouveau peuple s'est substitué à l'ancien, surtout si ce dernier a contribué par les talents, l'industrie et le commerce de ses membres à l'enrichir et à y faire fleurir les arts.

Considérée dans un sens général, cette manière de voir est d'une application juste et peut résoudre des questions semblables à celle qui se présente lorsqu'elles n'offrent pas les conditions particulières qui sont le partage de celle-ci : mais la position des Romains, en Afrique, offre des exceptions qu'on ne peut se refuser d'admettre. Ne sont-ils pas d'abord obligés d'émigrer en partie, quand les Vandales, voulant affermir, par la crainte, leur empire sur l'Afrique, brûlent et saccagent tout dans la première période de leur invasion ?

Bien que, plus tard, ces derniers leur conservent leurs biens moyennant un impôt assez fort, et que des lois plus douces les engagent à rester, leur nombre est déjà de beaucoup diminué, lorsque Bélisaire ramène l'Afrique sous la domination romaine.

Voici ce que dit Procope des commencements de l'invasion vandale : « Les Vandales, en arrivant en Afrique, voulant se faire craindre, faisaient partout promener le fer et la flamme, dévastant les champs, brûlant les villes et les bourgades, massacrant hommes, femmes et enfants, et détruisant jusqu'aux arbres fruitiers, afin que les populations ne trouvassent rien à manger derrière eux. » La cruauté naturelle aux Vandales, au début de leur conquête, était encore plus animée par leur zèle de sectaires et par la haine qu'ils portaient aux catholiques. La plus riante contrée de l'univers et la plus fertile, peuplée de villes florissantes, enrichie depuis cinq siècles par le commerce de tout l'Occident, fut livrée à la plus horrible dévastation.

Les Vandales, peuple aventureux, trouvaient que le fardeau de faire valoir leur conquête était trop fatigant ; et, insoucieux, c'est à leurs ennemis qu'ils laissèrent le soin de la faire fructifier. Ils ne formèrent, pour ainsi dire, aucun établissement agricole ni industriel ; sauf, peut-être, quelques ateliers où se fabriquaient les armes. Sans ce système, ils auraient pu probablement disputer plus longtemps la possession de l'Afrique, si même ils ne l'avaient pas conservée. Mais les armes victorieuses de Bélisaire devaient nécessairement trouver un appui, sinon ouvert, du moins caché dans ses concitoyens, dont l'argent et parfois les bras, vinrent en aide à celui qui devait écraser leurs oppresseurs et leur rendre la liberté.

Les Vandales, vaincus à leur tour, furent donc chassés ; l'élément civil n'existant pas, ils ne laissèrent aucun vestige de leur occupation, et ils disparurent complètement de cette terre, à la conquête de laquelle Genséric les avait conduits, cent cinq ans auparavant, après les avoir administrés si glorieusement.

On dit cependant que plusieurs tribus occupant le pays compris entre Bougie et Sétif, par le type des hommes qui y sont restés blonds, et par leur langage qui diffère, dit-on, essentiellement de l'arabe, descendraient directement de ce peuple.

Les Romains ne jouirent pas plus de cent cinquante ans des triomphes de Bélisaire en Afrique ; car les kalifes, à leur tour, envahirent cette contrée. En 650, le kalife Noviah lève une armée considérable en Syrie et en Égypte ; s'abat sur la Numidie et la Mauritanie, dont il s'empare ; détruit l'armée romaine forte de trente mille hommes, et fait *quatre-vingt mille captifs*. Vingt ans après (670) le même kalife Noviah envoie un nouveau général du nom de Ouchbac qui, avec quarante mille hommes, mit en déroute l'armée romaine dans la Byzacène. Tout le pays fut encore inondé du sang des chrétiens ; mais, fidèle à la loi prescrite par Abou-Beckre, Ouchbac laissa la vie aux femmes, aux enfants et aux vieillards. Toutefois, il envoya *quatre-vingt mille prisonniers en Égypte*. Ainsi, en vingt ans, cent soixante mille prisonniers sont enlevés violemment au sol natal, sans compter ceux qui périrent sous le fer des soldats du kalife. La mort et l'esclavage dédaignant les femmes, les enfants, les vieillards et n'étant que le partage des hommes faits, ce ne fut pas, au point de vue de la population, cent soixante ou deux cent mille hommes qui disparurent, mais bien quatre fois au moins ce nombre.

Il est facile de comprendre, après une pareille perte, le temps d'arrêt que dut subir la procréation dans l'intervalle que les enfants mirent à se faire hommes. Les vieillards, en mourant, laissaient un vide qui n'était pas comblé ; et les familles, privées de leurs plus fermes appuis, devaient, pour la plupart, ne trouver que misère ; et, par cela même, la mortalité devait s'abattre plus fréquemment sur les enfants en bas âge et diminuer encore leur nombre. Que l'on réfléchisse que ces femmes et que ces enfants, restés seuls, durent nécessairement s'allier, du moins en grande partie, à une race autre que la leur et perdre leur nationalité par ce croisement. Mais ce qui éteignit presque totalement cette population, ce furent les guerres que les kalifes firent aux Maures, à une époque plus rapprochée de nos jours ; et s'ils furent repoussés d'abord, ils prirent ensuite une éclatante revanche. Ainsi, en 709, une femme, inspirée d'un ardent patriotisme, réunit sous son commandement les Maures et les Berbères pour s'opposer aux conquêtes de Hassan. Kachina c'était son nom, fut proclamée reine et défit les Arabes, qui se retirèrent du côté de l'Égypte, où Hassan attendit pendant cinq ans les secours que le kalife lui promettait. Kachina, craignant une nouvelle invasion, assembla les chefs maures et leur suggéra un expédient qui accuse des mœurs sauvages et une grande énergie de caractère. « Nos villes, dit-elle, et l'or qu'elles contiennent, attirent sans cesse les Arabes ; ces vils métaux ne sont pas l'objet de notre ambition ; les productions de la terre nous suffisent ; détruisons les villes ; ensevelissons, sous leurs ruines, ces funestes trésors ; et, lorsque nous n'offrirons plus d'appâts à la cupidité de nos ennemis, peut-être qu'ils cesseront de troubler la tranquillité d'un peuple qui sait faire la guerre. » Cette proposition fut accueillie avec une unanimité sauvage.

De Tanger à Tripoli, on démolit les édifices et les fortifications ; on coupa les arbres fruitiers et autres ; on anéantit les cultures ; les cantons fertiles devinrent des déserts. Mais Moussa, successeur de Hassan, revint avec une forte armée ; il repoussa et détruisit les troupes de Kachina, fit 300.000 prisonniers, dont une grande partie fut envoyée à Damas et vendue au profit du trésor du kalife.

Là s'éteignit probablement les quelques descendants du peuple romain qui n'avaient pas émigré, et qui, s'étant réunis aux indigènes pour résister à l'invasion des Arabes, subirent, plus que ce peuple, la haine et la colère des enfants de Moussa. Car les Romains-Maures, habitant principalement les villes et le littoral, n'eurent pas, comme les Berbères, la ressource des montagnes pour se dérober au courroux de l'ennemi. Dans la Mauritanie tingitane, au contraire, les chrétiens paraissent avoir résisté plus longtemps, comme semblent l'attester les prédications du fanatique Abdallah.

Ce Berbère fanatique se disait issu de Mahomet par Ali ; après avoir étudié la théologie et la philosophie à Bagdad, il revint dans sa patrie (1100), et, prêchant dans les villages, il s'arrêta dans un bourg près de Tlemcen ; là, couvert de haillons, il déclamait contre les chrétiens et s'érigeait en réformateur.

Il nous semble que, pour prêcher contre une doctrine, comme ce fanatique le faisait, il fallait qu'il y eût encore en Afrique des chrétiens qu'on espérait ou convertir ou expulser de cette contrée.

Un seul trait donnera une idée de la fourberie de cet ambitieux. Persuadé qu'il avait besoin de prestige pour affermir sa puissance, il fit, *dit la tradition*, et après une bataille, jeter dans une fosse recouverte d'une mince terre, quelques-uns de ses sectateurs en leur laissant de l'air au moyen de plusieurs ouvertures dissimulées. Il leur avait préalablement dicté la réponse qu'ils auraient à faire lorsqu'on les interrogerait, et il leur promit de brillantes récompenses s'ils exécutaient ses ordres. Il conduisit ensuite les chefs des tribus sur le champ de bataille, et leur dit d'interroger leurs frères, morts, sur la réalité de ses prédictions et de son crédit auprès de Dieu. Les hommes répondaient aussitôt : « Nous jouissons des récompenses célestes pour avoir embrassé et propagé par les armes les doctrines de l'unité de Dieu. Combattez donc à notre exemple les Almoravides et comptez sur les promesses de notre maître. » Mais à peine les faux Arabes avaient-ils fini leurs prédictions que Mohamed Abdallah, pour prévenir leurs indiscrétions, les fit étouffer en faisant boucher les ouvertures et en comblant la fosse.

BOISEMENT ET FERTILITÉ ANCIENNE DE L'ALGÉRIE. HAINE CONSTANTE DES ARABES POUR LEURS DOMINATEURS

Il est encore une question importante; c'est celle de savoir si l'Afrique a été boisée. La résoudre affirmativement, c'est apporter à notre nouvelle colonie, non seulement une source de richesses, mais même fournir le moyen à ses habitants de rendre salubres les endroits que les miasmes délétères rendent les plus dangereux à habiter. Personne n'ignore, en effet, que les arbres aspirant les gaz étrangers et nuisibles, à la respiration humaine, purifient l'air et le maintiennent dans les meilleures conditions hygiéniques. En effet, prouver qu'anciennement l'Afrique a été boisée, c'est prouver qu'elle peut l'être encore.

Nous venons de citer un peu plus haut le discours de Kachina. Eh bien, les conseils qu'il contenait furent suivis et même outrepassés. Non content de ne pas laisser l'espoir du pillage à leurs ennemis en détruisant leurs villes et les richesses qu'elles contenaient, les Maures voulurent même leur enlever tout espoir de les joindre; pour cela, ils coupèrent les magnifiques forêts qui couvraient le sol, et firent un désert brûlant et aride des lieux couverts de la plus splendide végétation. Ce fait de l'incendie des forêts, qui date de plus de mille ans, est passé chez les Arabes à l'état de tradition; ceux-ci l'avaient vu faire aux leurs; et, maintenant encore, ils empêchent souvent les jeunes arbres de pousser, avec le feu qu'ils allument à l'époque des grandes chaleurs, pour détruire, disent-ils, les mauvaises herbes; et l'incendie, qu'on ne cherche pas à localiser gagne rapidement toute la végétation, grande et petite.

Ce trait, d'un patriotisme qui sacrifie tout à la conservation de la liberté, n'est pas unique dans les annales des peuples; et, sans aller jusqu'à Moscou y chercher l'exemple des Russes, brûlant leur ville pour arrêter la marche triomphante de notre armée, nous pouvons le prendre dans l'histoire même de notre pays. La France, en effet, employa bien ce moyen héroïque pour repousser, en 1536, l'invasion espagnole. On sait que François Ier ne pouvant opposer des forces suffisantes à Charles-Quint, qui venait d'envahir la Provence avec 50,000 hommes de pied et 30.000 chevaux, ordonna que toutes les ressources de la Provence qui ne pouvaient être emportées, fussent anéanties. Ainsi, les récoltes sur pied furent brûlées ; tandis qu'on tarit les fontaines et les puits ; les moulins furent démolis ; les blés, les vins, les farines furent emportés, du moins en grande partie.

Peut-on s'étonner après cela de voir les Maures à une époque bien plus reculée, alors qu'ils avaient, à un plus haut degré, cette sauvage énergie qui les caractérise encore, mettre tout à néant pour élever entre eux et leurs ennemis une barrière infranchissable ?

Un fait assez remarquable que la France doit prendre en sérieuse considération, dans l'intérêt de son avenir en Afrique, et que nous nous sommes attaché à démontrer, c'est la conduite qu'y ont tenue les populations indigènes à l'égard du peuple conquérant chaque fois qu'il s'est trouvé en guerre avec une autre puissance. Toujours les indigènes, sans connaître le sort que leur réservait la nouvelle domination, ont obéi à leurs premiers sentiments de haine pour leurs premiers dominateurs ; ils s'allient aux nouvelles armées ; puis, une fois vaincus, s'ils jugeaient leurs alliés assez faibles, ils tournaient leurs armes contre eux, afin de s'opposer à leur établissement et de les expulser. Mais si leurs forces étaient trop imposantes, ils se retiraient dans leurs montagnes en attendant qu'une nouvelle expédition menaçât leur pays, afin de renouveler leur plan invariable de politique. C'est ainsi que, du temps des Romains, ils se sont associés aux Vandales pour repousser les Romains ; que, plus tard, ils ont secondé ces derniers pour secouer le joug des Vandales ; que, sous la domination des Arabes, ils ont fait cause commune avec le reste de la population romaine, pour se soustraire à l'influence des armées que les kalifes de Damas et de la Syrie envoyaient dans ce pays pour le conquérir. Maintenant, il est hors de doute pour nous, que, si une puissance européenne quelconque, faisait une tentative pour nous expulser de l'Algérie, la population indigène ne se soulevât en masse et ne réunît ses efforts à ceux de nos ennemis, sauf plus tard à régler ses comptes avec eux. C'est ce qui serait arrivé, lors la dernière et toute récente insurrection, si la France n'avait eu les moyens de la réprimer, et si surtout les indigènes avaient trouvé un auxiliaire quelconque pour les seconder.

Le fait suivant, cité par Possidius, l'auteur de la *Vie de saint Augustin*, vient à l'appui de l'opinion que nous venons d'émettre.

A l'époque de l'invasion des Vandales (420) sous le commandement de Genséric, les Maures embrassèrent sans hésiter l'alliance des ennemis de Rome. Reconquérir cette belle Afrique, un des greniers de Rome, où, parmi des champs de blé inépuisables, des vergers immenses et des vignes sans fin, des villes plus florissantes l'une que l'autre se pressaient autour de l'opulente Carthage, redevenue la reine de toutes, tel avait été toujours l'ardent désir des Maures. (Possidius, auteur des *Lettres de saint Augustin*.)

INSALUBRITÉ DE LA PLAINE DE MITIDJAH, SES CAUSES ; INFLUENCE SALUTAIRE ET RAPIDE DES TRAVAUX D'ASSAINISSEMENT

Après cette revue rétrospective que avons jugée nécessaire à la cause que nous défendons, nous allons examiner l'état de l'Algérie de nos jours.

Pour procéder avec plus de méthode, nous adopterons la division politique de l'Algérie en trois provinces en indiquant les améliorations, lentes il est vrai, mais réelles, qui se sont opérées dans plusieurs localités jadis inhabitables et à l'état sauvage, devenues, depuis, de riches contrées. Nous arriverons ainsi à la constatation d'un fait irrécusable ; c'est que, partout où besoin était, les travaux d'assainissement ont été assez complets, le sol y a acquis un degré de salubrité et de productions incontestables qu'on est loin de rencontrer dans bien des localités en France, couvertes pourtant d'une nombreuse population ; mais, pour que ces transformations salutaires aient été obtenues, il a fallu du temps et surtout posséder cette qualité, qui semble faire défaut à trop de monde, consistant à savoir attendre. Il ne suffit pas, pour obtenir l'assainissement d'un pays, depuis longtemps inculte et couvert de marais, de le dessécher en livrant aux eaux un cours libre et facile ; il faut encore soumettre le sol à d'autres opérations essentielles avant d'y autoriser et d'y former aucun établissement agricole ni industriel. On comprendra facilement qu'un sol imprégné, jusqu'à une certaine profondeur, d'une eau infectée par la décomposition d'une foule d'animaux et de végétaux dont la reproduction annuelle donne une nouvelle activité à ce détritus paludéen ; on comprendra, disons-nous, que ce sol a besoin d'être retourné plusieurs fois et d'être exposé, à chaque soulèvement, pendant plusieurs jours, au contact de l'atmosphère, afin qu'il puisse se débarrasser des miasmes toxiques qu'il recèle. Ce sont là des opérations longues et fort coûteuses, dira-t-on, cela est vrai ; mais qui veut la fin, doit vouloir les moyens ; et il nous semble que, lorsqu'il s'agit d'épargner la vie des personnes, nécessaires à l'exploitation de la propriété, cela vaut bien quelques sacrifices d'argent, d'autant que les résultats ultérieurs dédommageront amplement le capitaliste des avances qu'il aura faites.

Ainsi, toute propriété dont le sol est ou a été marécageux devra, avant d'avoir reçu aucune culture, subir un premier défrichement ; puis, être soulevé une deuxième et même une troisième fois. Ces trois opérations exigeront au moins dix-huit mois, et devront être faites à des époques qu'il est de la plus grande importance de bien préciser, si l'on ne veut pas exposer les travailleurs à payer, souvent de leur vie, le fruit de leur labeur, comme cela est malheureusement arrivé maintes fois. Tous ces travaux préparatoires ne devront être entrepris qu'à l'époque des pluies ; celle surtout où la température, peu élevée, produira le moins d'évaporations. Il faudra, par la même raison, suspendre tout travail pendant la saison plus chaude, afin que les miasmes qui s'échapperont de ce sol, nouvellement retourné, se perdent dans l'espace et ne puissent ainsi décimer les colons avant qu'ils aient pu retirer aucun bénéfice de leur travail.

Qui ne se rappelle la mortalité qui a sévi si cruellement sur les premiers colons à Bouffarick, à Kouba, dans la province d'Alger, et sur la plaine de la Sybouse, aux environs de Bône? Tous points occupés et cultivés par anticipation. Aussi qu'arriva-t-il de ces faits qui constituèrent une violation flagrante aux premiers principes de l'hygiène appliquée à la colonisation d'un pays? C'est que les adversaires de cette colonisation s'emparèrent, et s'emparent encore, avec empressement de ces lugubres résultats, pour crier à l'insalubrité du climat et à l'impossibilité de l'acclimatement des colons.

Il a été une époque en Algérie où l'inexpérience des uns et l'impatience des autres ont fait commettre de grandes fautes dans l'application des règles de l'hygiène. La mortalité qui a sévi en 1835, 1836, 1837 et même 1846, sur les colons de Bouffarick, de Kouba, de la Ferme-Modèle et des divers points de la plaine en est une preuve que les témoins de ces scènes de deuil voudraient pouvoir chasser de leur souvenir. Ces tristes événements, qui se sont produits sur presque tous les points nouvellement occupés par les colons, ont soulevé chaque fois un juste ressentiment que la tribune nationale et la presse se sont empressées de porter à la connaissance du pays. Qui ne se souvient de la véhémence des discours qui furent prononcés, à ces époques de deuil, contre notre nouvelle conquête, en prenant pour texte de son abandon, l'insalubrité de son climat? Tout cela était vrai pour certaines localités qui, heureusement, faisaient exception; tandis que la plupart ont toujours joui d'une salubrité incontestable. Ce n'est donc pas au climat qu'il fallait adresser des reproches, car il ne pouvait être responsable de l'abandon auquel il avait été condamné, pendant des siècles, et des transformations que lui ont fait éprouver les vicissitudes atmosphériques; c'est contre les hommes que les arguments devaient porter : d'abord contre ceux qui, peu d'années après la conquête, autorisèrent le débarquement de cinq ou six cents émigrés, avec femmes et enfants, sans avoir rien préparé pour les recevoir; lesquels (surtout à Tixeraïn), ne trouvèrent sur le sol algérien qu'un air infect à respirer et de mauvaises tentes contre les pluies torrentielles qui durèrent, à cette époque, trois mois consécutifs.

Après ce fait, qui est heureusement le seul de ce genre, la mortalité la plus grande a sévi sur des colons qui transportaient leurs pénates sur des localités, qu'une riche végétation rendait à la vérité séduisantes, mais qui cachaient, dans leur sein, le germe des fièvres les plus graves. Telles sont les causes principales de la mortalité qui a sévi sur la population civile depuis notre conquête.

L'homme d'ailleurs, pris en masse, est ainsi organisé que partout où il sera mû par un intérêt particulier, il négligera, pour arriver à ses fins, sinon sa santé, du moins toutes les précautions qui ont pour but d'éloigner les causes qui pourraient à tout instant la compromettre; mais ces fâcheux exemples n'ont pas été perdus pour l'avenir de la colonie; car, depuis, les colons sont devenus plus prudents, sinon plus craintifs, à l'endroit de leur santé, et ils ont été beaucoup plus dociles à suivre les conseils salutaires que les médecins n'ont jamais manqué de leur donner.

On a beaucoup crié, à une certaine époque, contre l'insalubrité de Bouffarick et contre les dangers d'y former aucun établissement agricole. Ces plaintes, très fondées et fort justes alors, devaient, à ceux qui avaient engagé leur opinion dans l'avenir, mériter un démenti bien favorable à ce pays. Grâce à tous les travaux qu'on y a exécutés et aux diverses opérations que le sol a subies, Bouffarick, après avoir décimé deux fois sa petite colonie, est devenu un point très habitable et où, depuis plusieurs années, l'acclimatement des habitants ne laisse rien à désirer. Ce grand village, aujourd'hui une ville florissante, de dix mille habitants, est encore pourtant, un peu sous l'influence des miasmes que lui envoient les marais de la Mitidjah, non encore desséchés ni complètement assainis. Puisque le hasard nous a fait citer Bouffarick, et que ce point nous amène dans la province d'Alger, nous allons discuter l'état sanitaire de cette province depuis notre occupation. Il nous sera ainsi facile de démontrer les changements qui se sont produits par les divers travaux d'assainissement et de culture dans les contrées qui en ont été favorisées, et si leur insalubrité a résisté à l'influence d'une intelligente exploitation de la terre.

Si le sol de l'Algérie était un, qu'il fût également habité par une population laborieuse, couvert tous les ans d'une culture appropriée à la nature de chaque espèce de terrain, et qu'on n'y rencontrât que peu ou point de marais ni terres incultes, alors seulement on pourrait, on devrait même, pour son degré de salubrité, embrasser toute son étendue; mais l'Algérie se trouve-t-elle dans de pareilles conditions ? Il nous semble inutile de répondre à cette question. Tous ceux qui ont visité un instant les trois provinces dont se compose ce vaste territoire, ont pu voir combien elles diffèrent entre elles sous le rapport de la climatologie; de la nature et de la disposition du sol ; du caractère et des aptitudes plus ou moins agricoles des habitants ; etc..., conditions diverses qui donnent, à chaque localité, un caractère spécial et la rendent plus ou moins insalubre. Les limites de ce chapitre ne nous permettant pas de rappeler les considérations topographiques qui se trouvent développées dans la *Géographie médicale d'Alger* que nous avons publiée en 1839, nous allons nous borner à comparer l'état sanitaire d'Alger (des points occupés seulement depuis 1830,) et l'on jugera ensuite si les améliorations incontestables que la présence de notre brave armée et l'intrépidité des premiers colons y ont opérées, doivent encourager ceux qui désireront aller demander à ce sol vierge et productif, des richesses qu'ils chercheraient en vain ailleurs. Commençons par Alger et ses environs, en y comprenant tout le Tell.

De 1830 à 1839, la plaine de Mustapha était très insalubre ; armée et colons qui l'habitaient, ne tardèrent pas à y contracter des fièvres graves. Bientôt, sous l'influence de l'administration intelligente du général Trézel, que l'Algérie doit regretter de ne l'avoir pas eu pour gouverneur, les nombreuses haies de cactus qui y croissaient, en tous sens, et qui y entretenaient, en s'opposant au cours des eaux, une foule de mares, furent détruites. Cette opération importante, suivie de la mise en culture de ce terrain, tout en y ramenant insensiblement la salubrité, en a fait une contrée des plus fertiles, des plus riantes, et presque sans rivale. Mustapha, qui à notre arrivée en 1830 était à l'état primitif, inhabitable et impraticable, est maintenant couvert de riantes habitations, aux jardins toujours fleuris et forme une commune de plus de quinze mille habitants. Eh bien! ce qui s'est passé au quartier de Mustapha, est arrivé partout où les travaux de dessèchement et d'assainissement ont été accomplis sur une échelle suffisante. Nous devons à la vérité de dire que peu de contrées ont joui de ce double privilège, car un trop grand nombre, sinon presque toutes, ont été prématurément habitées. Et il est bien démontré que si, comme nous l'avions dit, et écrit en 1832, on avait commencé à assainir avant d'habiter, on aurait bien certainement évité toutes ces catastrophes.

Mais là n'est pas seulement la question que nous avons entrepris de résoudre; il s'agit, pour le moment, de démontrer si ces contrées, naguère très insalubres et inhabitables, ont acquis, par suite de travaux convenables, le degré de salubrité qui permet aux colons de s'y établir en toute confiance. Nous qui avons vu le sol de l'Afrique à l'époque de notre conquête et qui, pendant plusieurs années, en avons étudié la constitution et observé toutes les phases des transformations qu'il a subies, nous n'hésitons pas à répondre par l'affirmative ; nous pouvons même, afin de mieux convaincre nos lecteurs, appuyer notre opinion par des chiffres authentiques puisés sur les lieux mêmes. Nous démontrerons, par exemple, que, après Mustapha, les quartiers de Kouba, de Birkadem, de la Ferme-Modèle et de la Maison-Carrée étaient si insalubres que, de 1831 à 1839, armée et colons n'y pouvaient rester huit jours sans y contracter des fièvres de fort mauvais caractère. Aujourd'hui, tout y est si favorablement changé, que la majeure partie des habitants, en regard de la santé dont ils jouissent, ne se doutent guère que ce sol, couvert aujourd'hui d'une si belle et si riche végétation, ne donnait à ses premiers hôtes, pour prix de leurs travaux, que la fièvre, et trop heureux lorsqu'ils n'y trouvaient pas la mort.

Hâtons-nous de dire que, quels que soient les travaux qui s'exécuteront dans cette partie du Tell, ils n'auront jamais pour résultat la salubrité complète tant que les marais de la Mitidjah ne seront pas entièrement desséchés et assainis. La série de preuves que nous pouvons opposer aux allégations des Anti-Algériens est si grande maintenant qu'il nous est impossible de leur donner place ici; nous allons choisir seulement la plus concluante et que personne ne saurait récuser ; c'est encore à la Mitidjah que nous la prendrons.

Qui ne se souvient de la mortalité effrayante qui sévit sur les premiers colons qui furent s'y établir! Que nos antagonistes comparent les scènes de deuil et de désolation qui planaient sur chaque village avec ce qui s'y passe maintenant ! comme nous, ils resteront bien convaincus que, partout où, comme à Bouffarick, à Coléah, etc., sous le beau ciel de l'Algérie, la culture sera assez avancée, le colon y trouvera la santé et la prospérité. En serait-il ainsi, et les conditions hygiéniques de ces localités subiraient-elles de si favorables et si promptes transformations, si l'insalubrité dépendait, comme quelques confrères l'ont prétendu et le prétendent encore, du climat et des vicissitudes atmosphériques seules ? Non sans doute, à part quelques modifications inhérentes aux diverses dispositions du sol, l'insalubrité des lieux persisterait ; et c'est ce qui n'arrivera nulle part en Algérie, lorsque la terre sera, et comme elle commence à l'être, à la disposition d'une population intelligente et laborieuse. C'est là un fait qu'on peut constater, comme je l'ai fait moi-même l'année dernière, en parcourant les trois provinces, lors du congrès en 1881.

Alors donc que les causes d'insalubrité auront disparu, l'acclimatement de ce pays par des Européens ne saurait être mis en doute. Nous ne voyons, en effet, ni dans l'intensité de la chaleur, ni dans celle du froid, ni même dans l'humidité, des agents assez noscibles pour les rendre aussi hostiles que le prétendent nos savants antagonistes. Sans doute les premières années qui suivront l'exploitation d'un terrain chargé de débris d'animaux et de végétaux, seront plus ou moins insalubres, et il faudra que les colons s'astreignent aux règles hygiéniques, que nous avons précédemment indiquées. Ces précautions seront d'autant plus nécessaires qu'on passera d'un climat doux ou froid, à un autre plus chaud. Mais dès que le sol aura été desséché et partout fatigué par une bonne culture, la salubrité ne tardera pas à rivaliser avec celle de la Métropole.

Il reste donc bien démontré que les fièvres paludéennes constituent, selon leur intensité, la difficulté dans certaines contrées et l'impossibilité dans d'autres, de l'acclimatement de populations émigrantes. A ce sujet, nous pensons qu'on lira avec intérêt le passage suivant que nous empruntons au mémoire que le savant anthropologiste, M. de Quatrefages, a inséré dans la *Revue des deux Mondes*, 15 octobre 1863.

Après avoir cité plusieurs exemples, puisés en grande partie dans l'ouvrage de Boudin, démontrant que les fièvres paludéennes sont bien plus graves, toutes choses égales d'ailleurs, au nord qu'au sud de l'équateur, et combien, pour cette raison, l'acclimatation des Européens y devient plus facile, M. de Quatrefages continue ainsi :

« Au nord de l'équateur, ces fièvres s'étendent jusqu'à la région que borne la ligne isotherme de 0 degrés centigrades, correspondant pour l'Europe occidentale au 50e degré de latitude. Au sud de l'équateur, elles ne dépassent qu'assez rarement le tropique (23°28), et s'arrêtent souvent en deçà. Taïti, qui n'est qu'à 18 degrés de l'équateur géographique et placé à peu près sous l'équateur thermal, est exempte de fièvres paludéennes. Dans l'Amérique méridionale, au Cap, en Mélanésie en Australie, plus encore que chez nous, de vastes espaces se couvrent d'eaux croupissantes et se dessèchent aux rayons d'un soleil brûlant. Au nord de l'équateur, en France même, un pareil état de choses engendrerait les fièvres les plus graves. La Charente-Inférieure et les environs du port de Rochefort, étaient naguère presque aussi redoutables que les marigots du Sénégal. Dans les contrées que je viens de nommer, il n'en résulte en général rien de fâcheux pour la santé des riverains ; tout au plus quelques fièvres dont on guérit d'ordinaire spontanément. Ici encore les chiffres recueillis par Boudin ont une singulière éloquence. Dans l'hémisphère austral, les armées anglaises et françaises réunies, comptent par année, en moyenne 1,6 fiévreux sur 1,000 seulement, dans l'hémisphère boréal, 224,0 sur 1,000.

« Ainsi les fièvres paludéennes sont presque deux cents fois plus fréquentes au nord qu'au sud de l'équateur. Ajoutons qu'elles sont en outre infiniment plus graves. Les immenses lagunes de Corrientes (1) n'engendrent que des fièvres légères ; on sait combien sont dangereuses au contraire celles des Marais-Pontins, bien plus éloignées pourtant de l'équateur (2). Il serait beaucoup plus difficile à l'Européen, au Français, de vivre en Italie, sur les bords de Carigliano, que dans l'Amérique du Sud, sur ceux du Parana.

« Comment se fait-il que ces localités, présentant en apparence des conditions si semblables, exercent sur les organismes des actions aussi différentes? Peut-être la science résoudra-t-elle un jour ce problème. Aujourd'hui il est à peine possible d'espérer qu'elle est sur la voie d'une solution. »

Eh bien! nous espérons avoir, sinon résolu, du moins approcher de près de la solution de ce problème.

1. Elles sont situées au 18ᵉ degré de latitude méridionale.
2. Ils sont placés au 42ᵉ degré de latitude septentrionale.

Alors, qu'étant sous-aide (1831 à 1832) nous fûmes détaché pour faire le service à la Ferme modèle au milieu des marais de la Mitidjah, où, à cause des fièvres graves, presque toujours pernicieuses, qui y occasionnaient une mortalité effrayante, on y changeait la garnison tous les cinq jours. Frappé d'une pareille insalubrité, je cherchai à m'en rendre compte, en étudiant : 1° la nature et l'exposition des marais qui avoisinaient la ferme; 2° le mécanisme ou mieux la marche des brouillards qui s'y développaient tous les jours; 3° enfin les heures de la journée où ils sont le plus dangereux et celles où il est permis de les fréquenter sans danger. Voici, du reste, l'explication que je donnai alors et qui, plus tard, fut consignée dans ma *Géographie médicale des environs d'Alger* (1830), d'où je l'extrais. Bien que limitée aux marais de la Mitidjah, cette théorie peut s'appliquer aux marais de toutes les régions du globe.

Pour qu'un marais soit insalubre, certaines conditions sont nécessaires et indispensables :

1° Il faut que l'eau s'évapore sous l'influence d'une température donnée; il faut aussi que les matières animales et végétales qu'elle contenait se décomposent à l'action d'une chaleur qui ne soit ni trop faible, ni trop élevée. Dans le premier cas, la décomposition sera trop lente et incomplète; les miasmes qui se produiront, n'étant pas soumis à une force d'expansion suffisante, resteront au ras du sol, ou bien ceux qui s'élèveront ne seront pas assez condensés ni chargés d'éléments toxiques suffisants pour produire l'intoxication.

2° Une température trop élevée produira un effet contraire; c'est-à-dire que, au fur et à mesure que l'eau se retirera et livrera, à l'action solaire le terrain mis à nu, celui-ci sera desséché; et les matières putrides décomposées et desséchées elles-mêmes avec une telle rapidité, qu'il y aura peu de dégagement de miasmes; ceux qui s'en échapperont seront, à mesure de leur production, absorbés par cet excès de chaleur et soulevés aussitôt à une trop grande hauteur dans l'atmosphère, pour produire l'intoxication fébrile.

Il arrive alors dans ces parages torrides ce qui s'observe chaque fois que le simoun, ou vent du désert souffle en Algérie dans les localités les plus insalubres. Alors, en effet, sous l'influence de la haute température qui accompagne ce vent, les miasmes sont tellement raréfiés et disséminés dans l'air, qu'ils n'ont plus de degré de concentration suffisante pour être nuisibles.

Les praticiens qui habitent des localités marémateuses et qui ont étudié cette question savent bien que, pour que les miasmes soient doués d'une action morbifique, il faut qu'ils restent en suspension à une hauteur donnée du sol; trop haut et trop divisés dans l'espace, ils seront *indemnes*; leur action ne se fait réellement sentir qu'à une certaine altitude et leur insanité est alors en raison de la nature des matières toxiques originaires, de la quantité des miasmes exhalés et du degré de chaleur atmosphérique qui les a soulevés. Nous ne pouvons mieux faire encore que de copier le passage de notre *Géographie médicale* où cette théorie des fièvres se trouve développée. On y verra que, pendant la journée où l'intoxication est le moins à craindre, de neuf heures du matin à cinq ou six du soir, on peut presque impunément, comme je l'ai fait tous les jours, s'exposer à l'action des miasmes; tandis qu'aux heures où ils n'ont pas encore été absorbés par une haute température ; ou le soir, quand l'abaissement de celle-ci les laisse retomber et condenser, on ne saurait respirer le même air sans être gravement atteint par la fièvre.

Voici le passage pris à la page 94 :

« Nous avons dit, que, tous les matins, la plaine de la Mitidja, comme tous les marais des pays chauds, se couvrait d'un brouillard très épais, qui tenait en suspension, les molécules ou les microbes miasmatiques de M. Pasteur, microsimas de M. Béchard, provenant de la putréfaction des substances animales et végétales décomposées dans les marais. Or, plus ce brouillard sera dense et brumeux, plus, par conséquent, il renfermera, dans un volume donné, de molécules miasmatiques, qui, par suite, auront une action d'autant plus directe et nocible que l'individu s'y sera exposé avec telle ou telle prédisposition ; plus, enfin, il produira, selon les contrées ; le choléra dans l'Inde ; les fièvres pernicieuses en Afrique ; la fièvre jaune en Amérique; etc. Il est également facile de concevoir que plus les individus seront rapprochés du centre de l'infection, plus le nombre des microbes sera grand, plus leur contact sera funeste, plus aussi les fièvres en acquerront un mauvais caractère. Au contraire, dès que le brouillard chassé par le vent, s'élève et se dilate sous l'action solaire, les molécules miasmatiques, s'éloignant les unes des autres, se dispersent, se fondent, se vaporisent dans l'atmosphère, et leurs effets toxiques malfaisants diminuent en proportion de leur degré d'ascension.

Je suis persuadé qu'avec du temps et après un certain nombre d'observations continues, on pourrait parvenir à déterminer le caractère des fièvres qui se développent sous l'influence des brouillards, à des distances et à des hauteurs déterminées. Ainsi, par exemple, si on divisait une contrée, avoisinant un marais insalubre, en quelques zones, et qu'on y étudiât le caractère des fièvres dans chacune d'elles ; on trouverait, pour les raisons énoncées plus haut, une différence tranchée et sensible dans chaque localité. On pourrait encore, en calculant la marche du brouillard avec la chaleur atmosphérique, déterminer le caractère des fièvres suivant les heures du jour, le moment précis où le contact des miasmes agirait sur les individus. Ainsi, les brouillards commençant à se mettre en mouvement vers sept heures du matin, les individus qui en subiront le contact à cette heure, seront plus gravement atteints que ceux qui n'y seront exposés qu'aux autres heures de la journée, toutes choses égales d'ailleurs, etc.

« Supposons maintenant que la chaleur de l'atmosphère soit assez forte pour produire une raréfaction telle que toute condensation nébuleuse soit impossible ; il adviendra que les molécules miasmatiques seront, en quelque sorte, perdues dans l'espace ; et que, leur contact se faisant une à une, deux à deux, ou en petit nombre, n'aura plus assez d'énergie pour produire l'intoxication. C'est ce qui arrive chaque fois que le vent du désert souffle. Pendant deux mois de séjour à Bir-Khadem (juillet et août 1832), j'ai remarqué que le vent du désert souffla cinq fois ; et, le lendemain de chacun de ce cinq jours, parmi les malades qui se sont présentés à la visite, *un petit nombre étant atteint de fièvres intermittentes graves.* »

Voici un passage que nous venons de lire dans le *Bulletin de l'Association scientifique de France* (du 20 août 1871), où M. le docteur Balestra relate les expériences très intéressantes qu'il vient de faire à Rome dans les Marais-Pontins. Ce praticien, par les observations qu'il a faites, est conduit à penser que le principe miasmatique des lieux paludéens réside dans les spores elles-mêmes ou dans quelques principes vénéneux qu'elles renferment. L'algue qui les produit ne se développe *pas dans les temps de sécheresse*, mais elle peut se développer à la suite d'une pluie faible tombée dans les temps chauds, qui laisse bientôt à sec le terrain qu'elle a mouillé, ou même par les fortes rosées et les épais brouillards qui s'élèvent de la mer et des étangs, et à la suite desquels peuvent se produire le détachement et la migration des spores : l'auteur explique ainsi le développement de la fièvre intermittente qui, faible et momentanément suspendue en temps *de sécheresse*, acquiert auprès de Rome une grande intensité pendant les mois d'août et de septembre. Si cette endémie de fièvre paludéenne ne se manifeste pas en hiver, c'est, selon lui, moins à cause du froid qui empêche la végétation de l'algue, en retardant la décomposition des substances organiques, que par l'abondance des pluies qui recouvrent les lieux où existent ces spores. Leur *dissémination* dans l'air, possible à la rigueur même au milieu de l'eau, comme on l'a vu plus haut, est activée d'une manière notable par l'état *de siccité* du sol sur lequel elles sont déposées et décomposées. Il explique aussi, par l'action des sels de quinine sur les spores, la puissante vertu antimiasmatique de ces médicaments. »

Si donc les marais des régions australes, dont parle le savant professeur du Muséum, sont plus accessibles et plus hospitaliers que ceux des régions plus boréales, ils doivent leur immunité à la température torride qui, en provoquant l'évaporation rapide de l'eau, dessèche avec la même rapidité le sol, mis à nu, ainsi que les matières dont il est imprégné. Les miasmes, à leur tour se trouvant eux-mêmes trop élevés et trop divisés dans cette atmosphère de feu, ne sauraient produire, par les raisons qui précèdent, des effets toxiques graves. Dès lors il se passe constamment, dans ces régions chaudes, le même phénomène que j'ai observé en Algérie, de neuf heures du matin à cinq heures du soir, pendant les journées d'été ordinaires ; et, *constamment*, durant le temps que souffle le vent du désert.

Il nous semble que si cette explication ne résout pas complètement le problème posé par M. de Quatrefages, elle approche bien de sa solution.

Jusqu'à présent, tous ceux qui ont écrit sur l'Algérie ont attribué la mortalité qui a sévi sur les Européens à l'insalubrité du climat ; là n'est cependant pas la seule cause ; il en est d'autres, moins puissantes il est vrai, mais qui pourtant ont beaucoup contribué à grossir le chiffre des décès.

Nous voulons parler de celles que le plus grand nombre des colons portent avec eux où qu'ils contractent sous l'influence d'un nouveau climat. Ainsi, les excès dans les aliments et les boissons ; ceux auxquels s'abandonnent trop souvent les Européens en arrivant dans un pays chaud ; les agitations morales inhérentes aux regrets de quitter sa patrie et l'incertitude d'avenir que réserve aux émigrants celle qu'ils vont adopter, sont autant de causes qui leur font oublier les précautions hygiéniques les plus indispensables et favorisent, en le grossissant, l'élément morbide non encore détruit.

Après avoir cité les changements salutaires que la culture a successivement apportés à Mustapha, à Kouba et surtout à Boufarick où en 1836 la mortalité était de 30 p. 100 ; en 1847, de 14 p. 100, et en 1848 de 5 p. 100, nous prendrons pour second exemple les environs de Bône. Cette contrée, qui a fait tant de victimes pendant les premières années de notre occupation, est devenue, depuis le dessèchement et la mise en culture des plaines de la Seybouse et de la Bougimah, très habitable, et les Européens y jouissent depuis quelques années d'une santé parfaite. Actuellement la ville de Bône, ses environs, et même toute la province, sont redevenus, comme sous les Romains, et du temps où saint Augustin, évêque d'Hippone, illustrait cette province, un des plus beaux, des plus fertiles et des plus salubres de la Régence. Quel changement depuis 1835 et 1836 ! Un pareil résultat s'opérera partout au fur et à mesure que le sol sera desséché et prudemment cultivé. Nous aurions mille autre preuves à fournir sur la salubrité future du climat de l'Algérie. La réponse la plus victorieuse que nous puissions faire aux allégations avancées par nos adversaires, ce serait de retracer les tableaux que nous avons dressés sur les documents les plus authentiques de 1830 jusqu'en 1839, et ceux plus récents du ministère de la guerre.

Aujourd'hui que les chiffres sont une raison *sine qua non*, un axiome que tout le monde exige, nous donnerons des chiffres exacts et qui ont été relevés par nous-même à la mairie d'Alger. Il résultera de ces chiffres, pris à une époque si voisine de notre conquête et par conséquent encore sous l'influence des causes d'insalubrité bien plus actives qu'à présent, la preuve évidente que l'acclimatement des Européens dans ce pays ne saurait souffrir de grandes difficultés et que les seules conditions exigées pour le rendre plus facile consistent, de la part de l'administration, à faire exécuter, comme elle l'a fait, les grands travaux de desséchement ; et, de celle des nouveaux arrivés à s'astreindre, pendant les premières opérations du défrichement et la mise en culture du sol, à quelques précautions hygiéniques. Tout cela n'est l'affaire que de quelques années.

Pour en finir, nous allons donner le mouvement général des décès de la population civile européenne d'Alger, de ses environs, depuis 1830 jusqu'à 1839, y compris ceux de l'hôpital civil où étaient admis tous les colons indigènes qui tombaient malades dans les localités alors si insalubres de la Mitidjah; comme la Rassouta, Bouffarick, etc.: il résultera de ce document que, malgré les nombreuses causes d'insalubrité, le choléra qui sévit si cruellement à Alger en 1835 et

1837, le mauvais état de l'installation des colons, et surtout la misère qu'ils eurent à supporter dans les premières années de notre occupation, il résultera, disons-nous, que la mortalité qui sévit sur cette population émigrante, si malheureuse et si dépourvue de tout, n'a pas dépassé le chiffre de celle de quelques villes de France.

En prenant la moyenne du mouvement général de la population, ainsi que celle des décès, on trouve la proportion suivante :

Population de 1831 à 1838.................. 57.523,
Décès... 2.722,

c'est-à-dire un décès sur 21,15 y compris les cholériques de 1835 et de 1837. Telle est la mortalité dont le chiffre n'exige aucun commentaire. Séparons maintenant les décès des enfants pour les comparer aux naissances, et nous verrons que le résultat sera tout aussi favorable aux jeunes colons.

De 1831 à 1838, il est né à Alger 1.030 enfants dont 900 sont morts, ce qui fait 2,11 naissances par décès. En France, la proportion des enfants qui meurent dans la maison paternelle est de 3,20 naissances par décès. La différence est grande sans doute, mais si on réfléchit que nous avons pris à dessein la période la plus mauvaise pour Alger et celle ou la plupart des enfants naissaient et mouraient, non sous un toit mais bien sous la tente peu hospitalière ou sous des baraques qui ne les abritaient pas beaucoup mieux, on verra que cette différence n'est pas assez grande pour faire jeter des cris de détresse.

Une autre comparaison : La mortalité qui sévit sur la population musulmane qui est bien acclimatée est cependant dans les mêmes proportions pour l'année 1838, qui fut celle où l'administration française enregistra pour la première fois le mouvement des naissances et des décès des indigènes. Ainsi l'effectif de la population musulmane étant évaluée à 14.000 âmes, les décès furent de hommes, 221 ; femmes, 152 ; garçons, 111 ; filles, 87 ; total, 572 ; c'est-à-dire un décès sur 24,52 habitants. La nation israélite fut plus favorisée, puisque sur 5.000 habitants dont elle se composait alors, elle n'eut que 137 décès, dont, hommes, 39 ; femmes, 41 ; garçons, 28 ; filles, 29. Total 137, c'est-à-dire un décès sur 30 habitants. Il faut ajouter que la classe juive, exclusivement industrielle, et nullement agricole, est celle qui s'expose le moins à l'influence des causes d'insalubrité provenant du sol et surtout de la plaine de la Mitidjah.

Voici la statistique officielle de 1880 relevée par le docteur Bertherand.

« On a compté, en 1880, chez les Européens 12.184 décès au lieu de 10.366, et chez les Israélites 1.173 au lieu de 1.035 en 1879 ; soit, pour les premiers 1.918 décès et, pour les seconds, 138 en plus qu'en 1870. Par suite, et malgré l'augmentation des naissances, l'excédent du nombre des naissances qui avait été de 1.957 pour les Européens en 1879, se trouve ramené au chiffre de 953 ; il est porté chez les Israélites de 781 à 703.

Si, des résultats généraux nous passons aux résultats partiels, nous constatons que nos nationaux entrent dans le total général de l'excédent des naissances pour 435 unités, soit moins de la moitié ; tandis que, chez les Espagnols, cet excédent s'élève à 770 unités.

Ces deux chiffres additionnés forment un total supérieur de 252 unités au nombre 953, excédent total de naissances. Cette différence est due à ce que, à l'exception des Français, des Espagnols, des Maltais et des Italiens, il y a eu, chez toutes les autres nations, excédent des décès sur les naissances. Les facultés d'acclimatement des Français sont donc encore une fois affirmées.

En résumé, la population tend à augmenter par ses propres ressources : quelle différence sous ce rapport et quelle marche progressive depuis quarante ans ! Tandis que, durant la période de 1835-1840, sur 1.000 habitants, on trouvait 35 naissances et 50 décès, dans la période 1873-1876, sur 1.000 habitants, on ne comptait déjà plus que 39,40 naissances et 30,77 décès. Graduellement on le voit, non seulement les décès ont diminué, mais les naissances ont augmenté.

A un autre point de vue, nous constatons avec plaisir que, sur 13.123 naissances chez les Européens, 12.042 sont légitimes et que, sur 1.081 enfants naturels, plus de la moitié, soit 593, ont été reconnus. Ces proportions sont bien plus considérables que dans la plupart des nations européennes et font justice de tous les reproches d'immoralité que l'on a parfois décochés à l'adresse des Algériens.

Quant aux mariages, 2.988 avaient été célébrés, en Algérie, entre Européens.

1.378, dont 561, dans le département d'Alger, ont eu lieu entre Français et Françaises.

1.147, dont 406 dans le département d'Alger, entre Etrangers-Européens et Etrangères.

329, dont 122 dans le département d'Alger, entre Français et Etrangères.

123, dont 45 dans le département d'Alger, entre Etrangers et Françaises.

5, dont 1 dans le département d'Alger, entre Européens et Musulmanes.

Et 6, dont 2 dans le département d'Alger, entre Musulmans et Européennes.

Quant aux Israélites naturalisés, sur les 303 unions conclues en 1880, il n'en est que 3 dans lesquelles un juif ait épousé une chrétienne et 3 dans lesquelles un chrétien ait pris une juive pour femme. On ne peut que regretter assurément la répugnance que les Israélites manifestent à s'unir avec des chrétiens, car, il est permis de le présumer, le sang israélite, de même que le sang musulman, gagnerait beaucoup à être régénéré par le croisement avec le sang européen. Et d'autre part on pourrait compter, tant ils sont peu nombreux, les mariages contractés par les Israélites, même avec des coreligionnaires de la métropole. Il faut déplorer enfin une tendance qui a pour résultat de maintenir aussi élevées, aussi infranchissables que par le passé, les barrières entre Français et Israélites que le décret de 1870 a tenté, mais en vain, de renverser.

L'augmentation constatée, en 1880, dans les unions entre Français et Françaises, et Français et Etrangères, permet d'entrevoir que, dans un temps prochain, l'excédent de natalité, établi plus haut au profit des étrangers, notamment des Espagnols, ira en s'amoindrissant.

Les naissances d'enfants étrangers, sur le sol de l'Algérie, sont d'ailleurs appelées à concourir, dans de sérieuses proportions, à constituer l'élément national, par suite de la naturalisation légale, surtout lorsque la mère est française.

Après avoir envisagé, dans leur ensemble, les aperçus qu'on vient de lire sur le mouvement, de janvier à octobre 1881, de la population totale de l'Algérie, il y aura quelque intérêt, croyons-nous, à examiner ce même mouvement, par rapport à une localité, dans laquelle des éléments, européen, israélite et musulman se trouvent représentés, en assez grand nombre, pour qu'il soit plus loisible d'établir, comparativement, les résultats démographiques exprimés par l'investigation. Nous ne pouvons mieux choisir à cet effet que la ville de Constantine. Or, voici quelques résultats du dernier recensement.

En 1881, les Européens et les Israélites indigènes ont fourni les chiffres suivants : Naissances, 685; décès, 692; mort-nés, 43; mariages, 175. Les indigènes musulmans : Naissances, 552; décès, 1,100; mort-nés, 55. Rien à dire ici du nombre des mariages, car l'union matrimoniale se fait devant le cadi, et il est impossible de lui demander un relevé des mariages contractés, puisqu'il est appelé parfois à désunir ceux qu'il a unis. Le divorce facile des indigènes rend en outre une statistique à peu près impossible.

On voit par les chiffres, publiés plus haut, que les

naissances ont été inférieures au décès, dans le cours de l'année 1881. Cela tient à des circonstances qu'il convient d'expliquer.

Tout d'abord, un certain nombre de décès sont dus aux fatigues des colonnes expéditionnaires; les décès des militaires évacués sur l'hôpital de Constantine doivent donc être défalqués du mouvement de la population. Un certain nombre de décès des habitants des villages voisins, venus à l'hôpital civil de la ville, accroissent d'autant ce chiffre, qui n'a pas sa contrepartie dans les naissances.

Une statistique bien établie des catégories de décès pourrait seule nous fixer avec certitude sur la question de savoir combien la natalité l'emporte sur la mortalité.

Les raisons données ci-dessus s'appliquent avec beaucoup plus de justesse aux indigènes. On est effrayé de la disproportion accusée : les naissances, en effet, atteignent *à peine la moitié* des décès ! On sait qu'aux yeux des indigènes, Constantine est une ville quasi sainte; et, quand ils peuvent y mourir, ils sont persuadés d'avoir augmenté leurs chances d'accès au paradis. Beaucoup d'entre eux s'y font donc transporter sur leurs vieux jours ou dès qu'ils se sentent malades.

Il n'en reste pas moins acquis ce fait que les Européens donnent 685 naissances sur 12.323 individus, pendant que les indigènes n'atteignent que le chiffre de 552 sur 22.403.

De quelque façon que l'on veuille expliquer ces chiffres, il en résulte cette conclusion : que la race arabe, est condamnée à disparaître progressivement, si elle ne veut rien changer à ses habitudes, à ses mœurs, à son mépris de l'hygiène.

Voici encore l'opinion de M. Bertherand qui, ayant habité longtemps l'Algérie, après moi, s'est beaucoup occupé de cette question et comme il l'a traitée dans son journal, l'*Algérie médicale*. On verra que son argumentation est en tous points conforme à celle que j'ai toujours soutenue.

Pour arriver à l'acclimatement :

La nécessité absolue d'une bonne hygiène étant indiscutable et la part faite à l'importance du recrutement immigrateur parmi les hommes du midi de la France et de l'Europe, on peut se poser une interrogation : La surface de toute l'Algérie est-elle placée dans des conditions géographiques et climatériques qui y rendent l'acclimatement des races blondes à peu près impossible ?

Il ne faut pas perdre de vue le rôle majeur que la question de l'altitude joue dans l'acclimatement. En supposant que la théorie, exclusivement favorable au peuplement par les méditerranéens, ne soit pas contestable, en ce qui regarde les terres basses, les plaines et les vallées arrosées par les rivières, avoisinant la mer, ne pourrait-on établir une distinction en faveur de la région des hauts plateaux, qui occupe une bonne moitié du territoire cultivable de l'Algérie ?

Si les Français du Nord ne peuvent, sans éprouver un certain épuisement, se livrer à la culture de la terre sur les bords de nos *Oued*, et dans les vallées chaudes du Tell, est-il bien certain qu'ils n'obtiendraient pas des résultats tout à fait satisfaisants, dans les territoires élevés, dans les localités qui, par leur altitude, jouissent d'un climat qui se rapproche beaucoup de celui du midi de la France?

N'avions-nous pas déjà de fortes présomptions en faveur de cette hypothèse, dans l'état sanitaire parfait des colonies de Sétif, du plateau de Médéah, de Vesoul-Benian, etc.?

Incontestablement, la civilisation, quand elle prend charge d'un pays qu'ont dévasté, épuisé des conquérants barbares, insoucieux des voies de communication, des cours d'eaux et des forêts, elle ne tarde pas, par ses travaux, par ses cultures, par les progrès de toutes sortes qu'elle importe, à y transformer le climat. En même temps que celui-ci s'améliore, l'immigrant, subissant à la longue cette *influence des milieux sur les races*, si bien mise en relief par M. de Quatrefages, se modifie parallèlement. Quoi d'étonnant dès lors si des éléments, primitivement rebelles ou réfractaires à l'acclimatement, arrivent, par eux-mêmes ou par leur descendance, à triompher de l'écueil de la transplantation?

Ceux-là sont trop absolus, à mon avis, qui pour contester l'aptitude à prospérer des septentrionaux établis en Algérie, proclament, chimérique, l'espérance de les voir changer leurs habitudes et leur manière de vivre, de façon à éviter les dangers d'une alimentation copieuse, habituelle dans le Nord, obstacle primordial à l'acclimatement méridional. Non seulement, l'observation attentive le démontre, le changement d'alimentation peut être fréquemment obtenu par la force de la raison ou de la volonté : mais il résulte le plus souvent de l'influence même du climat.

L'on mange, l'on boit beaucoup, dans le Nord, parce que le climat l'exige ainsi. L'on consomme infiniment moins, dans les pays plus chauds, parce que le besoin d'une alimentation aussi abondante se fait moins sentir. Inconsciemment pour ainsi dire, et peu à peu, les populations déplacées contractent des habitudes en rapport avec les exigences naturelles des contrées climatériquement éloignées qu'elles viennent coloniser.

Si les Arabes, les Espagnols ou autres méridionaux, les peuples de l'Amérique centrale, ont des habitudes de sobriété et de modération différentes de celles des habitants des pays froids du Nord, cela résulte de l'expérience qu'ils ont acquise des inconvénients et des dangers d'une alimentation plus copieuse : et ce qui diminue peut-être le mérite de leur conversion, c'est qu'ils sont moins portés, par le *besoin*, à abuser des aliments azotés et des liqueurs fortes. Combien d'immigrants ne voyons-nous pas journellement, qui s'alimentent, après quelques années de séjour, tout différemment qu'à l'époque de leur débarquement?

Mais, selon la remarque de Flourens, pour obtenir par l'heureux choix des immigrants, des climats partiels, par la nourriture, la saine distribution du travail, par l'hygiène publique et privée, en un mot, l'acclimatement dans toutes ses facultés et ses conséquences, nul doute qu'il ne faille compter avec deux exigences inéluctables : le temps d'abord et certaines épreuves où viennent échouer souvent toutes les prévisions de la prudence. Aussi l'éminent physiologiste conseille-t-il de s'adresser à un autre facteur, plus prompt et moins aléatoire : le *croisement*.

Dans ce second ordre d'idées, l'acclimatement par la descendance, la variété des éléments métropolitains et étrangers, que la prise de possession de l'Algérie a amenés sur la rive méridionale de la Méditerranée, y assied les premiers rudiments d'une démologie, qui a déjà produit des fruits et promet d'autres récoltes plus décisives dans l'avenir. J'entends parler ici du choix des types à accoupler sur le sol conquis, des meilleures conditions de croisement à réaliser, entre des éléments variés, dont l'aptitude à se perpétuer, par des intermariages ou des mélanges féconds, est elle-même très diverse.

L'étude de ce point important de la question, entamée, une première fois, par Martin et Foley, reprise et poursuivie depuis, avec un éclatant succès, par le Dr Ricoux, vise à n'en pas douter un élément capital du problème que doit résoudre l'institution, en Algérie, d'un Service général de Démographie.

Jugez-en par un simple coup d'œil sur quelques résultats constatés par M. Ricoux, à propos du croisement des éléments divers que l'immigration a fournis à la population.

Les Français méridionaux, même sans être croisés, ont obtenu une descendance féconde; un croisement intervenant, les familles comptent jusqu'à 6 et 10 enfants tous vivants. Contrairement à des préventions mal fondées, le sang français peut donc, d'après M. Ricoux, être la mise première, et l'infusion des autres sangs, produire une race vivace que l'on pourra nommer franco-algérienne. Les alliances qu'il recommande sont surtout celles qui nous mélangent avec les Espagnols, les Italiens, les Maltais.

D'un tableau récapitulatif, que notre confrère dresse des mariages internationaux, il appert que, tandis que les Espagnols, les Italiens et les Maltais contractent entre eux 557 mariages ; d'autre part, ils en contractent 285, plus de la moitié, par croisement, avec les Français. Les Italiens contractent 200 mariages entre eux et 113, par croisement, avec des Français. Les Espagnols 126 entre eux et 86 par croisement. Les Maltais 237 entre eux et 86 par croisement. Dans le courant de 1877, il n'y a pas eu moins de 412 unions de ce genre; et certainement les enfants venant de ces mariages bénéficieront de tous les avantages particuliers aux deux races dont ils sont issus.

D'un mélange heureux et fécond, résultera, nous devons l'espérer, une race nouvelle, vivace, puissante, admirablement trempée, appartenant au pays, devenue pour ainsi dire autochtone et chez laquelle le sang, le nom, la langue de la France, prédomineront à tout jamais.

Quoi qu'il en soit, nous n'en sommes plus aux anathèmes de Boudin et de Desjobert; et la fusion du sang européen avec le sang arabe, qui s'offrait en 1852, à l'éminent feu Vital, de Constantine, comme le seul moyen d'arriver au peuplement, ne nous apparaît plus que comme une de ces spéculations abstraites, où la fantaisie, la passion pour un pays nouveau, pour une langue nouvelle, pour des mœurs nouvelles, peuvent entraîner un esprit distingué. Vital, épris d'arabomanie, vivant dans l'intimité des indigènes, s'appropriant leur idiome, scrutant leurs manuscrits pour mieux étudier leur histoire et écrire leur physiologie, ne voyait pas que cette religion musulmane, dont il possédait pourtant si bien les arcanes, constituerait un mur infranchissable à ses aspirations, si savamment étayées, si logiquement déduites, à son point de vue(1)!

Tout le monde le comprendra. Désormais, l'acclimatement en Algérie veut être soustrait, à la condition rigide d'une climatologie générale, que l'assiette et la topographie du pays repoussent, au même titre que le peuplement, par l'immigration sans discernement de races, de besoins natifs, d'habitudes physiques et morales. Il ne suffit plus, aujourd'hui que, de l'Ouest à l'Est, et de la mer aux limites du Tell, le sol algérien a été fouillé dans tous ses replis, de dire : l'Algérie est un pays chaud, partant malsain, un champ de fièvre et de dyssenterie, où l'Européen ne saurait ni vivre ni se perpétuer.

Sur cette magnifique zone de terre, qui sépare la Méditerranée du Sahara, une superficie presque égale à celle de la mère patrie, comporte toute une série de climats partiels, dont plusieurs ne s'éloignent guère des conditions telluriques et météorologiques de l'Europe méridionale, de la France et de la Suisse.

1. Nous recommandons ces réflexions aux savants arabophiles de Paris qui prétendent et qui assurent que l'assimilation des Arabes, qu'ils croient très facile, est le seul moyen de donner la paix, la stabilité et le progrès à la colonie.

Un des collaborateurs de la campagne hydrographique de M. l'amiral Mouchez, en 1873, sur la côte septentrionale africaine, M. Vélain, le proclamait il y a quelques mois, en Sorbonne, à la *Réunion des Sociétés savantes*. « Le massif de l'Atlas, isolé au Sud par le désert, tient beaucoup plus à l'Europe qu'au reste de l'Afrique, en raison de sa constitution géologique. Les connaissances que nous avons de la distribution relative des terres et des mers, aux époques tertiaires, nous montrent que ce massif ne s'est détaché du continent européen qu'à une époque récente. On peut donc dire, avec M. Pomel qui, le premier, a mis le fait en évidence, en 1872 (*Observations* de géologie et de géographie physique sur l'Atlas et le Sahara), que la limite vraiment naturelle de l'Europe est bien plutôt le Sahara que la Méditerranée : qu'il faudrait considérer ainsi la région atlantique de l'Afrique, l'ancienne Berbérie, comme une province européenne. »

Que penser après cela des premiers adversaires de la colonisation algérienne, qui, pour établir son inhabitivité par l'immigration métropolitaine, ont dressé leur enquête et basé leurs arguments d'après les statistiques néfastes des colonies tropicales et les hécatombes des troupes anglaises de la Guyane et de la Jamaïque ?

Presque nulle part, dans la région du Tell, on ne saurait se butter à des raisons premières et insurmontables de malaria ; nous avons dit comment s'était évanoui le fantôme de l'insalubrité de la Mitidja. La dyssenterie des plaines d'Oran n'est certainement plus aujourd'hui l'endémie que Cambay, Haspel nous ont décrite, si le delta de la Seybouse et de la Boudjima, le voisinage du lac Fetzara entretiennent encore, autour de Bône, cette atmosphère paludéenne, qui a inspiré les belles recherches pyrétologiques des Worms et des Maillot, surtout du D*r* Maillot dont les travaux si remarquables et si essentiellement humanitaires ont été, quoique trop tard, honorablement récompensés par l'Institut et par le Gouvernement de l'Algérie, en baptisant un village et une rue d'Alger du nom de *Maillot*.

Nous aurions désiré dire quelques mots du rôle des Arabes au point de vue commercial avec les Européens. Cette question d'un intérêt majeur aurait besoin d'un développement que nous ne saurions lui donner. Quoique sortant de notre compétence, nous nous permettrons modestement de la résumer, par ce que nous en savons, dans les conclusions qui suivent :

1° La colonisation par le mélange des indigènes et des Européens ne saurait avoir qu'une confiance et des résultats aléatoires.

2° Les besoins des indigènes étant bien moins nombreux que ceux des Européens, ceux-ci ne pourront jamais soutenir la concurrence dans la vente de leurs produits.

3° Comme la prospérité de la colonie tient au nombre des colons européens qui viendront s'y établir, le gouvernement a tout intérêt à favoriser et à encourager par des primes ceux qui se seront fait remarquer par leur zèle et la qualité de leurs récoltes, de quelque nature qu'elles soient.

4. Comme l'Européen a des besoins qui l'obligent à déverser dans le commerce une grande partie de l'argent que ses denrées lui auront rapporté, on ne

devra pas craindre de les lui payer un peu plus cher qu'à l'Arabe qui enfouit le numéraire au fur et à mesure qu'il le reçoit. Personne n'ignore les sommes énormes qui ont été ainsi détournées de la circulation, et qui sont entièrement perdues pour le commerce depuis 1830.

En voici un exemple : Les trente-cinq millions, en monnaie du pays, trouvés à la Casbah, après la prise d'Alger et employés à payer l'armée, ne durèrent que deux ans environ. Ils avaient été absorbés par les indigènes; et peu de ces pièces, *aucune* peut-être, ont été remises en circulation par les Arabes, dans leurs rapports avec nous.

UNE VISITE A LA STATION THERMALE D'HAMMAM-MESKOUTINE

J'aurais bien voulu dire quelques mots sur les eaux thermales dont l'Algérie est si riche et que les Romains avaient si luxueusement captées et si habilement utilisées. Mais l'espace me manque, et les personnes qui désireraient être édifiées à ce sujet n'auront qu'à consulter l'ouvrage de mon honorable confrère M. Bertherand, secrétaire général de la société d'hygiène d'Alger.

Je ne puis cependant passer sous silence la station thermale d'Hammam-Meskoutine, la plus curieuse peut-être qui existe dans le monde connu. A la descente de la gare d'Hammam-Meskoutine on aperçoit un immense nuage de fumée blanche s'échappant d'un nombre infini de foyers ; on dirait un vaste incendie détruisant et consumant une grande cité. Mais à mesure qu'on approche, au lieu d'une ville en feu, on distingue une foule de tumulus coniques de différentes hauteurs, par le sommet desquels s'échappe la fumée. Je ne puis mieux comparer cet aspect si pittoresque qu'à celui que présentent les usines du Creuzot, vues à la distance de quelques kilomètres ; on aperçoit de là des centaines de cheminées, hautes de 60 à 100 mètres, lançant des nuages de fumée qui, en tourbillonnant dans l'espace, obscurcissent l'atmosphère.

En arrivant auprès des tumulus, on se trouve en présence de centaines de cônes de diverses hauteurs ; quelques-uns ayant plus de 5 mètres, les uns, éteints, les autres fumant à grand feu. J'ai compté trois cent cinquante de ces cônes et j'en apercevais encore plus dans le lointain, qui avaient cessé de fonctionner. En somme, cet ensemble de cônes blanchâtres, couvrant une si grande étendue, forme un panorama très pittoresque et probablement unique au monde, comme l'a si bien dit M. Tchihatcheff. Sur le plateau le plus en action, on voit l'eau sortir en abondance de l'extrémité de ces cônes et se diviser sur le sol en une foule de petites rigoles brûlantes. L'intervalle que ces rigoles laissent entre elles est tellement glissant qu'il y a danger à marcher si l'on ne veut pas prendre un bain de pieds trop révulsif. Ces rigoles se réunissant forment un ruisseau qui va se perdre dans la campagne, en laissant après lui une traînée de fumée pareille à celle d'une petite locomotive en marche.

L'eau que débitent les cônes principaux actuels forme de grands ruisseaux qui vont alimenter les piscines. Puis, elle se réunit pour former une masse liquide qui va se précipiter à pic, comme une avalanche, de la hauteur de plusieurs mètres, en formant une cascade écumante et fumante, d'un aspect des plus pittoresques. Elle va enfin se perdre, en bouillonnant, dans un ruisseau dont le cours se révèle à plus d'un kilomètre de distance, par la fumée qu'il exhale à travers les lauriers-roses, les tamarix et les grenadiers qui l'ombragent.

Mon ancien camarade et ami Tripier, qui a été pharmacien en chef de l'armée, nous a donné le premier l'analyse de ces eaux. Elles exhalent de l'acide carbonique, de l'acide sulfhydrique et de l'azote, et renferment du carbonate et du sulfate de chaux, du sulfate de magnésie, du sulfate de soude, de l'arsenic, de l'oxyde de fer, et du sel marin : ce sont ces éléments constitutifs qui se déposent, à mesure que l'eau, apparaissant à la surface, éprouve un refroidissement subit.

L'abondance de ces eaux est considérable, et il est assez difficile d'en évaluer le volume. On estime cependant que les seules sources qui forment les cascades doivent fournir plus de cent mille litres à l'heure.

Et combien d'autres sources .t éparses sur le plateau qu'il serait facile d'utiliser !

La comparaison de ces eaux avec celles débitées par les sources des divers établissements thermaux fera mieux ressortir leur importance sous le rapport du volume.

Quantité d'eau débitée à l'heure :

Guagno.	3.510	litres.
Hammam-R'rira.	4.200	—
Bourbonne	5.000	—
Saint-Sauveur.	6.000	—
Barèges.	7.500	—
Plombières	10.416	—
Amélie-les-Bains.	50.000	—
Hammam-Meskhoutine	100.000	—

L'efficacité de ces eaux était bien connue des Romains, ce qu'attestent les ruines très considérables éparses dans tous les environs et même à de grandes distances, où de nombreuses piscines ont été retrouvées. Quelques-unes étaient assez vastes pour contenir 500 baigneurs. Ces ruines indiquent que c'était peut-être le plus grand établissement thermal du monde.

De nos jours, l'efficacité des eaux a été de nouveau constatée. Les douleurs rhumatismales, les névralgies sciatiques, les maladies de la peau, les plaies d'armes à feu y sont surtout traitées avec succès.

Un kilomètre plus loin, et sur la rive droite de l'Oued-Chedakra, coulent des sources ferrugineuses. La principale peut fournir 3 ou 4.000 litres à l'heure. La température de ces eaux est de 78 degrés. Elles étaient également utilisées par les Romains, ainsi que le prouvent des ruines cachées dans un site sauvage et enfoncées au milieu de touffes d'arbres, et de buissons de vignes sauvages. On y voit notamment de grands bassins qui ne pourraient servir, car les sources se trouvent maintenant à un niveau inférieur. M. le Dr Hamel dit, à propos de ces sources : « C'est une eau ferrugineuse sulfatée, presque identique aux eaux de Spa, de Bussang, de Pyrmont. L'existence d'une eau de cette nature à côté des eaux salines et sulfureuses, est d'une utilité reconnue. En permettant d'élargir le cercle des indications thérapeutiques, elle contribuera, pour sa part, à faire d'Hammam-Meskoutine une station thermale des plus importantes. »

Les Romains avaient donné à ces eaux le nom d'*Aquæ Tibilitinæ*, à cause de leur voisinage de Tibilis Announa).

Leur nom arabe s'écrit de plusieurs manières. Celui d'Hammam-Meskoutine a prévalu et peut se traduire ainsi : les bains de la colère de Dieu ou les bains des damnés.

Ce nom terrible renferme une légende qu'on m'avait racontée sur les lieux. Mais n'ayant pas eu le temps de l'écrire et craignant de la mal raconter, je laisse la parole au savant naturaliste, correspondant de notre institut, M. Tchihatcheff, qui l'a publiée dans son livre sur l'Algérie, ouvrage le plus érudit et le plus élogieux qui ait été fait sur notre colonie. J'espère que l'éminent géologue me pardonnera de lui faire cet emprunt ; je tiens à le remercier ici de m'avoir fait l'honneur de me citer dans son livre, à propos de mon voyage à la Calle.

« L'imagination d'un peuple aussi impressionnable que le peuple arabe, ne pouvait rester impassible en présence de ces sources toujours en ébullition, de ces cônes isolés, de ces groupes bizarres, de ces monticules tourmentés, de ces remparts étrangers qui couvrent ce curieux plateau calcaire que nous venons de parcourir.

« Voici le récit qui nous fut fait sur les lieux mêmes: Un arabe riche et puissant, du nom d'Ali, aimait sa sœur Ourida (Rose), et il voulut l'épouser, malgré les prescriptions de la loi. Le cadi, qui vint lui adresser d'énergiques réprimandes et le menacer de la colère de Dieu, fut trouvé mort dans sa tente. Ali le fit remplacer par un homme qui lui était dévoué. Alors les murmures cessent, tout le monde s'incline et se prépare à la fête; les tribus voisines sont conviées à la noce. De tous côtés arrivent de beaux et brillants cavaliers, les chansons bruyantes se font entendre, au bruit des instruments commencent des fantasias effrénées, la plaine se couvre de tentes, d'énormes festins s'apprêtent, d'immenses vases se remplissent de kouskoussou, des bœufs et des moutons rôtissent sur la braise. Cependant le cortège apparaît; la fiancée, belle comme la fleur dont elle porte le nom, et le fiancé radieux s'avancent, accompagnés du cadi, suivis de leurs parents et de leurs amis.

« Tout à coup, un éclair sillonne la nue, le tonnerre gronde, la terre tremble, chacun fuit, chacun veut échapper au châtiment de Dieu. Peu après, le calme revient, et les Arabes des alentours, qui approchent en tremblant de ce lieu maudit, voient avec frayeur cette foule compacte frappée par le feu du ciel et transformée en pierres. Ils reconnaissent Ali et Ourida se tenant enlacés; à côté d'eux, le cadi, que l'on montre encore avec son grand turban sur la tête; derrière, c'est le chameau qui porte les présents, puis les parents, les invités, les musiciens, les danseuses et les serviteurs; ils sont là en désordre et pétrifiés.

« Et les Arabes ajoutent, en faisant ce terrible récit, que Dieu, pour rappeler sans cesse le souvenir de cette expiation, permet que sous terre les danses continuent avec un bruit infernal, que les feux du festin brûlent toujours, et que des grains blancs, semblables à ceux du kouskoussou, s'échappent des profondeurs du sol, au milieu de torrents d'eau bouillante et de nuages de fumée. »

Les Arabes expliquent aussi l'origine des eaux thermales par une autre légende : Le roi Salomon avait construit des bains sur toute la terre et en avait donné la garde à des génies, qui étaient à la fois aveugles, sourds et muets, afin qu'ils ne pussent ni voir ni entendre, ni redire ce qui se passait dans ces bains merveilleux. Or, le roi Salomon, malgré sa sagesse proverbiale, est mort comme un simple mortel qu'il était, et depuis lors personne n'a pu faire comprendre aux génies que leur maître était mort, et ils continuent à chauffer les bains, ainsi que Salomon le leur avait prescrit. Voilà pourquoi il y a des eaux constamment bouillantes à Hammam-Meskoutine.

Je ne veux pas quitter Hammam-Meskoutine sans signaler un phénomène géologique assez curieux qui s'est produit à la distance de quelques kilomètres de l'établissement thermal, il y a trois années. Mon jeune et honorable confrère, M. Hamel, médecin en chef de l'hôpital, qui me le signala, eut aussi l'obligeance de m'y accompagner.

Le sol, sans avoir subi aucune secousse appréciable, s'est effondré circulairement sur une étendue de 90 à 100 mètres de diamètre, entraînant avec lui les arbustes et les arbres sans leur faire éprouver la moindre déviation, et sur 2 mètres de profondeur, et la berge est à pic dans toute son étendue comme si elle avait été tracée par un ingénieur qui aurait dirigé cet effondrement. Mais le plus curieux peut-être de cette excavation, c'est une brèche qui s'est formée sur un point des bords de cette excavation qui communique à une nappe d'eau sur les bords de laquelle on peut difficilement descendre à l'aide des pierres, mais dont on ne peut constater l'étendue ni la profondeur.

FIN

TABLE

	Pages
Préface	I
Chapitre premier. — Voyage à la Calle	1
Pêche au harpon	28
Pêche du corail	40
Le corail	56
Trombes de mer	60
Chapitre II. — Histoire du prisonnier	79
Aventure galante, faisant suite à l'histoire du prisonnier	110
Chapitre III. — Expéditions des Haractads. — (Vestiges de la civilisation romaine)	123
Curieux défilé d'une caravane	131
Réflexions	135
Digression sur l'origine de Constantine	143
Rôles d'Alger, de Constantine et d'Oran dans l'avenir	149
Chapitre IV. — La femme arabe	153
Les visites	159
Les bains	163
Le mariage	174
La circoncision	187
Sacrifices horoscopiques	197
La jeune derviche de Milah	202
Chapitre V. — Les Arabes	207
L'Islamisme	213

	Pages.
Sentiment filial de l'Arabe............................	217
Un exemple de mœurs arabes.........................	219
Le caractère arabe.................................	222
Résistance des Arabes à tout changement............	226
Les Arabes Kabaïles et les Maures...................	229
Le Sénatus-consulte du 25 avril 1863................	233
Les sectes religieuses et l'enseignement.............	235
L'Arabe nomade et l'Arabe sédentaire................	247
Les fonctionnaires arabes...........................	251

CHAPITRE VI. — Beys de Constantine : Notice historique sur les beys qui ont régné à Constantine depuis l'an de l'hégire 1123 (1710) jusqu'en 1253 (1837)................ 257

CHAPITRE VII. — Débuts de la société civile à Alger........ 283
    Arrivée d'une singulière cargaison.................... 292
    Fête du roi Louis-Philippe.......................... 293
    Inconvénients des évacuations sur France. — Formation d'une légion sédentaire. — Hygiène de la plaine. 296

CHAPITRE VIII. — Sur l'acclimatement. — Preuves de l'acclimatement des Européens en Algérie................. 306
    Documents historiques sur l'existence d'une population civile, romaine et agricole en Algérie............... 314
    Boisement et fertilité ancienne de l'Algérie. Haine constante des Arabes pour leurs dominateurs....... 338
    Insalubrité de la plaine de Mitidjah, ses causes. Influence salutaire et rapide des travaux d'assainissement.. 342
    Une visite à la station thermale d'Hammam-Meskoutine.. 375

Imp. de la Soc. de Typ. — Noizette, 8, rue Campagne-Première, Paris.

CHALLAMEL AINÉ, ÉDITEUR

LIBRAIRIE ALGÉRIENNE ET COLONIALE, 5, RUE JACOB, PARIS

La colonisation officielle en Algérie. Des essais tentés depuis la conquête et de la situation actuelle, par le Cte d'HAUSSONVILLE, membre de l'Académie française, sénateur. Brochure in-8; 1883 . . . . 1 »

L'Algérie et les questions algériennes. Étude historique, statistique et économique, par Ernest MERCIER. 1 vol. in-8; 1883 . . . . 5 »

Situation politique de l'Algérie, par F. GOURGEOT, ex-interprète principal de l'armée d'Afrique, officier de la Légion d'honneur. — Le Sud; Bou-Amama; les Oulad Sidi cheikh; Figuig; le Tell; les colons; les grands chefs; les Fellahs; les Krammès; Tiyout; création d'un Makhzen; pouvoirs politiques; pouvoirs administratifs. 1 vol. in-8 . . . . 5 »

Lettres sur le Trans-saharien, par F. ABADIE. In-8 avec carte. . . 3 »

La pénétration dans l'Afrique centrale, par le contre-amiral AUBE. Br. in-8 . . . . 1 25

Le tracé central du chemin de fer saharien, par le général COLONIEU. Br. in-8 avec carte. . . . . 2 »

Description géographique de Tunis et de la Régence, avec notes historiques, ethnographiques et archéologiques, par le commandant VILLOT, du 125e de ligne. Br. in-8 avec carte. . . . . 2 »

Histoire générale de la Tunisie, depuis l'an 1500 avant Jésus-Christ jusqu'en 1883, par Abel CLARIN DE LA RIVE, correspondant de la Société des études historiques de France. 1 vol. in-18. . . . . 2 »

Étude sur la propriété foncière en Algérie, par A. CARRA DE VAUX, ancien magistrat. Br. in-8. 1 50

Le règne végétal en Algérie, par E. COSSON, de l'Institut. Br. in-8. 2 50

Le fermage des autruches en Algérie (incubation artificielle), par Jules OUDOT, ingénieur civil. 1 beau volume grand in-8, avec planches.

La question africaine (Algérie et Sahara). Étude politique et économique. — Les âges de pierre du Sahara central. Carte et itinéraire de la première mission Flatters, par L. RABOURDIN, membre de la première mission Flatters, etc. In-8. . . . . 3 50

Voyage de la mission Flatters au pays des Touareg azdjers, par Henri BROSSELARD, lieutenant au 4e régiment d'infanterie, chevalier de la Légion d'honneur, etc. 1 vol. in-18, illustré de 40 dessins de JUILLERAT, d'après les croquis de l'auteur. 2 25

Les Kabyles et la colonisation de l'Algérie, par H. AUCAPITAINE. In-18. . . . . 2 50

De Mogador à Biskra; Maroc et Alger, par Jules LECLERCQ. 1 vol. in-18, carte. 3 50

Études d'après Fromentin. A l'ombre; Ben-Taieb le Mzabi; le ravin des lauriers; dans nos Alpes, par A. GEOFFROY. 1 vol. in-18. . . . 3 50

L'Algérie au point de vue belge, par LANCELOT. Br. in-8. . . . 1 »

PARIS, CHALLAMEL AINÉ, 5, RUE JACOB

www.ingramcontent.com/pod-product-compliance
Lightning Source LLC
Chambersburg PA
CBHW052034230426
43671CB00011B/1641